万卷方法

GONGGONG GUANLI
DINGLIANG FENYI
FANGFA
YU
JISHU

第**2**版

公共管理定量分析：
方法与技术

袁　政 编著

重庆大学出版社

图书在版编目(CIP)数据

公共管理定量分析:方法与技术/袁政编著.—2版.—重
庆:重庆大学出版社,2009.5(2018.12重印)
(万卷方法)
ISBN 978-7-5624-3640-9

Ⅰ.公… Ⅱ.袁… Ⅲ.公共管理—定量决策—分析方法
Ⅳ.D035

中国版本图书馆CIP数据核字(2009)第055861号

公共管理定量分析:方法与技术
(第2版)

袁 政 编著

责任编辑:张立武   版式设计:雷少波
责任校对:文 鹏   责任印制:张 策

*

重庆大学出版社出版发行
出版人:易树平
社址:重庆市沙坪坝区大学城西路21号
邮编:401331
电话:(023)88617190 88617185(中小学)
传真:(023)88617186 88617166
网址:http://www.cqup.com.cn
邮箱:fxk@cqup.com.cn(营销中心)
全国新华书店经销
重庆升光电力印务有限公司印刷

*

开本:787mm×1092mm 1/16 印张:18 字数:384千
2009年5月第2版   2018年12月第10次印刷
印数:18 001—20 000
ISBN 978-7-5624-3640-9 定价:30.00元

第 2 版前言

我国公共管理学的基础理论正在日益丰富,而对公共管理定量分析方法与技术的研究则显得相对薄弱。在融合了多学科精髓的公共管理学的跨学科研究和应用中,将定量分析与其他学科有机地结合起来,学习和探讨公共管理中的定量分析方法与技术,对进一步学习公共管理科学无疑具有十分重要的意义。

笔者在为大学本科生、研究生(包括在职研究生)上"公共管理定量分析方法与技术"的课程中,学生们往往会先打听:学习这种定量分析的课,是否一定需要数学基础? 在"公共管理定量分析方法与技术"课程的整个学习过程中,学生们普遍还会逐步遇到三道"门槛":首先是听懂所讲授内容的门槛,其次是听懂了内容但仍不会做题的门槛,接下来最大的一道门槛——会做题了,但却不会用所学的知识去解决公共管理中的实际问题。

为解决这三道门槛,笔者在"公共管理定量分析方法与技术"课程的教学中,首先采用"浅入"的方法,让没有数学基础的同学在自己"用心"的前提下,能够逐步了解定量分析方法的基本思路和表述特征。接下来,通过例题演示,使同学们逐步跨过"听懂"和"做题"这两道门槛。至于跨越第三道门槛,需要大量的课外工夫。本书专门安排了"附录",集中了一些公共管理研究中定量分析方法具体运用的实例,使读者通过对这些实例的了解,逐步认识到公共管理定量分析中,纯粹的定量分析往往是不适合的,公共管理的定量分析离不开深入的定性分析,需要深入剖析隐藏在"量"底下的"质",也离不开运用者对"方法"的灵活使用。这无疑可以大力地发挥具有人文社会科学基础学生的优势。而当读者能够将定性分析与定量分析有机结合起来的时候,跨越第三道"门槛"就为时不远了。

本书内容包括:公共管理的认识论与方法论介绍、定量研究设计、统计分析方法与统计报告的写作、概率初步、抽样调查、回归分析、预测学、统计分析软件 SPSS 应用、方法运用举例。这些内容包含了统计分析的基本部分,掌握了这些内容,就可以获得"举一反三"所必需的"一"。

本书的目的:一是为文科学生学习定量分析方法提供一本能够引起他们兴趣的读本;二是希望为公共管理专业学生提供进入现代公共管理定量分析方法与技术"大世界"的初级入门向导,使学生具备在定量分析方法与技术方面的学习中获得"举一反三"的基本能力,具备独立自学、探讨其他定量分析方法的基础。

本书在编写过程中得到中山大学政治与公共事务管理学院马骏教授的鼎力支持;北京大学政府管理学院的陈庆云教授也给本书提供了有益的启迪;中山大学社会学与社会工作系博士研究生王嘉顺为本书撰写了第二章(定量研究设计),并为本书配备了习题;重庆大学出版社的编辑、校对、排版同志为本书付出了辛勤的劳动,在此谨表示衷心的感谢!

限于作者的水平,书中的错漏之处在所难免,敬请读者批评指正。

袁 政

2009 年 3 月于中山大学

目　录

第一章 绪 论

第一节 几个基本问题概述

一、方法体系

方法,是一个含义十分丰富的概念。在学术领域,即使是一般意义上的方法,不同学科也有很多种不同的解释,在同一学科内部往往也有多种不同解释。

本书所言的方法,属于广义上的方法,将"方法"看作一个体系,它包括认识论、方法论、基本方法、具体方法和微观方法(技术)。

为什么将认识论也纳入"方法"之中? 俗话说:知识决定好恶,好恶决定取舍,取舍决定成败。因为认识是选择方法的基础,对同一事物的不同认识,将导致人们采取不同的方法论或选择不同的基本方法。试举一例来说明认识与方法选择之间的关系。

资料1-1 1999 年我国某高校实施一项教学管理改革,旨在促进教师教学水平的提高。该项改革的基本框架是:对每一位教师实行听课学生登记制度,然后依据每位教师某门课学生平均到课人数来判别教师该门课程的教学质量。教师的职称晋升、教学补贴等均与此挂钩。该项改革所隐含的一个认识论基础就是:教学质量高低取决于受学生欢迎程度,学生对某课程的欢迎程度可以用学生到课率来衡量——典型的"用足投票"分析方法。

有些老教授,是国内同行的知名专家,对学生要求十分严格,一些新教师,则对学生采取了"暗中安抚"的策略,甚至许诺:只要听我的课,包每位同学"过关",结果往往是听后者课的学生多。

该项改革不久便渐无声息。因为人们发现这种方法不能准确衡量教学水平。

笔者认为,"用足投票"分析方法本身没有错,但该校有关政策制定者在认识论方面不够清晰。他们没有认识到将"用足投票"方法用于衡量教师的教学水平,虽有一定的说服力,但也存在着许多的问题,难以达到较高的衡量准确度。

资料 1-2　某行政区拟进行一项公务员管理制度改革。改革的基础是要知道各部门公务员数量是否适度? 或哪些部门公务员数量多,哪些部门公务员数量还不足? 为此该行政区对全体公务员采用了大规模的问卷调查。其理论依据是只要巧妙地设计问卷,就可以达到调查的基本目的。这也隐含了这样一种认识论:绝大多数公务员是可以被巧妙设计的问卷"骗"过去的,他们在问卷的"圈套"中无法回避问题的真实性,因此,问卷可以较准确地调查出公务员数量的各有关问题。

　　在将调查问卷回收进行分析后,首先发现一个现象:多数公务员都回答行政区的公务员数量过多,应该予以精简;但在回答自己部门公务员数量问题时,认为"数量多"的比例就大幅度下降;而在回答自己所在部门与自己同职务的人员数量问题时,绝大多数公务员的回答是"数量不够",即表现出明显的自我保护倾向,因为大家都怕"裁员"到自己,而回答非自己部门"人数多",也是自我保护的另一种表现。其实,该行政区早就传出公务员制度改革的风声,面对问卷,每位公务员只会坚守自我保护的宗旨,对所有问题作出的选择是不会轻易"中套"的。

　　如果一开始在认识论上就认识到在公务员中通过问卷方法不能有效地测定政府及政府各部门公务员数量问题、其调查结果的信度不高,该行政区就不会费时、费力、费资去作这样的问卷调查了。

　　可见,认识论是方法选择的第一步。打个比方,我们的前进路上有许多大山阻隔,认识论是首先解决该何时上山、选择什么方向上山、选择何种方法与何种路径上山的问题;而上到高山顶(这不是我们的最后目的),这时就要方法论帮助我们确定下山的道路,凭栏俯瞰,依据方法论高屋建瓴的优势,确定好下山的基本路径(基本方法);在下山过程中我们还将遇到若干具体问题,如野兽、蛇蝎挡道,荆棘遍地,泥石滚滑,腿脚抽筋,体力不支,各种补给缺乏,等等,这时则要用若干具体方法和技术去克服困难,最终到达目的地。

　　我们对此用图 1-1 概括。

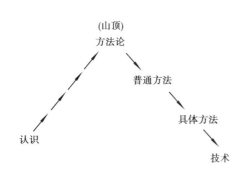

图 1-1　方法体系形象示意图

二、定量分析的重要性

　　我国古代思想家商鞅(前390—前338)的一个重要统计思想,即作为一个强国应了解以下资料:"境内企、口之数,壮男、壮女之数,利民之数,马、牛、高藁(饲料)之数",否则,"地虽利,民虽众,国愈削至弱"。

　　英国古代思想家培根(Francis Bacon,1561—1626)也曾说:只要给我所需的全部数据,我就可以破译世界上所有的奥秘!

　　时任俄罗斯总统的普京 2000 年 2 月 25 日致选民公开信提到:俄罗斯国家存在的

三个主要问题:一是国家缺乏意志,许多工作半途而废;二是国家缺乏公认的规矩,法制不严;三是国家对自己的"家底"无数(即统计数据资料不详、不实),以致富饶的土地上生活着贫困的人民。

我国现代政府领导应该对辖区内的国计民生数字要一清二楚,否则就难以洞悉辖区经济、社会发展的特征,就难以领导辖区的经济、社会发展。

对数据的定量分析,可以帮助我们发现一些新的问题。例如,我国进行了数次政府机构改革,改革的出发点认为我国公务员数量庞大,公务员工资性开支增长很快,吞噬了国家大量财政(参见表1-1)。而政府机构改革的初衷是为了减少公务员的数量(尽管涉及精简人的事,是一项难度很大的工作),从而达到节省政府开支的目的。可是,我们从另一份关于公车的统计资料看到,全国公车消耗是全国公务员工资性开支的两倍多,而且公车改革的阻力比政府机构改革阻力小。此外,全国公款吃喝所消耗的公款也比全部公务员的工资性开支还要大。数据分析结果揭示:公车改革和取消公款吃喝,比政府机构改革具有更大的财政节约空间。

表1-1 我国公务员工资占财政支出的比例

年度	①公务员工资总额/亿元	②国家财政支出/亿元	①占②的百分比/%
1993	357.7	4 642.3	7.71
1994	500.2	5 792.6	8.64
1995	559.5	6 823.7	8.20
1996	672.1	7 937.6	8.47
1997	744.0	9 233.6	8.06
1998	835.4	10 798.2	7.74
1999	971.0	13 187.7	7.36
2000	1 090.4	15 886.5	6.86
2001	1 317.7	18 902.6	6.97
合计	7 048.0	93 204.7	7.56

注:本表系据《中国统计年鉴》(2002)整理所得。

资料1-3 2004年"两会"期间,全国政协一份提案披露:"八五"期间,全国公车耗资720亿元,到了20世纪90年代后期,我国约有350万辆公车,包括工勤人员在内耗用约3 000亿元人民币,年递增27%,大大超过了GDP的增长速度,已经成为财政不堪重负的大包袱。社会轿车每万公里运输成本为8 215.4元,而党政机关等单位则高达数万元。每辆出租车的工作效率为公车的5倍,可运输成本仅为公车的13.5%。另外,全国一年公款吃喝在2 000亿元以上,相当于吃掉一个三峡工程。

美国著名学者道格拉斯·诺思,利用历史计量学方法,对 600—1850 年海洋运输生产力的变化与当时的航海技术的关系进行了定量分析:

1100 年前后,船尾舵,稍后,航海指南针;

1400 年前后,平衡式梯形钟帆;

1500 年前后,利用八面风;

1500—1600 年,摇橹;

1700 年前后,水密隔舱;

1800 年前后,平衡舵。

他发现:海洋运输生产率的增长快于航运技术的增长。进一步通过残差分析,发现了一个被人们忽视的原因:制度因素是导致海洋运输生产率迅速提高的重要原因。于是他与托马斯合著《西方世界的兴起》(1977 年),又出版了《经济史中的结构和变迁》(1981)一书。

三、定量分析方法的非完美性

马尔萨斯(Malthus,1766—1834)在担任牧师期间,查看了当地教堂一百多年人口出生统计资料,发现了这样一个现象:人口出生率是一个常数。1798 年他发表了《人口原理》一书,提出了闻名于世的 Malthus 人口模型。其基本假设是:在人口自然增长过程中,净相对增长率是常数,记此常数为 r,则在 t 到 $t+\Delta t$ 这段时间内人口增长量为:

$$N(t+\Delta t)-N(t)=rN(t)\Delta t$$

于是 $N(t)$ 满足微分方程:

$$\frac{\mathrm{d}N}{\mathrm{d}t}=rN$$

设 $t=t_0$ 时,$N=N_0$,于是解得 $N(t)=N_0\mathrm{e}^{r(t-t_0)}$。

如果 $r>0$,上式表明人口总数将按指数规律无限增长。将 t 以 1 年或 10 年为单位离散化,就可以说,人口数是以 e^r 为公比的等比数列增加的。

下面验证模型的正确性:

(1)用 1700—1961 年世界人口数据对照,1961 年世界人口为 30.6 亿人,在过去 10 年间人口按每年 2% 的净相对速率增长,即 $t_0=1961$,$N_0=30.6\times10^8$,$r=0.02$,于是有:

$N(t)=30.6\times10^8\mathrm{e}^{0.02(t-1961)}$,设人口倍增时间为 T,即:

$2N_0=N_0\mathrm{e}^{0.02T}$,求出 $T=34.6$ 年,与 1700—1961 年间世界人口增长很吻合。

(2)此模型是否符合未来实际。在 20 世纪 60 年代后期人口增长率出现了历史最高值 2.04%。20 世纪初世界人口为 16.5 亿人,1960 年突破 30 亿人,1987 年达 50 亿人,20 世纪末人口突破 60 亿人。根据联合国人口署的方案预测,人口增长率将持续降低,其中发达国家人口增长率将在 2020 年基本降为零,并开始出现负增长;发展中国家人口增长率将于 2050 年下降到 5.5‰。

马尔萨斯没有意识到人口增长主要受社会经济文化等因素的影响而非自然的衡量,世界人口的增长模式会沿着原始类型、近代类型、过渡类型、现代类型而转变(参见表1-2),因而整个世界的人口长期增长并没有按照马尔萨斯的模型去发展。

可以说,马尔萨斯的定量分析并没有出错,问题在于他没有能够将定量分析与定性分析有机地结合起来,因而得出了错误的结论。

表1-2　世界人口增长的类型

类型	历史时期	特征	形成原因
原始型 ↓ 传统型 ↓ 过渡型 ↓ 现代型	采猎文明时期	极高出生率和死亡率,极低的自然增长率	①生产力水平极低,人们主要依靠天然食物来维持生存; ②抵御疾病和自然灾害的能力极低; ③部落间的战争频繁,人口增长速度极低
	农业文明时期	高出生率高死亡率,较低自然增长率	①农业的出现带动了人类历史上第一次生产力大发展; ②生存环境有一定改善,死亡率下降,但仍然较高,出生率很高,人口增长速度有所加快
	产业革命时期	高出生率低死亡率,高自然增长率	①产业革命使人类的生存环境得到极大改善,营养水平提高; ②医疗卫生事业进步,导致人口死亡率快速下降; ③由于出生率没有保持同步下降,人口快速增长
	后工业化时期	低出生率低死亡率,低自然增长率	随着生产力的进一步提高,特别是现代科学技术进步,人类社会的政治、经济、文化进入了新的发展阶段,在死亡率下降到很低水平并稳定后,出生率也持续下降到与死亡率相当的水平,人口发展表现为低增长或负增长

资料来源:http://www.huanggao.net/hgweb/samples/democourse/dl 22 02 012/.

四、西方人文社会科学中"计量革命"始末[①]

20世纪60年代到20世纪70年代,在西方人文社会科学领域(包括公共管理领域)刮起了一股"计量旋风",当时西方学术界"言必定量",一篇再好的文章,如果没有用定量分析方法,将会被拒绝发表。

1998年诺贝尔经济学奖得主阿马蒂亚·森认为,从亚里士多德开始,经济学就具有两种根源,即两种人类行为的目的:一种是对财富的关注,一种是更深层次上的目标追求。由此产生两种方法,一种是"工程学"的方法,也就是数学、逻辑的方法,一种是伦理的方法。这两种根源或方法,本来应是平衡的,但不同的学者重视的方面有所不

[①]　本部分参考了王东生2003年10月19日发表于《中国青年报》上的文章"数字化时代不能只讲数字"。

同。从亚里士多德到亚当·斯密,比较注重伦理问题,而威廉·配第、大卫·李嘉图等更注重工程学方面。忽略伦理学、脱离人本精神的经济学,实际上就是远离或者曲解了社会生活的本质。数学与逻辑是最基本的也是最重要的科学工具。数字与数学的产生,是人类思维和人类历史的伟大进步。马克思认为一门科学只有达到可以用数学进行描述的时候,才是完美的。但是我们不能认为"定量分析"具有万能的神威,因此而将计量方法神秘化、机械化和绝对化。

20世纪80年代以后,西方"计量革命"重新回归到一个理性的程度,人们重新冷静地认识到人文社会科学具有独特的复杂性,定量的方法固然能深化分析、揭示新规律、但它也不是万能的,人文社会科学分析中的定性分析仍是十分重要的方法。

没有量就无所谓质。量化作为分析功能,是研究社会问题和经济问题的前提和基础。没有量化基础的整体性思维方式,只能对对象进行猜测,不可能深入到事物的内部。但是,社会是极为复杂的有机体,其本质绝非仅靠数字可以揭示。社会生活除了可以用数字来描述的表层事实之外,还有更加深刻的、无法用数字来描述的内容:除了物质的一面,还有精神的一面;除了世俗的一面,还有崇高的一面;除了确定性的一面,还有不确定性的一面。那么,我们在研究分析社会问题的时候,就不可片面地强调和停留于量化的层面,更不应仅仅沉迷于"泛数字化",而忽略了人们社会活动的人文本质。

五、定量与定性的有机结合

任何事物都是质和量的辩证统一,对事物仅仅进行定性分析或定量研究,都不足以反映事物的本来面目,都不能表明事物的全貌,都不可避免地带有形而上学的主观片面性。只有将定性分析与定量研究有机结合起来,才能正确地反映和表明事物的性质与特点。定性分析与定量分析作为分析形态的两种不同方式,既相互区别、相互对立,各有其内在规定与内涵特点;又相互联系、相互统一、相互渗透、相互贯通。定性分析无能为力之时,往往正是定量分析大显身手之机;定量分析一筹莫展之处,常常正是定性分析长驱直入之地。定性分析与定量分析都是分析科学化、最优化的必要途径,二者缺一不可。定性分析是定量分析的基础、前提和先导,定量分析是定性分析的延伸、拓展和升华。没有定性分析,定量分析就会失去目标、流于形式,就无真正意义的定量分析;没有定量分析,定性分析就会变得难以捉摸,不易确定。因此,必须把定性分析与定量分析有机结合起来,使之优势互补、相得益彰。只有这样,才能建立科学的分析体系。

公共管理学的研究对象十分复杂(在下面认识论补丁部分,将进一步说明这一点),其变化发展过程在一定背景下显现出量的规律性,在另一些背景中又显现出不定的或以性质变化为主的特性,或这两方面的复杂组合。因此,在公共管理的数字分析中,一定要注意到公共管理研究对象的特殊性、复杂性。我们在作一些数据分析时,一方面要注意运用量化分析方法的正确选择,另一方面还必须注意到研究对象的复杂性,对其做定性的分析。在公共管理问题分析中,如果我们不能将定量方法与定性分析有机结合,仅仅依靠数据分析的结果,往往会得出不正确的结论。

本书主要介绍如何选择适当的定量分析方法去与定性分析方法有机地结合,从而分析、研究、解决公共管理中的问题。而有关专门的定性分析方法,读者可以参考有关定性分析研究的专著。

第二节 认识论"补丁"

本节给读者作一些认识论方面的补充。较完整的认识论知识,可以参考有关专著。

一、现代公共行政学提出的认识论问题

1947 年,美国《公共行政评论》第 7 期刊载了达尔(Robert Dahl)的论文:"公共行政学:三个问题"。该文指出了传统行政学所遇到的三个难题:①公共行政学与价值规范的关系。传统行政学力图依靠政治——行政二分法将规范性(道德和价值观)问题排除于行政研究之外,这是不可能的。公共行政问题必然要置于"伦理考虑的脉络背景之中"。②公共行政学与人类行为之间的关系。传统行政学用形式上和技术的术语看待行政组织和行政上的活动。并把团体和个人或多或少地当成一种"物质"(例如:没有情感的工具)。而实际上公共行政学必须研究人类行为,把心理学上的个人包括进去。③公共行政学与社会环境的关系问题。公共行政学不应束缚在狭小的技术知识和过程的范围之内,而必须扩展到变化着的历史、社会、经济和其他的条件因素上。

达尔的结论:"没有任何一种公共行政科学是可能的,除非:①价值规范的地位弄清楚了;②人在公共行政领域中的属性被更好地了解以及行为被更多地预测;③有各种可以比较的主体,以便能从中找到各种超越国家边界和历史经验的原则和概括"(陈振明,2004,p.22)。

达尔对传统公共行政学的批评可谓击中要害,指出了它的三个最主要缺陷,即缺乏对人的道德追求和价值追求的重视;缺乏对人的行为特点的重视;缺乏对人类社会生活的重视。该文成为新公共行政学研究的先导(王洋,2000)。

二、认识论"补丁"(公共行政研究的认识论基础)

(一)关于人的认识

从本质上看,公共管理的主体、客体都是人。因此,我们有必要对人的一些特性作一些补充性介绍。

1.环境决定论

由于早期人类的力量在大自然面前显得渺小,人类不得不屈服于自然界,因而多

强调自然环境对人的思维、意识、行为的影响。如古希腊的亚里士多德认为北方寒冷地区各民族的性格是"精力充足","富于热情",但"大都拙于技巧而缺少理解"。气候炎热地区各民族"多擅长机巧,深于理解,但精神卑弱,热忱不足"。而希腊地处南北之间,其民族兼具有这两种禀赋和品德,"既具热忱,也有理智,精神健旺"。

18世纪,法国的孟德斯鸠等人同样将自然环境与人的禀性、区域的政治制度联系在一起:气候寒冷,使人具有独立精神;气候炎热,使人具有顺从的性格。所以,"伊斯兰教在亚洲很容易建立起来,在欧洲则一筹莫展;基督教在欧洲绵延下去,在亚洲则受到摧毁……气候是原因之一"(孟德斯鸠,1982,p.260)。德国哲学家黑格尔进一步总结:世界上有三种地理环境,①干燥的高地、广阔的草原和平原;②平原流域,即巨川、大江流过的地方;③与海相连的海岸区域。第一种区域内的居民(如蒙古、阿拉伯),往往生性爽烈,易侵扰周围文明国土,过着无法律制度和家长制生活;第二种区域内的居民(如四大文明古国),依靠农业为生,被束缚于土地上,性情守旧,过着君主制生活;第三种区域内的居民,具有冒险精神、勇气和智慧,人们多从事工商业,过着民主制生活"(转引自:王恩勇,2000,p.39)。

拉采尔(Ratzd,1844—1904)本来是学动物学、地质学和比较解剖学的,达尔文的进化论使他激动。1874—1875年他去美国、墨西哥访问,这些实践使他走上了社会达尔文主义的道路。他考察了日耳曼人在美国中西部的成就,也考察了印第安人、印度人、非洲人、中国人的情况,划分了进取扩张型的人类集团和退缩型的人类集团的不同地理类型。F.拉采尔及其弟子森普尔是(自然)环境决定论的集大成者,他们认为:人是(自然)环境的产物,人和生物一样,其活动、发展和分布受(自然)环境的严格限制,(自然)环境以"盲目的残酷性统治着人类的命运"。可见,早期的环境决定论也就是自然环境决定论,即自然环境决定了人的意识和行为。富有特殊意味的是:具有相似自然环境的古希腊与古迦南地区(今以色列、巴勒斯坦地区),似乎本应演绎出相似的"共同文化集团",然而古希腊在公元前5世纪前后成为世界哲学与自然科学的中心,古迦南地区则在公元前3世纪前后成为世界宗教的中心,在这两地分别产生了有巨大差异的"文化集团"(相对于环境决定论而言,笔者将此现象称为"地中海悖论")。

英国著名历史学家汤因比(Amold Joseph Toynbee,1889—1975)在他的代表作《历史研究》中,对人与自然环境之间的关系提出了独特的见解:①人的精神、行为与自然环境之间的"挑战与应战"。汤因比认为,在文明的起源中,自然环境与人类的挑战和应战之间的交互作用,是超乎其他因素的一个特殊因素——它是超出平均系数的一个因素。人类第一代文明的起源在于对自然环境、物质环境提出的各种挑战作出了成功的应战。②人类第二代、第三代文明的起源在于对社会环境——母体文明的衰落、解体所造成的混乱的挑战的应战。③文化是通过对环境的"挑战"的应战所遭受的考验而产生的。④环境挑战的类型可分为五种:困难地方的刺激,这是最基本的挑战;新地方的挑战;打击的刺激;压力的刺激;遭遇不幸的刺激。⑤挑战的度的理论。汤因比认为,文明起源的环境不能是一个极为安逸的环境,而应该是一个充满困难挑战的地方。但是挑战过弱,以至于没有足够的刺激唤起人们的应战;挑战过于强大,就会使应战不可能,从而使文明流产。于是,在挑战不足与过量之间有一个度。这个适当的度,不是一成不变的,而是随着各种条件而变化的,一切都要看文明产生的历史条件。

汤因比其实是站在现代回溯历史,因而得出的结论更加符合人类早期的多数史实。就其论点来看,也许更应将其归入早期的环境决定论之中。

法国学者白兰士及其弟子 J. 白吕纳则在对早期的环境决定论批判中显示出了独特的目光和卓识。

2. 本原论

由德国人类学家巴斯蒂安(Adolf Bastian,1826—1905)提出、美国人类学家摩尔根(Lewis Henry Morgan,1818—1881)深化的人类心智"本原论"观点:"人类出于同源,在同一发展阶段中人类有类似的需要","人类所有种族的大脑无不相同,因而心理作用的法则也是一致的","人类具有同一的智力原理,同一的物质形式。所以,在相同文化状况中的人类经验的成果,在一切时代与地域中都是基本相同的"。人类学以其扎实的"田野调查"为基础,以精细的分析见长,所得出的结论往往具有较高的科学性、精确性。因此人类学的有关研究成果对人文地理学有重要的学术引介价值。

巴斯蒂安是德国人类学家。他曾在船上做医生,旅行世界各地,在旅途中度过了生命的近 1/3 的时间,他 9 次环球旅行,在美洲、非洲、澳大利亚和南太平洋作过考察,写旅行记和其他著作近 60 部。马克思在 1860 年 12 月 19 日致恩格斯的信中指出了巴斯蒂安的基本思想是"试图对心理学作'自然科学的'说明并对历史作心理学上的说明"。巴斯蒂安在大量实证分析的基础上提出了三个重要概念:①人类心理一致说。世界各地文化有广泛的共同性,巴斯蒂安将其称为"本原概念",并指出人类有相同的心智过程,对相同的刺激产生相同的反应;人类心理的统一,即"自发的(或初级的)思想",决定了人类文化的统一。②"民族概念"。每个民族"自身会发展一定的思想",因而各有自己的"文化模式"或"文化特征"。③"地理区域"概念。每个民族文化有自己的分布区域,并受地理环境影响,反映了地方色彩。他还认为,由于地理环境和历史条件的不同,加上有时经过不同的传播(途径、方式),使"本原概念"演化、衍生、派生为各个具体的"民族概念"。

泰勒(Edward Burnett Tylor,1832—1917)研究了大量的民族志资料,将各民族大量的文化现象作比较研究,发现不同地区、不同民族出现相似的文化,某些制度、仪式、习俗、神话有惊人的相似点。泰勒引入了统计学方法来研究文化现象的相互关系,在统计的基础上进行比较。并用相关文化要素比较的方法,说明几种文化要素的关系,引入"粘合"或"相关"(adhesion)概念,来说明某一种习俗的"相关",说明哪些民族有同样的习俗,有哪些其他习俗与它相伴随,或与它相排斥。他搜集了 350 个包括原始社会和文明社会的统计资料,计算相关文化现象的百分比、制表、分类,来确定它们之间的内在关系,从而说明一些规律性的问题。与同时代的人类学家一样,泰勒也表达了人类文化的同一性和文化的进化源于人类心理一致的思想。"文化之所以广泛地渗透着一致性,原因多半在于一致的目的产生一致的行动","以宏观而论,人类的性格和习惯首先表现出相似性和一致性","人的特性在于不言而喻的一致性"(黄淑娉,龚佩华,1998,p.30)。

上述人类学家对近代大量部落作的细致研究,虽未直接表述环境与人的感知间的关系,但他们观点的实质却是十分清楚的:在近代背景中,生活在不同(自然的及人文的)环境中的人,其基本思维存在着较高的一致性。也就是说,环境差异并未导致(近代)人的基本思维的重大差别,对人的基本思维一般不会产生决定性的影响。或者说,不同的环境对人的综合感知刺激而产生的综合效应具有较高的一致性。人的基本思维主要由大脑本身对环境的综合概括能力(思维特性)决定;不同的(自然的及人文的)环境对人的意识可以产生某些次级差异。即人类学家说明了环境与人的感知之间的"度"的关系。同时,我们应该看到这些研究对象的时空背景:当时人文环境发展处于相对(于当代)落后的状态,按照马斯洛的需求层次分析框架,人类尚处于以满足生存需要、某些享乐需要(物质、文化的)的低级阶段,尚未出现对发展、政治、名誉和个性等的需要(即物质文化、制度文化、精神文化并重)。换言之,上述人类学家考察的是如下背景中的环境与人的意识之间的关系:在当时人所生活的环境中,人文环境尚不够充分发展,自然环境的成分占据主要地位,人文环境的成分占次要地位。

本原论是对人类具有的广泛存在的普遍特性认识的高度概括。其理论启迪是显然的:它是恩格尔定律、马斯洛定律等对人类社会的普适性,以及东方经验在西方使用、西方经验在东方使用的理论依据。

3. 或然论

保尔·维达尔·德·拉·白兰士(Paul Vidal de la Blache,1845—1918)是巴黎大学的教授。他主张"或然论"。他认为:自然为人类的居住规定了界限,并提供了可能性;但是人们对这些条件的反应或适应,则按照自己传统的生活方式而不同。他的思想使法国地理学摆脱了地理环境决定论的束缚,没有产生人文地理与自然地理尖锐对立,也没有陷入到自然中找人生答案的困境。他还提出了"生活方式"的概念,认为生活方式即指文化,是人类集团成员所学习到的传统品质,是民族的制度、风俗、态度、目的以及技能的复合体,它是决定某一特定的人类集团将选择由自然提供的可能性的基本因素。

或然论观点认为:同一时期同一地域环境,被人们合理开发利用存在着多种可能,哪一种开发方式(模式)被实际采用,取决于一定的几率。例如:在人类建筑史上,欧洲、中国都有着发展石料建筑和木结构建筑的条件,而在实践中,欧洲人走向了石料建筑的道路,而中国人则走上了木结构建筑的道路。但由于白兰士还没有认识到社会变革的深层次机理,他只能将一个地域中被人们采用的某一种开发方式的解释交给"几率"去完成。

用或然论观点可以从一个角度说明:"同一经济制度可以容纳不同的经济体制"(或然论观点),"不同社会制度的国家也可以有相似的经济体制"(郭小聪,1999,p.108)。或然论强调人类社会某些方面的共同性、本原论观点。

现代人认识到,本原论、环境决定论、或然论都从一定的侧面说明了人类的行为特征,但都不能对人类的行为特征作一概而论的解释,它们各在一定的解释范围具有意义。本原论说明人类具有相同本质特性的方面;环境决定论揭示了不同地域环境对人们的普遍行为和社会习俗等具有重要的影响,将其他地方的文化引进到一个新的地方,必须注意"本土化"消化;另外,在某些低层次的方法采用上,环境决定论往往得到较好的表现,在高层次、复杂性的方法采用上,或然论的结果得到较多的表现。

此外,对人类行为特征的研究成果还有很多,美国著名管理学家福莱特就是从人类行为和心理特征的角度来研究管理学的名家,大家可以选择有关专著阅读。

(二)社会熵自然巨复杂系统的运动特点、发展趋势[①]

1827 年,苏格兰植物学家布朗在显微镜下观察水中的花粉时首次发现微小粒子表现出无规则运动。人们发现在温度均匀和无外力作用的流体中都能观察到这种运动。以后人们借用布朗运动概念来表达人类社会在无政府状态下的混乱局面,将其称为社会布朗运动。

发端于热力学第二定律的熵增原理进一步揭示了自然巨复杂系统中的无规则运动的特点和发展趋势。首先,热力学告诉我们:温度是大量分子无序运动时平均平动动能大小的宏观标志。其次,熵增原理告诉我们,在自然状态下,自然巨复杂系统会自动朝着熵增加(无序度增加)的方向发展。

最早把热力学第二定律的微观本质用数学形式表示出来的是玻耳兹曼,他的基本观点是:"从微观上来看,对于一个系统的状态的宏观描述是非常不完善的,系统的同一个宏观状态实际上可能对应于非常多的微观状态,而这些微观状态是粗略的宏观描述所不能区别的。"

分析演示如下:设想有一个长方形容器,中间有一隔板,把它分成左、右两个相等的部分。左面有 4 个气体分子:a,b,c,d,右面为真空。当打开隔板后,容器中气体分子的位置分布将会有多种情况,见表 1-3。

表 1-3 4 个气体分子的位置分布

微观状态		宏观状态		一种宏观状态对应的微观状态 Ω
左	右			
abcd	无	左 4	右 0	1
abc	d			
bcd	a	左 3	右 1	4
cda	b			
dab	c			

---

① 本部分内容参考了张三慧与沈慧君编著的《热学》(清华大学出版社,1991)一书。

续表

微观状态		宏观状态		一种宏观状态对应的微观状态 Ω
左	右			
ab	cd			
ac	bd			
ad	bc	左2	右2	6
bc	ad			
bd	ac			
cd	ab			
a	bcd			
b	cda	左1	右3	4
c	dab			
d	abc			
无	abcd	左0	右4	1

对于每一个宏观状态,有许多微观状态与之对应。如果容器中有20个分子,则可以算出:左11右9的宏观状态对应于167 960个微观状态,而左10右10的宏观状态对应于184 756个微观状态。实际上一般气体系统所包含的分子数的量级为10^{23}。这时对应于一个宏观状态的微观状态数就非常大了。这还只是以分子的左、右位置来区别状态,如果再加上以分子速度的不同作为区别微观状态的标志,那么气体在一个容器内的一个宏观状态所对应的微观状态数就会非常大了。

计算表明,分子总数越多,左、右分子相等和差不多相等的宏观状态所包含的微观状态的比例就越大,见图1-2。以实际系统所含有的分子总数(10^{23}数量级)来说,这一比例几乎是,或实际上是100%。为了定量说明宏观状态和微观状态的关系,热力学定义:任一宏观状态所对应的微观状态数称为该宏观状态的热力学概率,并用 Ω 表示。在中文里,用熵来代表热力学概率,其含义是对系统中的无序程度的度量。

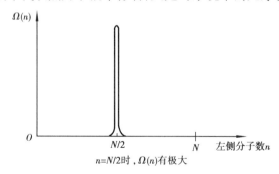

图1-2　左、右分子相等状态的几率分布

对于孤立系统,根据基本统计假设,可以得出下述结论:

(1)对于孤立系统,在一定条件下的平衡态对应于 Ω 为最大值的宏观状态。

（2）若系统最初所处的宏观状态的微观状态数 Ω 不是最大值，那就是非平衡态。系统将随着时间的延续向 Ω 增大的宏观状态过渡，最后达到 Ω 为最大值的宏观平衡状态。这就是对系统实际的自然变化过程的方向性的微观定量说明。

从自然角度看，熵增原理指出：在孤立系统中，从微观上看热的传导，其自然过程总是沿着使大量分子的运动向更加无序的方向进行。

但是对于熵增原理在社会领域的应用，笔者赞同将熵理解为"物质系统状态的复杂度或丰富度"、"系统的复杂性是导致系统的有序还是无序？根本原因要看系统本身的抗扰动能力。抗扰动能力越强，再复杂的系统也可以有条不紊；反之，系统就会走向无序、混乱"（谢巧玲，夏洪胜，2003）。

熵增原理告诉我们，系统的开放性总是相对的，目前从整个人文的地球看，它是一个封闭的孤立系统；从世界经济一体化的角度看，凡参与世界经济交换的国家，就不是孤立系统，而是开放系统。

熵增原理对宏量系统（包含大量运动元素的系统）的自然变化（运动）过程的合理性的否定。过去有一种观点：存在的就是合理的，合乎自然的就是合理的，这种解释对于单个运动体而言，也许有较多的合理成分；但对于宏量系统的运动，就不正确了。熵增原理揭示了宏量系统的自然运动方向的不合理性，从而为对于宏量系统的运动加以公共管理（干预）提供了新的理论支持。即除了市场因素外，还有熵增问题需要公共管理，从而认为公共管理需要相应（适当）扩大其行为空间。

社会无序度——社会平均平动动能增加的具体表现形式：①人们的互相交往增加；②人类使用的能量增加（社会发电量增加，消耗的石油增加）；③飞机、汽车、火车等交通工具增加且速度加快，高速公路的数量增加等；④人们的平均出行频率和平均出行距离增加；⑤通讯技术革命使社会信息交往数量和频度增加；⑥马斯洛需求层次理论所揭示的（建立在人们有支付能力基础上的）人们（社会）需求增加（数量、类型、层次等的增加）；⑦社会经济活动增加；⑧人们个性化不断发展，人的异质性（职业、学习的专业、收入水平、业余爱好、志向、信仰、亚文化、利益群体性、政治观点、消费偏好、个性化思维等）的增加。

在纯自然的假设条件下（没有公共管理），人类社会的各种冲突增加（达仁道夫，现代社会冲突理论），社会的无序度将会大大增加。这是人类群体（作为一个封闭的孤立系统）在自然状态（无政府状态）下的自然发展方向。熵增原理揭示：这个自然发展变化方向导致系统无序程度增加，因此，必须由政府来实施公共管理。

熵增原理的公共管理理论意义有二：①公共管理的必要性的理论支持；②公共管理事务量随着经济社会的发展而不断增长的规律（温度的本质是对分子的平均平动动能的量度，经济社会发展导致社会分子平均平动动能的增加）。

（三）关于均衡观

在经济学说史上，法国经济学家瓦尔拉斯（Walras，Marie-Esprit-Léon，1834—1910）第一个提出了一般均衡的数学模型。现代经济学教科书对一般均衡理论概述

如下:

1.局部均衡与一般均衡

(1)局部均衡。局部均衡分析是指假定其他市场的情况不变,单独分析某一市场(或经济单位)的价格和供求变动的一种分析方法。

(2)一般均衡。一般均衡是指经济中所有经济单位及其市场同时处于均衡的一种状态。无论是在产品市场上,还是在要素市场上,每种产品或者要素的需求量和供给量都最终取决于所有商品和要素的价格。假定经济系统中共有 n 种产品和生产要素,它们的市场价格分别为 P_1,P_2,$\cdots$,P_n。则某一种商品或要素的市场需求可以表示为:

$$Q_i^D = D_i(P_1,\cdots,P_n),i=1,\cdots,n$$

同样地,每种商品或者要素的市场供给可以表示为:

$$Q_i^S = S_i(P_1,\cdots,P_n),i=1,\cdots,n$$

如果所有的商品和要素市场同时处于均衡,那么经济处于一般均衡。此时,每个市场的供求处于均衡:

$$Q_i^D = Q_i^S,i=1,\cdots,n$$

满足这个条件式的价格 P_1,P_2,$\cdots$,P_n 使得经济处于一般均衡,而这一系列价格相应地被称为一般均衡价格。

2.判断市场效率的标准

(1)帕累托最优状态的含义。帕累托最优状态是指不可能通过资源的重新配置使得经济社会在不影响其他成员境况的条件下改善某些人的情况。

(2)帕累托增进的含义。如果经济社会通过资源重新配置可以在不使他人境况受到损害的条件下使得某些人的境况得到改善,则社会福利得到增进。

3.经济符合帕累托最优标准的条件

(1)交换符合帕累托最优标准的条件。交换符合帕累托最优标准的条件是两个消费者消费两种商品的边际替代率相等:

$$RCS_{1,2}^A = RCS_{1,2}^B$$

(2)生产符合帕累托最优标准的条件。生产符合帕累托最优标准的条件是两种生产要素生产两种产品的边际技术替代率相等:

$$RTS_{L,K}^1 = RTS_{L,K}^2$$

经济社会中的每个人都在力图追求个人满足,一般说来,他并不企图增进公共福利,也不知道他所增进的公共福利为多少,但在这样做时,有一只看不见的手引导他去促进社会利益,并且其效果要比他真正想促进社会利益时所得的效果更好。市场机制的自发作用使得经济处于一般均衡状态。在这一状态下,社会以最低的成本进行生产,消费者从消费产品中获得最大满足,厂商获得最大利润,生产要素按各自在生产中的贡献取得报酬。按帕累托最优标准,这种状态是社会最优的。

然而,要实现所有市场的同时均衡,需要具备进行一般均衡理论分析的前提条件:

(1)一般均衡理论首先要求经济系统中必须存在一组不变条件。一般均衡理论实际上是在一定条件不变情况下的局部均衡理论。

(2)通常情况下,为了能够保证一般均衡价格的存在性,一般均衡理论要求需求函数是连续的,这就进一步要求偏离具有理性、连续性和严格凸性。从数学的角度来看,这并不是过分的限制条件,可是在经济学中却对经济当事人施加了过分严格的限制条件,有时甚至找不到与之相对应的经济行为。

(3)与局部均衡分析一样,一般均衡理论也是以完全竞争市场为假设前提,把所有产品市场和要素市场均视为完全竞争市场,并且认为均衡是资本主义经济的常态,而把不均衡看成是对均衡的一种暂时的偏离。即使在当今西方发达的市场经济中,也很难找到一个完全符合完全竞争规定的市场,大多数市场中也没有均衡理论创始者瓦尔拉斯所设想的拍卖者。

在现实经济、社会中,从一般均衡概念可以做出无数的推论:100元的物品一定比99元的好;人力资本凝聚程度高以及工作勤劳的人的劳动收入就一定高;若干个同等智力水平、同等文化程度、同等劳动强度的劳动者的劳动收入一定相等;若甲的行政职务比乙高,则甲的工作能力一定比乙强……但是现实告诉我们,社会、经济往往是非均衡的,均衡是暂时的,非均衡才是常态。

非均衡是与均衡相对而言的。非均衡理论强调预期的不确定性。这实际上是暗含着这样一个前提,即在现实经济生活中,信息是不完备的,搜集信息是要花费成本的,在这种情况下,行为人的交易不可能完全是均衡的交易,非均衡现象是不可避免的。非均衡理论认为,现实中大量存在不完全竞争的情况,包括垄断竞争的情况,因此,应将不完全竞争作为研究的重点。

非均衡理论打破了几百年来统治着经济学界的均衡观。现实世界中存在着不确定性,时间序列中的经济运行总是相互发生作用,行为人搜集信息是需要花费成本的,在均衡价格达成以前,交易也是可以实现的。均衡理论却将上述现实情况通过大量的假定抽象掉,或者说,均衡理论正是凭借着舍弃上述现实生活中的复杂性才得以存在的。非均衡分析正是要将这些复杂性考虑在内,立意创建一套更加逼近现实生活的理论,而这套理论却不可能建立在优美但空洞的均衡观上,它的思想基础是更具有说服力的非均衡观。

如果人类社会的一切运动都是均衡的,那么就可以用各种各样的方程式去准确表达这些运动和准确预期这些运动的发展变化趋势。在人类社会的现实中是有限均衡的,经济、社会也是有限均衡的。

上述对于人类社会从均衡到非均衡再到有限均衡的认识,从另一个角度告诉人们,公共管理的研究分析,不利用定量分析方法不行,过分强调定量分析也不行(因为经济、社会往往是不均衡的,因此,完全依赖量化模型去分析、研究经济和社会问题,是不实际的),应当将定量的分析、研究方法与定性的分析、研究方法有机地结合在一起去综合分析、研究社会经济问题(当然包括公共管理领域的问题)。

第三节　方法论

一、概　述

社会科学研究的方法体系可分为:①认识论;②方法论;③研究方式(也称基本方法);④具体方法与技术。基本方法处于方法体系的中层,具体方法与技术则处于基础的层次,是在研究各阶段中为达到一定目的而使用的技术手段或微观方法。具体方法的选择必须与一定的基本方法相适应。

方法论是关于科学的一般研究方法的理论,是高屋建瓴地指导我们分析、研究基本方法之正确路径选择的"母方法",它探索方法的一般结构,阐述它们的发展趋势和方向,以及科学研究中各种方法的相互关系问题。它有广义与狭义之分。狭义的仅指自然科学方法论,即研究自然科学中的一般方法,如观察法、实验法、数学方法等。广义的则指哲学方法论,即研究一切科学的最普遍的方法。随着自然科学的发展,20世纪出现了许多新方法,如控制论方法、信息方法、系统方法等,促进了方法论研究的高度发展。科学方法论愈来愈显示出它在科学认识中确立新的研究方向、探索各部门的新生长点、提示科学思维的基本原理和形式的作用。唯物辩证法是从人类的实践中总结和概括出来的正确的哲学方法,是科学研究的普遍的方法论。它对自然科学和人文社会科学的一般研究方法起指导作用,并将随着科学实践的发展而发展。从科学发展的整个历史来看,科学方法论的历史形态有4种:自然哲学方法论、哲学方法论、逻辑方法论和理论方法论。

方法论处于方法体系的最高层次,规定着学科研究应遵循的基本原则,是研究方式和具体方法的理论与逻辑基础,关于如何进行社会科学研究的基本理论、包括研究的立场、方位、视角、基本观点,以及认识和解剖对象应遵循的基本原则与逻辑程序。特点:高屋建瓴而又高度概括。例如,中国的社会科学研究是以马克思主义的立场、观点、方法为指导的。从一定意义上讲,方法论是一种工具理论,它只涉及科学发现与检验的原理和逻辑而不涉及具体的事实;学科理论则是包含经验事实的实质理论。方法论也不同于研究方式与具体方法,它是对研究方式方法一般原理的系统探讨与评价。

社会科学方法论所探讨的问题主要有:①有关社会与人类行为的知识问题。如是否有真实、客观的社会知识? 社会科学研究能否获得客观真理? 通过何种途径或来源才能获得这种真理? 判断真理的标准是什么? ②社会现象的性质问题。如社会现象与自然现象的联系与区别？是否存在客观的社会规律？社会科学研究对象的特点是什么？③社会研究的性质问题。④研究方法的问题。如发现与检验真理的逻辑方法是什么？社会科学研究中应采用哪些方式或方法？各种研究方法有哪些共同特征，这些特征与自然科学方法有哪些异同？如何搜集与分析资料？如何才能保证研究结论的客观性与科学性？

二、若干重要的方法论

（一）辩证唯物主义、历史唯物主义

马克思主义政治经济学之所以成为科学，一个很重要的原因就在于马克思实现了政治经济学研究方法上的革命，在政治经济学的研究中创造性地运用了科学的方法论——辩证唯物主义和历史唯物主义。

辩证唯物主义是建立在唯物论基础上的辩证方法，即运用对立统一规律、量变质变规律、否定之否定规律来分析经济现象和经济过程的矛盾运动及其发展变化过程，从而揭示经济现象和经济过程的本质及其发展运动的规律性。

历史唯物主义就是把辩证唯物论原理运用到对社会历史发展和演进的研究分析中。马克思主义的历史唯物主义把社会经济形态的发展和更替看作是一种客观必然的历史过程，是生产力与生产关系、经济基础与上层建筑之间相互矛盾、相互作用的必然结果。将历史唯物主义观点运用于对资本主义社会经济形态的研究，马克思在其政治经济学中有力地揭示了资本主义生产方式的历史趋势，论证了资本主义被社会主义取代的历史必然性。历史唯物主义是观察和分析人类历史的正确和科学的方法，与此对立的是用唯心主义的观点和方法考察和分析历史事件和历史人物。那么，什么是历史唯物主义呢？简单而论，历史唯物主义的核心就是承认人类社会的发展有其固有的自身规律，这种规律是不以人的意志而转移的，社会的存在决定人们的思想意识，而思想意识又反过来作用于人类社会的存在。用这种观点分析中国历史人物，首要的一条就是把具体的历史人物置于他们所在的特定历史社会里去考察、研究和分析。

（二）实证主义

理论和方法论特征：实证主义社会学是在西欧启蒙运动、英国经验主义哲学、以物理学和生物学等重大科学发现为代表的发达的自然科学，以及法国的政治大革命和日益高涨的社会改良运动等背景下产生的。

第一个时期始自19世纪上半叶，与社会学的初创阶段相吻合。其理论创始人是孔德、英国社会学家H.斯宾塞、比利时社会学家（统计学家）L.A.凯特勒和法国社会学家F.勒普累等。此阶段确立了实证主义社会学的一般宗旨。从19世纪下半叶至20世纪初为实证主义社会学发展的第二个时期，也是实证主义社会学的鼎盛期。法国的迪尔凯姆和意大利的V.帕累托对以往社会科学进行了综合，把实证主义社会科学推向了高峰。迪尔凯姆在提出"社会事实"概念的同时，制定了一系列社会研究的

实证规则。他把社会事实作为社会学的研究对象,进而揭示了它们之间所存在的"形态学"(即结构)的、功能的和因果的关系。帕累托对逻辑与非逻辑行动的分类,对动态平衡的阐述以及精英循环的看法,使实证主义社会学更加丰富和完善。

继帕累托之后,实证主义社会科学结束了古典阶段,开始向新实证主义社会科学阶段演变。与古典实证主义社会学相比较,新实证主义社会学有以下特点:①新实证主义社会学摒弃了古典实证主义社会学的一些粗俗看法,不再把自然科学及其方法看作是社会科学理论赖以存在的基础,而把它们视为社会科学研究必不可少的工具。②新实证主义社会科学依然保持着自然主义的风格,认为社会是具有一定结构或组织化手段的系统,社会的各组成部分以有序的方式相互关联,并对社会整体发挥着必要的功能。整体是以平衡的状态存在着,任何部分的变化都会趋于新的平衡。③在强调经验材料的重要性的基础上,开始重视科学方法论的研究,力图使社会科学的研究通过程序化、操作化和定量化等手段,达到精细化和准确化的水平,进而将社会学的理论概念同经验的操作概念联系在一起,实现理论知识体系和逻辑-方法论手段相统一的目的。

实证主义主张研究客观的社会现实,而不是研究诸如"针尖上能站几个天使"、"历史问题的争辩",或对某些纯理论问题的讨论(如实践论)等。

(三)人本主义

人本主义是由 20 世纪五六十年代在美国兴起的一种心理学思潮发展而来,其主要代表人物是马斯洛(A. Maslow)和罗杰斯(C. R. Rogers)。

人本主义理论是根植于自然人性论的基础之上。人本主义者认为,人是自然实体而非社会实体。人性来源于自然,自然人性即人的本性。凡是有机体都具有一定的内在倾向,即以有助于维持和增强机体的方式来发展自我的潜能,并强调人的基本需要都是由人的潜在能量决定的。但是,他们也认为,自然的人性不同于动物的自然属性。人具有不同于动物本能的似本能需要,并认为生理的、安全的、尊重的、归属的、自我实现的需要就是人类的似本能,它们是天赋的基本需要。人本主义者认为,人的成长源于个体自我实现的需要,自我实现的需要是人格形成、发展、扩充、成熟的驱动力。所谓自我实现的需要,马斯洛认为就是"人对于自我发挥和完成的欲望,也就是一种使他的潜力得以实现的倾向"。通俗地说,自我实现的需要就是"一个人能够成为什么,他就必须成为什么,他必须忠于自己的本性"。正是由于人有自我实现的需要,才使得有机体的潜能得以实现、保持和增强。

人本主义方法论的积极意义:在管理设计和具体管理的实施中重视人的内在需要(需求)。

(四)结构主义

结构主义在于探讨某一事物作为整体的一部分以及该部分与整体的关系。1930年,以索绪尔(Carl Ortwin Saure)为代表,提出了语言的结构主义,逐渐形成了各学科中流行的结构主义方法论:人们要认识杂乱无章的现象,从中获得有序的认识,就必须掌握现象的结构。结构是指组成一个整体的各因素之间的稳定联系。任何事物都有结构(小到原子,大到天体)。可从不同方面去探讨事物的结构(自然结构,社会结构)。

瑞士心理学家皮亚杰是结构主义分析的代表,他认为结构具有整体性、转换性和自调性。在对"结构"概念所作的各种释义中,皮亚杰是较为全面和系统的。皮亚杰将"结构"方法与"起源"或"发生"的方法联系在一起,并认为两者是辩证互补的。他在对儿童心理学与认识论等问题进行研究时就是并用这两种方法的。皮亚杰认为,一个结构具有三种特性:

(1)整体性。整体性同时来自组成结构的要素之间的相互依存关系和全部要素的结构性组合必然不同于这些要素简单相加的总和这一事实。一个结构由多种要素构成,其整体优于部分。

(2)转换性(动态的结构观)。结构不是一个静止的形式,而是一个由若干转换机制形成的系统。"一切已知的结构,从最初级的数学群结构,到决定亲属关系的结构等,都是一些转换系统"(产业结构转换、人群的社会结构、文化结构、城乡结构、政治结构等都是变化的)。

(3)自我调整功能。结构的自我调整主要有三种形式,即节律、调节和运演。这是结构的本质特性,它涉及结构的内在动力,具有守恒性和某种封闭性。也就是说,一个结构具有的各种转换都不会超越结构的边界而导致结构的解体,而只会产生总是属于这个结构并保存这个结构规律的要素。但这并非指一个结构就不能以一个子结构的身份加入到另一个更为广泛的结构之中去。

资料1-4 德国的先哲黑格尔将"市民社会"作为一个历史范畴从政治社会中剥离出来。他采用三分法,将市民社会与政治社会明确区分开来。认为市民社会是处于家庭与国家之间的地带,是同时与自然社会(家庭)与政治社会(国家)相对的概念。马克思认为从概念上将市民社会与政治国家的分离具有重大的历史意义:"市民社会与政治国家在现实中的分离导致了整个社会制度的根本性变化,其中最重要的是代议民主制度的产生。"

近代思想家哈贝玛斯(Jurgen Habermas)由黑格尔的理论发展了公私领域的两分观念:认为社会私有领域,可以转变为公众领域(publicsphere)。意见的交流可以转化为舆论,经济资源的交流可以转化为商业,而城市本身是交流的主要场合。在公众领域的基础上,遂有法律与公权力,并凝聚为国家。

关于"市民社会"的定义,学者们众说纷纭,归纳起来大体有两类:一类建立在国家和社会的二分法基础上,强调它相对于国家的独立性;另一类定义则建立在国家-经济-市民社会的三分法基础上,强调它介于国家和家庭之间。其中戈登·怀特以三分法为基础的定义颇具代表性,他认为,"当代使用这个术语的大多数人所公认的市民社会的主要思想是:它是国家和家庭之间的一个中介性的社团领域,这一领域由同国家相分离的组织所占据,这些组织在同国家的关系上享有自主权并由社会成员自愿结合而形成,旨在保护或增进他们的利益或价值"(史际春,陈岳琴,2001)。这记录了西方政治家对国家与市民社会的关系结构的认识过程。

另外,《三国演义》中"刘备托孤"的故事,讲述了刘备临终前将家事、国事、天下事托付给诸葛亮的过程(表明了刘备对社会事物整体的结构性认识),这说明中国古代的政治家比西方政治家更早就谙知国家与市民社会的基本结构。

第二章　定量研究设计

第一节　定量研究设计概述

一、定量研究设计的概念

严格的学术研究活动一般都遵循一定的规则,也只有在确定的规则下按部就班地进行学术研究,才能保证我们整个研究过程的严谨细致以及最后研究结果的可靠性。为此在研究开始执行之前,对研究过程进行设计不仅成为整个研究过程的第一个步骤,而且是必要的步骤。公共管理的研究既可以是定量的也可以是定性的,本书主要讲授公共管理定量研究的方法与技术。从定量研究的角度出发,其所指的设计就是对已经确定或正在确定中的研究问题给出答案的过程的一个设想或规划。这个规划的内容一般包括:研究问题、具体的研究方法和手段、研究的思路逻辑、可能的研究结果等。

"设计"这个概念本身就包含着对设想的研究目的以及可能得到的结果的考虑,而在这一基础上,研究者需要通过对这个设想的规划来实现其目的。因此,定量研究设计要保证其自身的明确性、可行性以及有效性,同时,正是由于定量研究设计的这些要求使得它可以被预先"设计"出来。定性方法一般没有确定的设计,即使有设计也不能一劳永逸,要根据研究的具体情境作出调整和修改(陈向明,2000,p. 67)。

二、定量研究设计在整个定量研究中的地位与作用

学术研究是一项严谨细致的社会活动,特别是大型的研究项目,尤其是主要使用定量分析方法的项目牵涉很多方面的内容,按照实际情况需要不同程度的人力、物力的支持,如果不对这个过程进行预先的规划,很难想象最后实际的结果会是怎样。所以任何使用定量方法的研究在开展之前都要进行设计,这是一个不可缺少的步骤,由此也可以看出研究设计在整个定量分析方法中具有重要的地位,是研究过程中研究者首先要解决的问题。而且如果这个设计做得很好,即具有明确性、可行性和有效性,就意味着整个研究过程开了个好头。"好的开始是成功的一半"。研究设计做好了,对后面的研究也会起到事半功倍的效果。

　　研究设计在整个定量研究中的作用,如同图纸之于建筑工程的作用。图纸就是建筑施工过程中的参照,施工者只要依据图纸上的设计进行建造就可以了,而定量研究设计则为研究者提供了一份类似的参照或指南。虽然在研究过程中,研究者可能根据实际情况对研究计划作出适当的改正,但是这不能否定预先设计对整个研究过程的重要作用,定量研究设计可以使研究者对研究过程做到心中有数。而在有些情况下,比如,申请课题基金或学位论文开题时,基金的审批者或者学术委员会主要就是根据研究者的预先设计来判断一个研究的重要性和可行性。可见,研究设计的重要性是不言而喻,因此,研究者一定要认真对待研究设计,将其当作研究本身的一部分来看待。

三、定量研究设计的目的

　　科学研究的逻辑主要包括演绎和归纳,定量分析方法主要依据演绎的逻辑。这个逻辑要求研究者首先通过对既有理论的逻辑推演建立所需要的研究假设,其次是将研究假设进行操作化步骤使之变成可以被证实或证伪的工作假设,再次就是收集资料,最后通过分析收集到的资料得出结论。定量研究设计的目的正是通过对研究问题的推敲来判断该研究的价值和重要性、必要性,而且还要给出得到该问题答案的步骤和方法。

　　文献回顾已经成为研究过程中的必要步骤,而且这个步骤一般也是在方法设计阶段进行的,通过文献回顾我们可以发现在该领域中已经取得的成果,研究者可以据此作出评论,或指出其中的精彩之处,或指出其中的不足之处,有时候这种不足之处就是后续研究者需要继续努力的地方。其他研究者可以就这些不足之处提出自己的研究问题并论证该研究问题的价值和重要性。在提出问题之后,研究者还要在方法设计中给出自己的解决方案,即研究者准备用什么样的具体方法、分析技术得到答案,这些是进行定量研究设计的主要目的,明确这些目的可以使研究者对自己的研究有清晰的认识和全面的把握。

四、定量研究设计的基本内容

(一)研究的问题

　　我们的研究工作都是从某一个问题开始的,但是这时的问题尚未成为研究问题,一个问题必须经过学术上的再提炼才能成为一个研究问题。一个好的研究问题是一个好的研究起点,它可以从一开始就帮助我们拟定研究的路线图,指导我们的后续工作。但是并不是任何问题都可以成为研究问题,所谓研究问题需要满足如下两个条件:第一,研究问题可以通过科学研究步骤获得解答;第二,研究问题要具有研究价值(袁方,1997,p.117)。第一个条件是说所提出的研究问题要能在经过定量方法的那四个基本步骤之后得出答案,也就是说这个研究问题要能被操作成具体可行的研究计划。至于第二个条件则涉及研究问题的学术意义或曰理论意义,以及实践意义。我们对一个研究问题进行深入细致的研究,其结果要对我们的工作和生活有实际帮助。在学术上,它要能够丰富我们的现有知识或者进一步说明、澄清原有知识的不足,也就是要在理论工作上有创新、有修正、有补充。在实践意义上,研究问题的结论要能对社会现象有充分的解释力,能够指导我们的工作,协助制定社会政策实现社会效益。

在公共管理领域,可供研究的好的学术问题有很多,但我们在选择的时候要参考上述所讲的两个条件,使我们的研究有一个有意义的起点。除此之外,研究问题的选择还要考虑到它的实际应用性、研究可行性以及研究者的条件能力对研究问题的影响。公共管理领域中相当多的研究都是一些应用性的研究,所谓应用性的研究,就是通过科学的研究程序对现实工作中的问题给出解答,并提供政策性的建议。这些应用性的研究问题可能更多地受制于现实的影响,因此我们在确定研究问题时要实事求是,在有效的范围内提出问题。所谓研究可行性,主要是指研究要能够得到相关部门的支持,这种支持主要体现在研究经费、人力物力、协助提供资料等方面。定量研究往往是一种样本数量较多的较为大型的研究,单凭一己之力是无法完成的,因此非常需要相关的支持。此外,对于大多数应用性研究来说都会得到研究委托部门机构的支持,但是在研究执行之前,研究者需要对这种支持有一个较为稳妥的判断,即你所获得的帮助到底有哪些? 这些帮助会对你的研究产生何种影响? 至于研究者的条件能力主要涉及研究者本人的学术水平和研究能力。研究者对研究问题的确定要考虑到自身已有的理论基础和研究经验的实际状况,研究问题不能超出自己的能力范围,否则研究计划拟定得再完美也无法执行。

(二)研究的目的

确定研究目的也就是要从研究所要完成的任务方面划分研究类型,在社会科学中,学者一般将研究目的分为:探索、描述、解释等三种类型。这三个目的在一个研究中并不是互相排斥的,在一个较为成熟的领域中从事深入研究的话,描述和解释是通常需要满足的两个要求。而探索,一般是在一个崭新的研究领域中需要满足的要求。接下来,我们依序介绍这三种研究目的。

1. 探 索

当遇到新的现象,产生新的问题的时候,研究者会关注并将其纳入研究视野,这时当已有的知识和理论都不能有效解释这种现象的话,研究者就要采取尝试的方式对其进行初步的摸索。另外一种情况是,关于该问题已经有其他学者对其研究过了,但是可能是从其中某个角度入手,这时这个问题对于本人而言是一幅"生面孔",那么研究者就要在仔细分析已有研究角度的基础上,探索出新的研究方向,找到新的突破口。以上两种情况基本是探索性研究所遇到的,但是无论哪种情况,它所要满足的目的有三个:①满足研究者对新现象的好奇心;②为后续研究进行试研究;③在试研究中寻找总结出适合此研究问题的方法和工具技术(艾尔·巴比,2005,p.87)。

2.描　述

描述也就是用科学的语言将研究者所观察到的现象表述出来。描述一般是大多数研究的主要目的,需要注意的就是描述语言要准确、真实。在定量研究中,描述的对象可能包括两种:一个是对研究对象所存在的背景进行描述,这种描述涉及研究对象同其外部环境之间的关系。另外一种更为常见的情况是在使用到抽样方法的时候,需要对研究样本进行描述,描述的内容主要是样本的各种变量的分布情况以及统计上的集中、离散趋势状况等。

3.解　释

解释,简单来说就是要说明社会现象发生的原因、变量之间的关系。定量研究中的解释是通过假设检验的运用而得以实现的。因为假设检验的逻辑可以有效地发现并验证变量之间的因果关系,所以逻辑上比较严谨。

(三)研究的分析单位

我们所要研究的现象都存在于一定的载体之上,确定好研究的分析单位,才能搜集到切实相关的资料。分析单位实际上就是研究者将要调查、研究的对象。在社会科学研究中,常用的分析单位主要有:个人、群体、组织、社会产物等。

1.个　人

个人在社会研究中是比较常见的分析单位。在实际研究中我们也能比较方便地对个体进行观察并搜集资料。个体作为基本的分析单位是因为个体来自于其所在的群体,个体身上包含着群体特征,研究者就是通过对个体的考察来了解个体特征并间接了解群体的状况。

2.群　体

群体就是具有某一类特征的人群,其包括的内容很丰富。此外,家庭也是社会研究中经常涉及的分析单位,它是群体层次中特殊的一类。在这个层次上观察和搜集资料的时候需要注意不能混淆分析单位的层次。在个体层次上,个人是唯一需要注意的单位,但是在群体层次上,我们有时候也从个体身上搜集资料,但是这些资料是关于其所在群体的,研究者在分析的时候需要格外注意这个问题。

3.组　织

组织是社会科学,尤其是公共管理中常见的分析单位。组织包括正式组织和非正式组织,在不同类型的组织中,研究者都有不同的关注点。正式组织中常见的政府机关、公司,它们的社会功能以及与社会的关系是研究者较为关心的,它们内部的结构与部门之间的关系也是研究者经常涉及的研究内容。非正式组织所发挥的独特功能也是公共管理研究经常涉及的。

4. 社会产物

社会产物就是上述各类分析单位经过社会性活动后留下的结果,它所包含的内容非常丰富,非实体的社会关系、抽象的社会制度、社会政策以及实体的物品都可以成为分析单位。在公共管理领域,社会政策以及各种会议文件都是研究者经常遇到的单位。

可以看出,各类分析单位之间蕴含着高低不同的层次,因此在确定分析单位的时候需要格外注意分析层次的问题,否则很容易产生两类错误:生态谬误和简化论。生态谬误,又称为层次谬误、区位谬误,这种错误是指在高一层次的分析单位上搜集资料,但是最后结论的落脚点却放在第一层次的单位上。简化论则是指用少量特殊的概念来解释各种研究现象,解释变量被简化了,观察视角也被窄化了。以上两种常见错误其实质都是由于分析单位没有明确从而导致分析层次混乱而产生的。

(四)研究的时间维度

在将研究计划付诸实施的时候,研究者选择一个时间点或者一个时间段来观察会对研究过程产生不同的影响,研究者为了区分这种影响,一般会从时间维度上将研究分成截面研究和历时研究两种类型,研究者应该在研究设计阶段就要决定自己的研究属于哪种类型。

1. 截面研究

截面研究是在一个时间点上搜集研究对象的资料并对之进行研究。前文所述的探索、描述和解释性研究在截面研究中都有所体现。人口普查是最常见的截面研究,同时它也是一个描述性研究。有时候,某些解释性研究也是截面研究,它们会用到在某一时间点上搜集的资料来探讨变量之间的因果关系,但是通常因果关系的发生在时间上都会持续一个过程,所以用截面资料这种静态的数据来分析一个动态的影响过程,这在逻辑上和实际研究中都会产生一些问题。虽然大多数的社会研究受制于研究条件无法进行多时间点的资料搜集,但是研究者自己要清楚这种一个时间点的资料对自己想要考察的因果关系到底会产生何种影响并作出一个明确审慎的判断。

2. 历时研究

当研究者所拥有的条件允许自己可以搜集多时间点的资料,或者研究本身就要求确实不能忽略时间过程的变化影响,这时候可以采用历时研究。历时研究,简单来说,它是指在一个时间段内的不同时间点上观察研究现象,这种历时性的观察易于考察因果关系。由于历时性研究耗费的研究周期较长,因此定性研究更多地应用这种研究方式;但是定量研究通过搜集多时间点的资料来近似还原一个时间段的方式也可以实现历时研究。根据研究对象的不同,历时研究可以具体再分成三个类型:趋势研究、世代研究、追踪研究。

(1)趋势研究。趋势研究是对某一类研究对象的某一个或几个特征随时间发生的变化的研究。研究对象可以是全部人口,也可以是具有某一特征的群体。人口普查是最为常见的趋势研究,它是将一个国家内的全部公民作为研究对象。我们国家的人口普查一般是每十年进行一次,2000 年进行了第五次普查,而 2010 年则将进行第六次人口普查。通过历次普查的结果可以发现人口总体特征的某些趋势,而为了对这些趋势作出较为准确地评估,我们国家还会在每两次普查中间进行一次人口抽查,而它也是一种趋势研究。

(2)世代研究。世代研究,也称为同期群研究,它是对特定时期产生的特定群体的趋势研究。在世代研究中,研究对象被具体限定为某一时期的某一类群体,比如,建国后出生的一代人、改革开放后首批参加高考的一群人等。世代研究也是一种趋势研究,但是它每次调查的对象不会是这个群体的全体,它会从这个群体中随机选取一个有效样本,通过这个样本达到对群体全体的认识。因此每次调查的样本选取只要遵守样本来自目标群体即可,至于是否为同一批人则无所谓。

(3)追踪研究。追踪研究在前两种历时研究的基础上,对研究对象作出进一步的限定,即每次调查的人群必须是同一批人,这次调查了这些人,下一次调查还要询问这批人。

这三种历时研究各有所长,也各有自己的局限和不足。概括来说,三种研究都是历时研究,它们都可以用来考察变量在一段时间内的变化过程。局限或者说不足主要是历时研究耗费的时间、人力和经费较多,这对于一些研究者来说是无法应付的。此外,在追踪研究中,若是研究时间持续较长则可能面临样本的自然或者意外损失,比如,一个研究持续 50 多年,那么样本可能由于生老病死而不得不被舍弃,而更多的情况是样本不愿意配合这种耗时很长的研究。

(五)研究的方法

社会科学研究的方法体系通常包括认识论、方法论、研究方式以及具体的方法和技术。对于本章而言,定量研究是我们选定的研究方式,那么在定量方式中都包含有哪些具体的研究方法呢? 常见的是实验法、统计调查研究、文献研究三种,其中又以统计调查研究最为常用。

1. 实验法

实验法在社会研究中使用得不多,这主要是由于它对研究过程的控制要求较高,一般的研究问题所要求的控制程度在现实中都无法实现,而且实验法还有可能产生伦理道德上的问题。实验法在心理学中使用较多,以致产生实验心理学这样一门单独的学科。由于实验法对研究过程需要有严格的控制,并且主要逻辑是在人为控制的环境下检验因果关系,因此它经常被用来检验假设的因果关系是否确实存在。应用实验法的一个著名的例子就是管理学领域中的"梅奥-霍桑实验"。1924 年,美国科学院下属的全国科学研究委员会准备在美国西方电气公司的霍桑工厂进行一项实验性的研究,探讨工作环境、条件等物质、心理因素对工人工作效率的影响。由于主持这项实验的是美国哈佛大学的梅奥教授(George Elton Mayo),因此,这项研究被称为"梅奥-霍桑实验"。通过实验,研究者们发现工作环境、条件与生产效率之间没有明显的联系,使生产效率有显著变化的因素则是工人的工作热情、心理状态等心理性因素,这些因素又与工作过程中的人际关系有关。此外,学者从霍桑实验中总结出了"非正式组织"的概念,也就是说在正式组织中存在着非正式组织(一般以群体的形式存在),它是人们在生产和生活过程中由于共同的兴趣爱好、情感观点、工作关系等自发形成的群体,它在一定程度上支配着所属成员的行动。由于这个学派强调人际关系整合对生产效率的影响,从此,管理学中开创了一个新的研究领域,即人际关系学派。

2. 统计调查研究

统计调查研究是社会科学中常用的研究方法,它可以称得上是定量方法的标志性方法。这种方法主要通过问卷来搜集数量化的数据资料并应用统计分析的技术来发现变量之间的关系。统计调查研究通常也是抽样调查,因为对于因果关系的考察需要大量的样本资料加以支持;但是又不需要对研究对象总体进行调查,通过随机抽样的技术选取出有代表性的样本,就可以达到以一知十、以少知多的目的。

3. 文献研究

这种研究方法是对既有文献资料的研究,研究者通过对文献的分析可以发现研究问题的答案。这种方法的研究对象比较特殊,它可以是各种来源的文献,比如,作为数据资料来源的原始文献,比如,可供参考的其他学者的研究成果也即二手文献。文献研究可以在一个研究中作为单独的研究方法贯穿研究过程的始终,也可以同其他研究方法结合,互相补充。有些学者对政府文件本身的内容感兴趣,这时文献研究就是最适合的研究方法。有时在一个大型的统计调查研究之前,研究者可以先就研究问题进行文献研究以获得初步的经验。此外,通过对文献资料产生时间的划分,还有一种研究可称之为史料研究。所谓史料,就是文献资料产生时间离目前较远。比如,研究者可以去图书馆、档案馆查询古代官府的吏治、行政史料,考察当时政府的组织、结构、制度等,还可以将古代的情况与现代的情况作比较,从而发现其中的历史变迁逻辑。

研究方法的选择可以说是确定研究计划过程中比较重要的一环,这里我们只是简要介绍其基本特征,读者可以参阅相关书籍获取更丰富的信息。最后需要说明的是各种研究方法都有自己的优势和不足以及适用范围、条件,研究者只有在熟悉各种方法的基础上,针对自己的研究选择出合适的一种或是几种方法。

(六)抽　样

定量研究往往都采用大型的调查研究,研究者需要从研究总体中选择一个样本来作为替代。本书有专门章节对抽样的基本方法、技术以及注意事项进行介绍,读者可以找到该章进行阅读。在这里我们需要提醒读者注意的是,抽样的过程其实也是对研究对象进一步界定的过程,因为有些研究对象可能无法进入到我们的抽样框中,这些对象只能是理论上的研究对象而已,而进入到我们抽样框中的研究对象,都符合了我们更为贴近实际的限定条件,这些研究对象我们也可以称之为调查对象。

(七)资料搜集方法

在定量研究中,调查问卷已经成为常用的且比较成熟的资料搜集方法和技术,本书相关章节也对问卷的设计作出了介绍说明,研究者可以根据问卷制订的要求、规则和注意事项来设计问卷。需要注意的是,研究者要始终以研究问题为准绳,这样可以使你问卷上的题目更贴切地围绕研究问题而展开。当问卷设计好之后,研究者或者专门的调查员就可以带着这份问卷去询问你选择出的那些样本,他们的回答也就是研究者所要搜集的资料。

第二节 定量研究的一般过程

一、定量研究的逻辑

(一)科学环

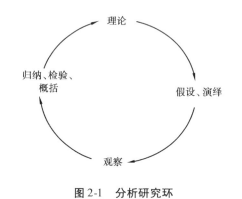

图 2-1 分析研究环

来源:巴比,2005,p. 25

定量研究体现了实证主义和后实证主义的内涵,即根据预先的研究假设采取证伪的方式对既有的理论进行修正,这在研究逻辑上表现为演绎和归纳。在演绎过程中假设所来自的理论就是借由归纳得到的,而演绎和归纳则构成了一个完整的科学研究的过程,这种完整的路径通常可称之为"分析研究环",图 2-1 所展示的就是一个基本的科学环。

在这个环的右侧,是从理论到假设再到观察的过程实际上就是演绎的过程,这个过程是借由逻辑推理而实现的。在环的左侧,是从观察到经验概括再到理论的路径是归纳的过程,一般而言,定性研究遵循的就是这种研究过程。一个完整的科学环就是一个完整的研究过程,而我们的研究工作也就是在这条环形路径上的循环往复。

(二)演绎与归纳

科学环形象地展示了一个完整的研究过程,而这个过程则是由演绎和归纳这两种逻辑构成的。演绎是从既有的理论出发,通过逻辑上的推理来解释研究对象。而归纳一般则是从经验资料的观察入手,通过对观察到的现象的概括得出初步的具有一定普遍性的结论。

一个完整的研究过程就是要在这个科学环上至少走完一圈,而单纯的演绎或归纳实际上都只是走过了一半的研究路程,因此单纯的演绎路径和单纯的归纳路径都有其逻辑上的不足。简单来说,演绎由于非常依赖既有的理论或者一般原理;因此,如果这个前提条件不正确,推理即使再严密也不能得出正确的、有解释力的待证命题。而归纳则在于其对经验观察的有限性决定了其不可能得出普遍正确的结论,即使有这种结论它也有可能会被未观察到的经验现象推翻。

为了弥补单纯的演绎和归纳的不足,后实证主义将演绎和归纳结合在一起构成一种新的研究逻辑,即假设检验逻辑。这种逻辑首先是从演绎的路径开始,即先从既有的理论推理出有待验证的研究假设,然后利用搜集到的资料来检验这个假设。检验的结果就会有两种情况:如果假设被证实,就可以间接证明既有的理论是正确的,而且它可以对现象作出有效的解释;如果假设被证伪,我们就需要检讨既有理论,或者对其作出修正,或者干脆摒弃既有理论发展新的理论。这种研究逻辑就是假设检验逻辑,它也是定量研究遵循的基本逻辑。

二、定量研究的理论构造

(一)理论构造的过程

我们在介绍科学环的时候曾经提到理论一般是借由归纳的逻辑来完成的,但是这并不是构造理论的唯一路径,当研究者要构造一个演绎式理论的时候,定量研究的逻辑就需要被遵守(巴比,2005,p.52)。按照巴比给出的步骤,首先,是提出你的研究问题,而最后的理论也就是对这个研究问题的回答。其次,需要对你的研究问题进行深入一步的界定,这主要涉及界定你的研究对象,它决定了你的结论的适用范围。由于是演绎式的理论,这就要求必须由概念、变量以及命题来再现你的设想。然后,根据命题中所涵盖的变量之间的关系来寻找回顾既有的知识,这些知识可以是研究者自己已有的储备,也可以是研究者借由文献回顾所得到的更进一步的相关知识。最后一步则是从这些命题逻辑地推论到你正在考察的特定主题上(巴比,2005,p.52)。

(二)理论构造的要素

理论构造的过程其实也就是将概念、变量组织在一起成为命题的过程。因此概念、变量和命题就成为理论构造过程中必不可少的基本要素。下面我们将依次介绍这三个要素。

1. 概　念

概念可以被看作是对某一类现象的概括性表述。它是我们人类主体对客观世界进行能动性思维的产物,人类通过主观思维将客观世界中某一类现象中的共同属性抽离出来并以概念来概括,所以说概念连接着主观世界和客观世界,也连接着感性经验和理性思维。

根据不同目的,概念可以被分成不同的类别,最基本的概念可分为实体概念和非实体概念(袁方,1997,p.73)。实体概念所指涉的是可以凭借人类感官观察到的现象、事物,而非实体概念则指涉与此相对的那些不能直接观察的,需要通过想象来帮助实现的现象。

概念本质上是对经验现象的抽象概括,因此不同的概念蕴含着不同程度的抽象水平。一般来说,社会科学研究中的概念大都是非实体概念,这类概念的抽象程度比较高,由于其概括的现象范围较大,因此其所包含的信息也较为丰富。实体概念由于直接指涉可感知的现象,其抽象程度也就较低,包含的信息当然相对较少。在研究过程中,研究者比较喜欢使用抽象程度较高,包含信息丰富,指涉现象较多的概念,但是这类概念在使用过程中需要作很多变通,否则很难直接用来进行研究,关于这个问题后面还会有进一步的介绍。

2.变   量

变量本质上也是概念,只不过它是对概念的进一步界定。每一个变量涵盖了或多或少的属性,可以说变量就是一系列属性的集合。一个较为抽象的概念不方便直接使用,这时候就需要通过指明它的一个属性来代替研究对象的某个特征,比如,性别这个概念就包括两个属性:男性和女性。一个人不是被归为男性就是归为女性。

定量研究一般不会直接使用原始的概念,因为概念的抽象性使得它虽然能够有效指代某一类现象,但是却不能精确描述这一现象的某一特征,通过对变量属性的划分,就可以使研究对象的相关特征被明确且精确地表示出来。因此对变量属性的罗列就显得非常重要,但是这种罗列需要注意两个事项。一个是属性要具备穷尽性,也就是这个变量的属性要包括现象中所有可能的情况。比如,我们在测量人群的年龄段的时候,如果属性只包括了年轻人和中年人两类,就会遗漏老年人这一群体,变量的指代效果就会受到影响。另一个注意事项是属性要具备互斥性。它的含义是现象的某一特征只能用这一变量中的一个属性来代替表示,如果另外还有一个属性也能表示这个特征的话,就会引起混乱。

单纯的一个变量只能表示某一类现象,而社会科学一般是探讨事务之间的关系和联系,所以在定量研究中,变量之间的关系就是需要研究者加以考察的。变量之间的关系主要包括相关关系和因果关系两类,其中在探讨因果关系时,变量可以分成自变量和因变量两种,而定量研究中的结论一般也是对自变量影响因变量过程的描述。有关这两种关系的知识,我们在第二章和第五章中已经作了相关介绍,这里不再赘言。

3.命   题

定量研究所探讨的是变量之间的相关关系或者是因果关系,这种变量之间的关系主要是通过命题来加以表述的。在研究过程中,用明确化、精确化语言叙述的命题成为理论构造以及理论检验中的核心内容。命题可以按照不同的研究场景和要求划分成不同类型,其中和定量研究密切相关的一类就是假设。

　　假设,简单来说,它是在实际研究之前提出的有待检验的命题。假设可以通过归纳也可以通过演绎而得到,这要视具体研究场景而定。假设既然是命题的一种,这也要求它必须是用变量语言来表述的,这样做的目的是为了使假设能够适应具体的研究现象,并对现象之间的关系作出清晰精确的说明,使之能够直接用来验证,也就是要具备可证伪性。假设一般包括三种陈述方式,即函数式陈述、条件式陈述以及差异式陈述(袁方,1997,p.79)。函数式陈述就是用数学函数的形式表达变量之间的关系,这在自然科学当中比较常见。条件式陈述是指如果变量 x 怎样,则变量 y 会怎样。差异式陈述则是说两组研究对象在某变量上是否存在显著差异。这三种形式是假设的基本表述形式,其中第一种在自然科学当中比较常见,而后两种在社会科学中较为常见。

三、定量研究中的理论检验

　　定量研究虽然可以进行理论构造的工作,但是其蕴含的假设检验的逻辑说明它更适合进行理论检验。社会科学的主要任务就是探求社会现象之间的关系,尤其是它们之间的因果关系,探求的过程就是用既有的理论来解释其发生关系的形态和过程,而解释的过程同时也是一个检验原有理论解释力和有效性的过程。

　　定量研究中理论检验的过程大致有如下五个步骤:

　　第一,确定研究问题并回顾同研究问题有关的既有理论。如果相关理论中含有核心概念,应勾勒出这一核心概念同其他次要概念之间的关系。

　　第二,应用演绎的逻辑从相关理论中推演出有待验证的理论假设。需要说明的是,这时推演出的假设抽象程度还较高,这主要是因为其涉及的概念还比较抽象,还没有针对具体的研究对象作出明确说明。

　　第三,操作化。这一步骤的关键是将上一步当中的理论假设操作化为具体可测的变量,并用变量的语言重新表述研究假设。操作化之后的假设就可以用来直接描述经验中的变量关系。

　　第四,搜集资料。根据操作化之后的假设搜集资料。研究假设其实已经限定了我们具体的研究对象及其范围,所以根据操作化之后的研究假设搜集资料更会有的放矢。

　　第五,分析资料并作出结论。定量研究主要使用统计分析方法分析变量之间的关系,而样本资料必须经由假设检验的过程才能推论到研究总体。最后的结论如果是支持假设,这时就证实了既有的理论,社会现象获得了解释;如果假设被推翻,这时就需要对理论作出修订和补充说明。

第三节　公共管理中定量研究设计的基本原则

一、定量分析以定性分析为基础

　　定量分析由于可以通过数学模型来展现事物之间的关系(主要通过变量之间的因果关系模式),而且可以通过抽样对大量的同类现象进行研究,因此使其在诸多研究领域中占据主流的地位,甚至逐渐成为一种"潮流",这可以看作是社会科学对自然科学的有效借鉴。但是需要我们注意的是,自然现象同社会现象毕竟有本质上的不同,这种本质上的差别就是以人为主体的社会研究对象所具有的有意识性和主观能动性。由于这种差别的存在,就使得社会科学研究的对象相对于自然科学的研究对象来说更为复杂,更具有异质性,而且它受到个人因素的影响也更为强烈。这些社会科学所独有的特点,要求包括公共管理学在内的社会科学不能只重视定量分析而忽视定性分析的作用。

　　定量分析和定性分析是社会科学中两种主要的研究方式,对于两者之间的关系我们要有一个清楚的认识。定量分析要建立在定性分析的基础之上,它以定性分析为前提、前导,可以将定量分析看作是定性分析的延伸和拓展。没有定性分析,定量分析就会失去目标、流于形式;研究者在进行数据分析的时候,既要注意对定量分析方法作出正确的选择,也要注意研究对象的复杂性并对其采取必要的定性分析。所以,这就要求研究者针对具体的研究问题和研究目的确定合适的分析方法。而在定量研究设计阶段,对于研究问题和研究对象先要进行必要的定性分析,然后有针对性地进行定量方法的设计,这样才会使我们的研究工作有的放矢,不至于成为盲目的数字游戏。

二、定量分析能够为公共管理研究提供新认识、新发现及论据支撑

　　在确定研究问题的时候就要注意尽量使自己的研究能够为公共管理研究提供新的认识。譬如,对于新出现的现象和问题,我们如果能够从学术上给予研究和分析,便可以为公共管理研究提供新的认识。此外,对于已有的问题和现象,如果我们能通过新的角度来分析和观察,也可以得到从已有观察视角中尚未发现的新知识。因此,在研究设计阶段,通过对既有研究文献的回顾,发现其中的不足或者其忽略之处,然后研究者就此进行规划设计,就可以使自己的研究实现一定程度的创新,从而为公共管理研究领域提供新的认识。

　　在确定了研究问题的情况下,公共管理研究领域中的定量分析过程也就是一个假设检验的过程。在仔细分析前人研究的基础上,保留那些经典的变量并且加入在新的研究情境中起重要作用的变量,最后透过模型筛选的结果就可以发现变量之间的关系。值得强调的是,这里所谓根据研究情境加入新的起重要作用的变量的前提就是要对研究问题预先作定性分析,只有通过定性分析才能找到本研究同以往研究的不同之

处。比如,本研究中出现的新的环境变量的影响,研究对象的新属性和特点等。在将这些"疑似"会产生作用的变量引入模型之后,通过模型的检验就会发现确实有影响作用的变量,根据同已有研究的比较,就可以为该领域提供新的发现,从而在学科知识上有所建构。此外,定量分析方法由于有随机抽样和模型显著性检验等手段的支持,可以使得研究结论具有一定程度的信度和效度,也就是说定量分析方法在发现新的变量之间关系的同时就已经获得了有力的数据支持和证明。

三、定量分析变量选择要"抓主略次"、"避繁就简"

定量分析的逻辑及方法使得它具有相对更强的科学性,尤其是它利用数学模型来选择变量并且展现变量之间关系的模式使它成为一种主流的研究方式。而目前众多社会科学统计软件的开发和使用上的普及,使得研究者在模型选择方面也更加便利,从而在公共管理领域中出现一种现象,就是把得到的变量尽可能地放入模型中,使得模型越来越复杂,越来越让其他学者难以理解,失去了学术评价的基础。这种现象其实是要避免的,尤其是对刚刚涉入公共管理研究领域的初学者来说。因此,我们在进行定量分析初始设计阶段及过程中,理论框架要避繁就简,在变量选择上要抓主略次,选择重要的核心变量构成我们的命题及待验证的假设。这样做的目的既有统计技术上的考虑(因为变量的逐渐增加会使得模型的稳定性逐渐变得较差),而更重要的是理论上的考虑(因为理论框架过于复杂就无法清晰展现概念之间的关系),从而较难评判理论之间的优劣。

关于公共管理定量研究的设计还有其他需要注意的原则事项,在这里我们选择以上我们较为重要的三点向读者作出说明。在进行定量研究设计的时候,首先要对定量研究方法有清醒的认识,了解其长处及不足,要发挥定量分析的长处,避免其短处,而对于定性分析的应用可以在某种程度上弥补这种不足。其次对于理论框架的构建直接来自于对研究问题的细化,来自于对既有研究和理论的评价。再次在前一步基础上,对于变量的选择不能一呼而上,不能为了获得所谓新发现就盲目往模型中添加变量。要根据研究问题和具体的研究情境,选择核心变量构建模型则是要义所在。这三点都是目前公共管理领域中易出现问题的地方,也是初学者易犯错的方面,因此,应引起重视。

第四节　公共管理中定量研究设计的基本步骤

一、定量研究的逻辑过程

定量研究的一般目的是要探求社会现象的普遍规律,其过程通常是预先设计好的,研究者只要根据事先确定的具体的菜单式的研究计划行事即可。它依据随机抽样的原则选择出有代表性的个体就能实现以少知多、由此知彼的目的。而且它主要借助调查问卷、量表等结构性的测量从研究对象那里搜集数量化的资料。最后通过统计分析的方法得出研究结论。这样一个过程可以看出定量研究蕴含的是一个假设检验的逻辑,而这说明它更适合进行理论检验,即检验我们在设计阶段提出的解释性的理论。所以,解释的过程同时也是一个检验假设性理论的过程。这个过程一般包括五个步骤:

第一,确定研究问题并回顾同研究问题有关的既有理论。如果相关理论中含有核心概念,应勾勒出这一核心概念同其他次要概念之间的关系。

第二,应用演绎的逻辑从相关理论中推演出有待验证的理论假设。需要说明的是,这时推演出的假设抽象程度还较高,这主要是因为其涉及的概念还比较抽象,还没有针对具体的研究对象作出明确说明。

第三,操作化。这一步骤的关键是将上一步当中的理论假设操作化为具体可测的变量,并用变量的语言重新表述研究假设。操作化之后的假设就可以用来直接描述经验中的变量关系。

第四,搜集资料。根据操作化之后的假设搜集资料。研究假设其实已经限定了我们具体的研究对象及其范围,所以根据操作化之后的研究假设搜集资料更会有的放矢。

第五,分析资料并做出结论。定量研究主要使用统计分析方法与分析变量之间的关系,而样本资料必须经由假设检验的过程才能推论到研究总体。最后的结论或者是支持假设,这时就证实了既有的理论,社会现象获得了解释;或者假设被推翻,这时就需要对理论作出修订和补充说明。

基本上,定量研究的逻辑过程都会经历这五个基本步骤,下面我们将会具体介绍研究设计的基本步骤,而研究设计其实就是研究者依据定量研究的逻辑过程,在具体研究问题场景中作出预先的说明。

二、公共管理中定量研究设计的一般步骤

我们这里所说的一般步骤是指研究者已经有较为清晰的研究问题或主题时,所遵循的基本步骤。为了清晰阐明这个过程的每一步骤,下面我们按照程序来依次介绍这些研究计划所包括的内容。

(一)确定研究问题

问题是我们进行研究的出发点。首先,研究者要明确自己的研究问题并用清晰明确的语言进行阐述。其次,研究者要适当介绍一下研究问题是如何而来的,它的理论意义和实际意义是怎样的,通过这个研究最后可能得到什么样的结果,这个结果对于学术领域和实际工作来说意味着什么。最后,确定你的研究类型和目的。研究类型是说这个研究是历时性研究还是截面研究,而目的则是要说明这个研究主要是想进行初步的探索,还是进行描述,抑或解释。此外,在确定和阐述研究问题时,就已经意味着研究者将要使用定量方法,此时研究者要反复考虑并确定公共管理研究问题中需要定

量分析的内容,这意味着将要被研究分析的问题能够通过定量方法得到预想的答案。

(二)选定研究变量

当确定好研究问题之后,研究问题中所包含的概念、变量以及变量之间的关系也已初步浮现出来。研究者这时要做的是对概念作出定义,即在你的这个研究中你所用到的概念的具体含义是什么。由于概念的抽象性,研究者还要将概念进一步操作化成具体可测的变量类型,并用变量的语言叙述变量之间的关系。在这一步中,研究者可以进行文献回顾的工作,通过文献回顾我们可以发现其他研究者在相关领域已经做出的成果,它可以成为我们的参考。在公共管理领域的某些特定主题中,变量的操作化定义已经成为约定俗成的内容,这时研究者只要按照共识来操作即可。而有些情况下,特别是针对具体的研究情境提出新的变量时,研究者就需要仔细推敲操作化定义的科学性和可操作性。

(三)构建理论分析框架

在将核心概念操作化之后就要将它们连接起来,这个过程也就是构建理论分析框架、提出研究假设的过程。当然对于描述性研究来说,可能未必有提出假设的需要,但是对于解释性研究以及部分探索性研究来说,假设则是必不可少的。假设就是有待验证的命题,而命题则是有关变量之间关系的论述,研究者就是通过假设将变量连接起来的。因此变量和假设一起构建起了理论分析的框架,这时研究者要按照“抓主略次”的原则选择变量,并且按照“避繁就简”的原则来构建分析框架,且不可为了贪大求全而将其他无关的变量放入分析框架中。

(四)选择研究方法及资料搜集方法

定量研究一般会用到三类具体的研究方法:实验法、统计调查、文献研究,而在公共管理研究中又以统计调查最为常见。统计调查一般借助问卷来收集数量化的数据资料并应用统计分析的技术来发现变量之间的关系。调查问卷已经成为常用的且比较成熟的资料搜集方法和技术,本书的相关节对问卷的设计作出了详细介绍,研究者可以根据问卷制订的要求、规则和注意事项来设计问卷。需要注意的是,研究者要始终以研究问题为准绳,这样可以使你问卷上的题目更贴切地围绕研究问题而展开。当问卷设计好之后,研究者或者专门的调查员就可以带着这份问卷去询问你选出的那些样本,他们的回答也就是研究者所要搜集的资料。

(五)抽 样

定量研究往往都是大型的调查研究,研究者需要从研究总体中选择一个样本来作为替代。本书已经对抽样的基本方法、技术以及注意事项进行了介绍,读者可以找到该章进行阅读。在这里我们需要提醒读者注意的是,抽样的过程其实也是对研究对象进一步界定的过程,因为有些研究对象可能无法进入到我们的抽样框中,这些对象只能是理论上的研究对象而已,而进入到我们抽样框中的研究对象,都符合了我们更为贴近实际的限定条件,这些研究对象我们也可以称之为调查对象。

(六)处理和分析资料

定量研究中的资料一般都是以数字的形式来体现的,即使搜集到的资料有些是用文字来表述的,研究者也要通过一种叫做编码的技术使这些文字资料转换成数据资料。这些数据资料有些可能有误,这时研究者就要根据一定的逻辑条件来筛选这些数据,将那些明显不合逻辑的答案删除掉。处理好的资料就可以用来分析了,一般来说,统计分析方法是定量研究中常用的资料分析方法。本书对基本的统计方法都有所介绍,研究者需要注意的是,要根据自己的研究目的来选择合适的统计分析方法,因为不同的统计方法都有其各自的逻辑,这些不同的逻辑为我们寻找问题的答案指明了方向。这也就要求研究者需要在定性分析基础上选择恰当的定量模型和统计分析方法。而分析完资料得出初步结论后,研究者还要讨论该结论的可信度及合理性。最后还要再次回到当初的分析框架上,也就是利用定量分析得出的可行结论,概括出具有一定深度的公共管理问题的结论,来"硬化"、支持整个研究所得出的基本认识和结论以形成初步的理论。

(七)其　他

前述六个事项是研究者在确定定量研究设计时必须考虑的问题。另外还有一些问题需要研究者在研究设计阶段就要作出相应的安排。这些问题主要包括研究时间的规划、研究经费的分配和使用、研究过程中所必需的工具的准备以及人员方面的培训和协调等。这些问题虽然同研究内容不是直接相关,但是都需要研究者仔细考虑并作出安排,这样才能使研究计划顺利地付诸实施。

以上的步骤是针对有确定的公共管理研究课题的情况而言,倘若针对缺乏既定公共管理研究课题时,就需要研究者通过对有关基础数据的检视,来发现新的问题,从而提炼、确定研究的新课题。比如,在有些情况下,我们得到一个二手的数据资料,这些资料当初是其他研究者根据他们的研究问题搜集来的资料,而我们则可以拿来作其他目的的分析,采用同原先的分析框架、定量模型不同的逻辑,来发现新的可能的问题。还有种可能的情况是,研究者将自己以前的调查数据拿出来作新的分析,研究者可以在既有研究框架的基础上,添加或删减必要的变量来发现结果之间的差异,这也可能使我们发现新的问题。

图 2-2 演示了公共管理中定量研究设计的一般步骤,需要说明的是,这里虽然每一步是以箭头表示一个渐进的过程,但是在实际研究中,其中的某些步骤在具体的研究情境中不同步骤之间的顺序有不同的组合。比如,有时候在设计好问卷之后再去抽样选择调查对象,有时候则是先抽样然后根据样本的具体情况来设计问卷。总之,下列所显示的步骤只是一个一般情况的描述而不能被看作是一个固定的套路,这一点需要读者注意。

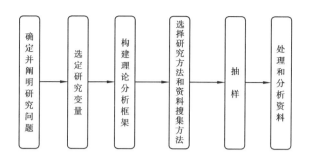

图 2-2　公共管理中定量研究设计的一般步骤

第五节　公共管理定量研究设计示例

本节我们将以一个具体的研究个案"专业技术人员特征及其对区域经济发展的影响"作为例子①来演示公共管理定量研究设计的整个过程及注意事项。我们首先给出研究的背景,并针对此背景分析其中的研究意义和研究问题,解答研究问题的方法及过程,然后按照公共管理定量研究设计的一般步骤来进行演示。

一、研究背景

随着社会与经济的发展,人们逐渐认识到关于现代社会和经济的专业知识和技能对于区域经济发展是至关重要的,而这样的知识和技能又存在于具体的劳动者身上,并以一种人力资本的形式在劳动生产过程中体现出来,因此人力资本的存在状况对于区域经济发展的影响不言而喻。专业技术人员可以说是我国目前各职业类别中掌握各种知识和技能最多的在业人口,因此这个职业的人口特征状况及其对区域经济发展会产生怎样的影响,是我们需要加以关注的。对于政府相关部门来说,一定区域内的人力资源状况需要被较好地掌握和了解,这在经济发展中至关重要。人力资源是投入性资源中的一种,而且也是极其重要和极具活力的能动性资源。

在这种理论意义和现实意义的基础上,专业技术人员群体的内部特征的具体形态,这些特征对区域内部经济发展到底是何种影响就是需要研究者加以研究分析的,要通过自己的研究为专业技术人员的人口特征同经济发展之间的关系提供证据和说明,以上是本研究的出发点。

二、研究目标

本研究希望通过对专业技术人员的人口特征进行分析,发现并概括全国专业技术人员的人口特征分布及地域分布状况的特点,进而分析这些特点同区域经济发展之间

---

① 该研究个案来源于笔者的一个研究,在收入本书时根据公共管理研究的特点作了相应改动。研究文章可见:王嘉顺.迁移专业技术人员特征及对区域经济发展的影响[J].南方人口,2006(4).

的联系。通过科学研究的发现为区域经济发展计划的制订,人力资源的配置规划提供参考。

三、研究设计

(一)确定并阐明研究问题

本研究目标中主要涉及两个大的方面的问题,这里将两个问题再进一步阐述,明确为具体的研究问题。大的研究问题可以包括两个方面:①专业技术人员群体的人口特征分布状况;②这种分布对区域经济发展的影响。这两个大的研究问题又可以继续转化为下列更具体的研究内容:专业技术人员群体的人口特征分布状况可以分为性别分布、年龄分布、教育程度分布、地域分布等更具体的内容;至于这种特征上的分布对区域经济发展的影响,可以考察这些特征同区域 GDP、产业结构、就业结构等具体经济发展内容之间的关系。根据本研究的特点,可以将这个研究定位为定量研究、解释性研究(也包括描述性研究)。此外,我们这里可以考虑这些研究内容根据时间而进行变迁的过程,这样就要涉及历时性研究,这方面的内容后文会有相应分析。解释性研究的定位是根据研究情境来设定的,因为研究问题比较具体,我们的主要任务是考察专业技术人员群体的人口特征分布状况对区域经济发展的影响。但是对于专业技术人员群体的人口特征分布,主要涉及描述部分,所以是解释性研究和描述性研究,其实任何一个研究都不会是纯粹的某一类型,而是多种研究类型的混合。至于分析单位需要辨明,这里的分析单位其实包括两个:当分析专业技术人员群体的人口特征分布状况时,分析单位是整个专业技术人员群体,它的层次高于个人,虽然资料是从每个具体的专业技术人员个体那里搜集得到的,但是我们分析的是他们的群体特征。当考察人口特征分布状况对区域经济发展的影响时,分析单位变成了地区层次,对于分析单位的划分需要读者仔细考虑。

(二)选定研究变量

研究问题中的基本概念有专业技术人员、人口特征、区域经济发展等概念。这里我们可以给出它们在本研究中的概念,比如,专业技术人员是指专门从事各种科学研究和专业技术工作的人员,从事本类职业工作的人员,一般都要求接受过系统的专业教育,具备相应的专业理论知识,并且按规定的标准条件评聘专业技术职务,以及未聘任专业技术任务,但在专业技术岗位上工作的人员(该定义来源于全国第五次人口普查对专业技术人员的定义)。人口特征包括性别分布、年龄分布、受教育程度分布、区域分布。具体看,性别分布就是指专业技术人员群体中的男女比例,年龄分布是指专业技术人员群体中的各年龄分布的比例,受教育程度分布是指专业技术人员群体中的各教育程度所占的百分比,另外,考虑到后面可能需要受教育年限(单位:年)的信息,这里可以对教育程度进行相应转换,如按照我国目前一般的学制将受小学教育的年限定为 6 年,初中为 9 年,高中及中专为 12 年,大学专科为 14 年,大学本科为 16 年,研究生则定为 19 年,另外为方便计算将"未上过学"以及"扫盲班"的受教育年限定为 0。区域经济发展这里可以简单理解为经济各要素及其之间关系的发展,具体我们使用 GDP、产业结构、就业结构指标来代替。GDP 也就是国内生产总值,它是指一定时期内(一个季度或一年),一个国家或地区的经济中所生产出的全部最终产品和提供劳务的市场价值的总值。产业结构是指第一、二、三产业的产值占总 GDP 的比重。就业结构是指(专业技术人员)在不同所有制部门的分布比例。由于本研究基本上是一个对既有统计资料的分析研究,因此,这里对概念的介绍和界定主要是遵循原统计资料中的定义,这也是我们在使用其他二手数据时要注意的问题,不但自己要清楚还要向其他读者说明统计数据的定义和统计口径,这是不可忽略的。

(三)研究方法及资料来源

由于本研究主要使用人口普查数据,因此,主要的研究方法是调查研究。这里结合人口普查的特点简要分析,既然我们已经确定选择调查研究方法,现在需要确定具体选择何种资料搜集方法,人口普查使用的是问卷调查中结构式访谈的方法,即调查员根据统一的调查问卷(人口普查的长表或者短表)询问受访者,并由调查员根据受访者的回答情况记录答案,这同受访者的自填式问卷调查有显著不同。

资料来源方面主要包括人口普查数据和统计年鉴的数据,这两种数据在某些方面略有不同。本研究不需要研究者自己去搜集原始资料,只需要研究者拥有人口普查的原始数据,而且还要能够查询到历年的统计年鉴,包括 GDP、产业结构、就业结构等资料都可以从统计年鉴上直接获得,或者通过一定的数学计算得到。需要说明的是,本研究要用到人口普查的原始数据,这种数据是以一个个具体的调查对象为单位存在的数据形式,而统计年鉴上的数据则是以汇总形式存在的。此外,我们在"确定并阐明研究问题"那一步时留置了一个问题,即本研究是历时性研究还是截面研究?这在本研究当中主要从资料的可得性方面来考虑、如果研究者有三普、四普、五普等历次人口普查资料的话,本研究就可以定位为历时性研究,研究者可以考察从 1982—2000 年期间专业技术人员特征的变化,从而把握这个群体的变迁。但是如果没有这么充足的资料的话,也可以用一次的资料来考察当时的情况,这个时候,研究就是截面研究。对于本研究来说,这里主要使用第五次全国人口普查 0.95‰ 的数据来描述分析专业技术人员的人口特征,然后再结合《中国统计年鉴》上的汇总资料分析二者之间的关系。

(四)抽 样

本研究并不需要研究者自己进行调查,所以不涉及抽样的问题,但是这里对人口普查中的抽样略作介绍。"普查",顾名思义,就是对所有研究对象的调查,这里之所以说到抽样,是指第五次人口普查中的长表数据,我们主要使用的资料就来源于普查长表,而长表的调查对象是从调查总体中按照 10% 的比例抽样得到的,确切地说是由乡、镇、街道人口普查办公室统一组织各普查区的指导员,按照普查表长表抽样方法,在每个调查小区内随机等距抽取普查表的长表调查户得到的,具体的抽样方法及过程,读者可以参阅第五次人口普查的有关资料。

(五)资料分析方法

本研究使用的统计分析方法主要包括描述分析、相关分析以及回归分析。在分析专业技术人员群体的人口特征分布状况时使用描述分析,可以使用统计软件(如SPSS)直接计算相应的百分比,如专业技术人员群体中的男女比例等。当考察这些特征对区域经济发展的影响时可以使用相关分析和回归分析。具体地,为了从数量上说明这种影响关系的状况以及程度,可以分析2000年全国(内地)31个省市自治区的国内生产总值以及三次产业各自产值占GDP比重同专业技术人员的平均年龄、性别比例、平均受教育年限以及专业技术人员数量之间的相关关系。相关关系的指标可以用皮尔逊简单相关系数(Pearson correlation coefficient)和斯皮尔曼等级相关系数(Spearman's rho)来说明具体的相关影响。至于回归分析方面可以通过数学模型进一步解释说明这种影响关系的具体状况。

第三章　统计分析方法与统计分析报告写作

第一节　统计准备

统计准备也称统计整理,是统计分析的第一步基础工作,这项工作的多数内容都比较简单,但它却具有重要的基础性作用。奥地利著名生物学家、遗传学的奠基人孟德尔当年就是利用统计整理,发现了遗传规律。德国著名统计学家恩格尔当年也是成功地运用统计整理,发现了恩格尔定律。

统计整理工作的核心,是通过统计分组(分类),分析事物统计数据的分布特征,为进一步的统计分析、研究奠定基础。

一、统计表(频数统计表)

统计整理工作,是从频数统计表开始的。

(一)统计(整理)表的结构

频数统计表又称统计整理表,简称统计表(statistical table),它用表格的形式来表达统计资料和指标。一个绘制合理的统计表可代替冗长的文字叙述,便于计算、分析和对比。编制统计表总的原则是结构简单、层次分明、内容安排合理、重点突出、数据准确、便于分析比较。

频数统计表又简称为统计表,由表编号、标题、标目、线条和数字所构成。统计表在格式上通常采用两端开口的样式,根据需要,表中纵、横方向均可增加辅助线,但添加这些辅助线的原则是尽量少用辅助线,即可加可不加的辅助线就不加。通常在统计表的底线下给出本表数据出处。

(二)统计表编制要求

标题位于表的上端中央,标题要简明扼要说明表的基本内容,应包括时间、地域。不要过于烦琐,也不要过于简略而不能说明问题。文中如有两个以上的统计表时,应在表的左上方编出表序(如表1,表2……)。

用以说明表内数字含义的部分叫标目。可分为横标目和纵标目两种。标目有单位的要注明单位。

（1）横标目:位于表的左侧,它说明表中每一横行数字的含义,一般将统计表叙述的事物列在横标目的位置。

（2）纵标目:位于标目线的上端,它说明表中每一纵列数字的含义,一般指统计指标。

（3）线条:线条尽量减少,除顶线、标目线、合计线和底线外,其余线条均可省略,这样的表既美观又便于印刷。

（4）数字:表内数字一律用阿拉伯数字表示,同一指标的小数位数应一致,位次对齐。表内不应有空格,无数字的空格用"～"表示,暂缺或未记录的用"…"表示。表格内不用文字说明,需特别说明时可用"＊"号标出,写在表的底线下面。

（三）统计表的种类

根据被说明事物标志的分组情况,可将统计表分为两种,即简单表和组合表。

1. 简单表

只按一个特征或标志分组的统计表称为简单表。如表 3-1 是按年龄组标志分组说明某地劳动力年龄分布特征。

表 3-1　　A 镇不同年龄组劳动力状况（2001 年）

年龄组/岁	人数（频数）/人	百分率/%
16～20	335	9.16
21～25	466	12.74
26～30	489	13.37
31～35	500	13.67
36～40	467	12.77
41～45	432	11.81
46～50	388	10.61
51～55	312	8.53
56～60	268	7.33
合计	3 657	100

2. 组合表

按两个或两个以上特征或标志结合起来分组的统计表称组合表或复合表、交叉表。如表 3-2 将劳动力年龄段与文化程度两个标志结合起来分组,可以分析不同年龄段劳动力的文化程度状况。

表 3-2　　A 公司不同年龄段劳动力的文化程度构成（2005 年）

文化程度 年龄段 /岁	小学/人	初中/人	高中/人	大学/人	研究生/人	合计/人
16 ~ 20	23	35	56	1	/	115
21 ~ 25	22	23	51	5	1	102
26 ~ 30	18	33	48	4	/	103
31 ~ 35	21	36	44	3	1	105
36 ~ 40	23	37	38	1	/	99
41 ~ 45	29	33	41	1	/	104
46 ~ 50	32	28	27	/	/	87
51 ~ 55	36	18	13	/	/	67
55 ~ 60	42	11	6	/	/	59
小计/人	246	254	324	15	2	841

注:组合表的另一种形式——边际分布表参见第三章. 第一节"五、二维统计分布(联合分布)"。

二、统计整理

对统计数据进行次数分布整理,是统计整理的基本环节。频数统计表是进行统计整理的基本工具,有时又将其称为频数分布表。次数(频数)分布表,是表示统计数据在各个组内散布情况的一种表格,将次数分布表的内容用图来表示即为次数分布图。编制次数分布表和绘制次数分布图是对连续数据进行分类整理的一个很重要的步骤,它可以将一堆杂乱无章的数据排列成序,简洁地反映数据的整体概貌、平均水平、离散情况。但是对原始数据进行次数分组之后,原始数据就不见了,若只保留了次数分布而丢失了原始数据,用这种分组数据继续进行运算会带来一些运算上的误差。编制次数分布表的步骤如下:

第一,求全距 $R = R_{max} - R_{min}$(即统计数据中的最大值减去最小值)。

第二,决定组数与组距:

(1)利用经验公式 $K = 1.87(N-1)^{2/5}$, $I = [R/K]$(方括号表示按四舍五入原则贴近取整数,如7.19 贴近取整为 7;9.68 贴近取整为 10),其中 N 表示样本数,R 表示全距,K 为大致的组数,I 为组距(即分组的间距)。

(2)利用斯特吉斯公式:$K = 1 + 3.32 \lg N$(贴近取整)。

(3)当 N 较大时,可利用组数与数据个数的经验关系(表3-3)来分组。

表 3-3　　分组数与数据个数的经验关系

数据个数	50	100	200	300	500	1 000	2 000
分组数	5 ~ 10	8 ~ 16	10 ~ 20	12 ~ 24	15 ~ 30	20 ~ 35	30 ~ 50

注:上述决定组数的方法都带有经验性质,不同方法得出的结果往往有一定差异。

第三,列出分组区间,要求:

(1)最高组包含最大值,最低组包含最小值;

(2)最低组或最高组的下限最好是 I 的整数倍;

(3)分组区间顺序排列;

(4)明确区间的精确界限,运用四舍五入原则(即在精确位以下取一半):(　)、[　]、(　]、[　)。

第四,登记与统计次数。

三、统计分布图

统计分布图是用点、线、面的位置、颜色深浅、图形大小来表达统计资料之间数量关系的一种陈列形式。

(一)统计分布图的结构及其绘制规则

统计图由标题、图号、标目、图形、图注等项构成。

标题:图的名称应简明扼要,切合图的内容,一般位于图的下方。

图号:文章中按图出现的先后次序编上序号,放在标题的前面。

标目:对于有纵横轴的统计图,应在纵横轴上分别标明统计项目及其尺度。

图例:用不同的图形表示不同的内容,位置应适当,以使整个图形和谐美观。

图形:图形线在图中为最粗,而且要清晰。

图注:图注不是图中必要组成部分,主要说明图的数据资料来源。

(二)统计分布图的类型

1. 表示间断变量的统计图

直条图:用直条的长短表示统计事项的数量大小与数量之间的差异情况,它主要是用来比较性质相似的离散数据资料,条形之间是分开的,见图3-1(a)。

圆形图:用一个圆形中的扇面来表示各部分在整体中所占的比例以及各部分间的大小关系,用于离散性数据资料,见图3-1(b)。

2. 表示连续变量的统计图

散点图:在坐标图中用点表示两个连续变量间的关系或趋势,见图3-1(c)。

线形图用来表示连续性资料。它能表示两个变量之间的函数关系及一种事物随另一种事物变化的情况,以及某种事物随时间推移的发展趋势等。线形图包括直方图、多边形图等。

直方图:用矩形的面积来表示连续性资料的频数分配,矩形之间是紧连的。可以根据次数分布表绘制直方图,图3-1(d)的直方图就是根据统计表一节所举例子,以次数为纵坐标绘制而成。也可以以频率为纵坐标绘制直方图,显然对于同一组数据,以次数和以频率为纵坐标所作的直方图是完全一样的。

多边形图:用来表示连续性资料的频数分配,多边形图以纵轴上的高度表示频数的多少。它以各组的组中值为横坐标,以各组的次数或频率为纵坐标的各点连接而成的一条折线。若以次数为纵坐标则称为次数多边形图,若以频率为纵坐标,则称为频率多边形图,显然同一组数据的次数多边形图与频率多边形图在图形上是完全一样的。图 3-1(e)次数多边形图即为统计表一节所举例子对应的次数多边形图。

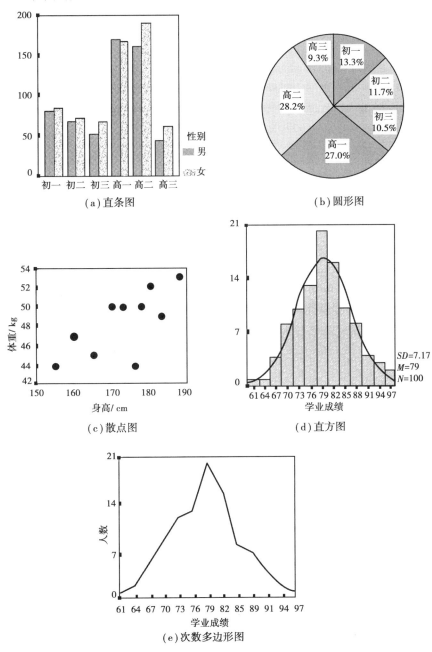

(a)直条图　　　　　　　　　　　(b)圆形图

(c)散点图　　　　　　　　　　　(d)直方图

(e)次数多边形图

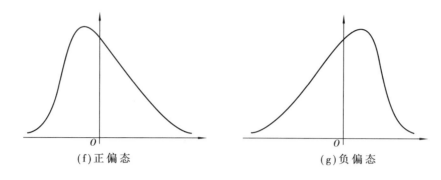

图 3-1　几种统计分布图示意

直方图和多边形图都用于反映连续数据的整体情况,称为次数分布图。当次数分布图呈两头小、中间大、单峰对称,即钟形时,称之为正态分布,如图 3-1(d)中那条曲线所示。正态分布是相对偏态分布而言的,而偏态分布又分为正偏态与负偏态,正偏态指的是分布的峰部偏左端,而负偏态指的是分布的峰部偏向右端见图 3-1(f)、图 3-1(g)。正态分布在统计上是一种应用广泛而且相当重要的分布形态,它有精确的数学定义,后面会专门介绍,并多次用到它。

四、频数(频率)分布

(一)频数(频率)分布

频数(频率)分布和累计频数(频率)分布是我们了解数据分布的基本方法,也是今后进一步统计分析必须的基本步骤,它还为若干统计分析和计算提供所需参数。频数(频率)分布表中,除了统计出变量在不同分组区间的频数分布外,还需要计算累计频数(频率),即计算向上累计频数(或向下累计频数),见表 3-4,表 3-5。

向上累计频数:从变量的低限组向高限组方向累计;

向下累计频数:从变量的高限组向低限组方向累计。

表 3-4　新华街道家庭户月收入调查(2000 年)

收入分组/元	户数(频数)	累计频数(向上累计)
≤3 000	102	102
3 001 ~ 4 000	146	248
4 001 ~ 5 000	234	482
5 001 ~ 6 000	567	1 049
6 001 ~ 7 000	735	1 784
7 001 ~ 8 000	621	2 405
8 001 ~ 9 000	331	2 736
9 001 ~ 10 000	176	2 912
10 001 ~ 11 000	98	3 010
≥11 001	23	3 033
合　计	3 033	/

表 3-5　40 个数据的统计整理

完成个人工作定额分组/%	组中值	频数	频率/%	向上累计			向下累计		
				上限	频数	频率/%	下限	频数	频率/%
80～90	85	2	5.0	90	2	5.0	80	40	100.0
90～100	95	3	7.5	100	5	12.5	90	38	95.0
100～110	105	10	25.0	110	15	37.5	100	35	87.5
110～120	115	11	27.5	120	26	65.0	110	25	62.5
120～130	125	8	20.0	130	34	85.0	120	14	35.0
130～140	135	3	7.5	140	37	92.5	130	6	15.0
140～150	145	2	5.0	150	39	97.5	140	3	7.5
150～160	155	1	2.5	160	40	100.0	150	1	2.5
合　计	—	40	100	—	—	—	—	—	—

(二)频数(频率)分布的类型

对于各种统计分布曲线的形状特点,可以做以下分类:

1. 钟型分布

曲线型状形如一只古钟,这一类频数分布反映给定的分组之下,每组频数的分布是两头小中间大的数量特征。对应的实例如:一批学生某课程考试成绩的分布。钟型分布又有以下三种情况,见图 3-2:

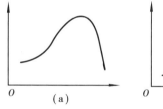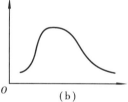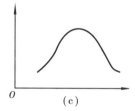

(a)　　　　　　　　　(b)　　　　　　　　　(c)

图 3-2　钟型分布示意图

钟型分布又可分为左偏、右偏和正态分布三种。所谓左偏、右偏的认识,从图形上,左偏的图 3-2(a)的峰顶右偏,容易被误认为是右偏。其实称它为左偏的原因是以与对称时的曲线相比,曲线向左拖长了尾巴,见图 3-3。同理,可以说明右偏,曲线向右拖长了尾巴。所以称为右偏,见图 3-2(b)。

对称钟型分布又称为正态分布,是概率论中最基本的讨论对象,也是统计分析中最主要的对象,见图 3-2(c)。因为它规范,在数学上可以得到完整细致的讨论,其几何图形的函数表达为 $y = \mathrm{e}^{-x^2}$,而曲边梯形的面积为 $\int_{-\infty}^{+\infty} \mathrm{e}^{-x^2} \mathrm{d}x = \sqrt{\pi}$。后面,抽样推断中在概率论简介时,再详细讨论对它的数学处理。在计算上可以通过查标准正态概

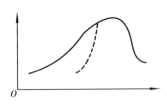

图 3-3　左偏图示意图

率分布表来完成,非常方便。虽然在一般现象的讨论过程中,分布或多或少地都会有偏态,但我们的处理方法是以正态分布为基础,再结合运用偏度和峰度等概念来进一步校正。

2. U 型分布

曲线形状如英文字母 U 是"两头大中间小"的一类统计分布特征的社会、经济现象的体现。比如,分年龄死亡率,某城市上午 8 点至下午 7 点之间按每小时计的公交流量,见图 3-4。

3. J 型分布

顾名思义:此类分布的变量值大小与频数的多少呈单调增、减状态,又有两种类型,一是递增型,如图 3-5(a)。对应的实例:人类吃螃蟹的历史,开始吃的人少,后来吃的人多。另一种是递减型的,如图 3-5(b)。对应的实例:某项非法传销活动开始时蒙骗了许多人,大家一窝蜂参加,后来人们认识到其活动的欺骗性,参加者锐减。

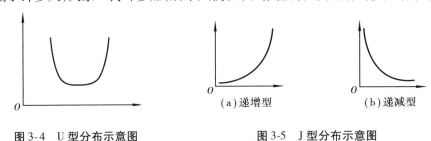

(a)递增型　　　　　　　　(b)递减型

图 3-4　U 型分布示意图　　　　　　图 3-5　J 型分布示意图

五、二维统计分布(联合分布)

将两个变量(或同一事物的两种不同测量,如一群人的体重和身高)分别按不同分类统计频数后,整理汇合在同一个统计整理表中,这时所得到的统计分布表称二维统计分布(或联合分布),参见表 3-6。

表 3-6　若干不同区域的经济发展水平(X)与其政府规模(Y)之间的关系

区域发展水平 / 政府规模		X			合计
		较高	一般	较低	F_Y
Y	较大	25	16	4	45
	中等	17	33	10	60
	较小	3	17	6	26
合计	F_X	45	66	20	131

表 3-6 称为变量 X,Y 的联合(二维)分布表;其中 F_X,F_Y 分别称为 X,Y 的边际(边缘)分布。

第二节 描述统计

一、集中性度量

通过图表整理,只是一种粗略的、直观的概括,若要进一步了解一组分数的特性,还需借助数量化的分析,比如,计算表示数据特征的量数:集中量数,差异量数等。当这些量数用来反映总体特征时,称为参数,用来表示样本的特征时,称为统计量。此处,总体是指研究对象(数据)的全体;样本是从总体(全体数据)中随机抽取的部分个体(数据)。一组数据的集中趋势用集中量数来描述,它反映了数据分布中大量数据向某点集中的情况。集中量数是一种数据的代表数据。

集中量数有许多种,在此介绍统计测量中常用的 3 种:平均数,中位数,众数。

(一)算术平均数

一组数值的总和除以数的总频数的商称之为算术平均数,简称平均数,均数或均值。

一般情况下,算术平均数简记为:

$$\bar{x} = \frac{1}{n} \sum_{i=1}^{n} x_i$$

(二)加权平均

在表3-7 中,采用简单算术平均来计算:各地人均国民总值合计为 9.171 万元,共12 个地区,人均0.766 万元。采用加权平均计算为 0.672 万元/人。可见,采用不同的计算方法,结果是不同的。

表 3-7 长江流域各省市(区)人均 GDP(1998 年)

	沪	苏	浙	赣	皖	湘
人均国民生产总值/万元	2.756	1.072	1.201	0.469	0.471	0.524
人口数/万人	1 464	7 182	4 456	4 191	6 184	6 502
	鄂	川	渝	贵	云	藏
人均国民生产总值/万元	0.653	0.437	0.486	0.248	0.446	0.409
人口数/万人	5 907	8 493	3 060	3 658	4 144	252

如果在 n 个数中,有些数出现不止一次,如 x_1 出现 f_1 次,x_2 出现 f_2 次,$\cdots$,x_k 出现 f_k 次(这里 $f_1 + f_2 + \cdots + f_k = n$),那么这 n 个数的平均数可以表示为:

$$\bar{x} = \frac{x_1 f_1 + x_2 f_2 + \cdots + x_k f_k}{n}$$

或简记为:

$$\bar{x} = \frac{1}{n} \sum_{i=1}^{k} x_i f_i$$

此时称 $\bar{x}$ 为 $x_1, x_2, \cdots, x_n$ 的加权平均。

当相同变量值的个数较多时,应当用加权法计算均数。如 n 个变量值已编制成频数表,也可用加权法计算均数。

(三)几何平均

几何平均数用于下述情况的偏态分布资料:变量值的变化呈倍数关系,特别是当变量值取对数后服从正态分布,即对数正态分布资料。几何均数用 G 表示。

由样本 n 个变量值 $x_1, x_2, \cdots, x_n$ 求几何均数 G 的公式为:

$$G = \sqrt[n]{x_1 x_2 \cdots x_n}$$

例 3-1　5 个区域人口中 A 党成员的比例为 $1:10$,$1:100$,$1:1\,000$,$1:10\,000$,$1:100\,000$。求平均比例值。

本例若直接用算术求均数,则得 $\bar{x} = 0.022\,22$ 个变量值比 $\bar{x}$ 小的有 4 个,比 $\bar{x}$ 大的只有 1 个,因此 $\bar{x}$ 不能表示这 5 个变量值的平均水平或集中位置。本例应当求几何平均数。

$$G = \sqrt[5]{\frac{1}{10} \times \frac{1}{100} \times \frac{1}{1\,000} \times \frac{1}{10\,000} \times \frac{1}{100\,000}} = \frac{1}{1\,000}$$

(四)中位数

一组按大小顺序排列的数,居中间位置的数据为中位数,简称中数。显然,在中数两端数据个数相等,位置平均。中位数的特征:一半的数大于它,一半的数小于它(顺数或倒数并不重要)。将观测值按从小到大的次序排列,最中间的数称为这组观测值的中位数。考虑到观测数据有偶数个和奇数个两种情况,可用下面的方法确定中位数。

若观测值 $x_1, x_2, \cdots, x_n$ 经重排后为 $x_1^*, x_2^*, \cdots, x_n^*$,则中位数 M_d 的确定:

(1)当 n 为奇数时,最中间的数就是中位数:

$$M_d = 第 \frac{n+1}{2} 个变量值$$

（2）当 n 为偶数时，最中间的两个数的平均值就是中位数：

$$M_d = \frac{1}{2}\left[\text{第}\frac{n}{2}\text{个变量值} + \text{第}(\frac{n}{2} + 1)\text{个变量值}\right]$$

当资料呈明显偏态，或有个别的特小、特大值存在时，中位数的代表性往往比平均数好。

资料 3-1　某部门虽然人手少，却是 A 市政府的窗口单位，近几年有关部门对其绩效评估成绩分别是 92 分，88 分，90 分，91 分，但最近一次（按原来记分方法）绩效评估的成绩只有 52 分，原因是该部门最近有两位中层干部因积劳成疾住进医院，其他同志不仅要分担他们的工作，还常利用休息时间去医院看望他们。这样该部门几年来绩效评估成绩的平均值只有 82.6 分，显然用这个平均成绩来评价该部门的绩效水平是不够合理的。

对该部门的绩效评估分数按从小到大的次序排列，则为：

$$52 < 88 < 90 < 91 < 92$$

由于观测数为奇数 $n = 5$，所以中位数成绩为 $M_d = 90$。用这个中位数表示该部门绩效评估分数的"位置特征"可以认为是比较客观，它能比较合理地反映该部门的实际工作水平。

中位数一般用于不宜或不能用几何均数的偏态分布资料：如变量值分布规律不清楚、有少数的特小或特大值；又如变量值分布一端或两端无确定数值，只是小于或大于某个数值（求不出均数或几何均数）。另外当资料分布不明时，即判断不出资料是否服从正态分布或对数正态分布时，也只好用中位数。此外，在许多场合下（如许多调查表），我们知道数据的分布状况，但不知道每一个数字的具体值，这时候就无法计算平均数。但我们可以用一定的方法求其中位数。在许多地方，政府有关部门利用调查数据的中位数作为制定某些政策（如社会福利政策、最低生活保障等）的重要依据。

中位数一定在变量值分布的中心位置。对于正态分布总体，均数等于中位数；对于对数正态分布总体，几何均数等于中位数。但对于正态分布资料和对数正态分布资料，若用样本中位数比用样本均数和样本几何均数来推断总体均数和总体几何均数的灵敏度低。

在实际应用中，经过统计整理得到的分组数据，计算其中位数，具有重要意义。

当根据组距式变量数列求中位数时，要采用所谓的比例插值法：先根据 $N/2$ 在累计频数分布中找到中位数所在组，然后假定该组中各变量值是均匀分布的，按中位数所在组的下限求中位数，其公式为：

$$M_d = L + \frac{\frac{N}{2} - F_{m-1}}{f_m}h$$

式中　L——中位数所在组的下限;

　　　f_m——中位数所在组的频数;

　　　F_{m-1}——小于中位数所在组的各组频数之和(向上累计);

　　　N——总体单位数;

　　　h——中位数所在组的组距。

请读者注意:累计频数既可由最低组开始,也可由最高组开始,为使两者所得的结果相同,同时也因为分组资料的 N 一般较大,所以对分组资料,一般都采用 $N/2$ 来确定中位数所在组(这是必须掌握的技术细节)。

例 3-2　求表 3-8 数据的中位数。

解　根据 $N/2 = 50$,在累计频数分布中找到中位数所在组(怎样找? 请读者思考),得知:

$$L = 168, F_{m-1} = 37, f_m = 25, h = 4$$

表 3-8　100 名治安队员的身高

身高、组距/cm	f(频数)	F(向上累计频数)
148 ~ 152	1	1
152 ~ 156	2	3
156 ~ 160	5	8
160 ~ 164	10	18
164 ~ 168	19	37
(168 ~ 172)	25	62
172 ~ 176	17	79
176 ~ 180	12	91
180 ~ 184	5	96
184 ~ 188	3	99
188 ~ 192	0	99
192 ~ 196	1	100
合　计	100	—

代入公式有:

$$M_d = 168 \text{ cm} + \frac{\dfrac{100}{2} - 37}{25} \times 4 \text{ cm}$$

$$= 170.08 \text{ cm}$$

故被调查的 100 名治安队员身高的中位数是 170.08 cm。

中位数具有下面的性质:

(1)各变量值对中位数之差的绝对值总和小于它们对任何其他数(X')之差的绝对值总和。用公式表示为:

$$\sum |X - M_d| \leqslant \sum |X - X'| \qquad (未加权式)$$

$$或 \quad \sum f|X - M_d| \leqslant \sum f|X - X'| \qquad (加权式)$$

（2）中位数不受极端值的影响。

（3）分组资料有不确定组距时，仍可求得中位数。

（4）中位数受抽样变动的影响较算术平均数略大，不过中位数作为总体资料集中趋势的量度，使用也很广泛。

（五）百分位数

把 n 个变量值从小到大排列，位于中间位置的变量值称为中位数，用 M_d 表示。中位数只是一个特定的百分位数（percentile）。把 n 个变量值从小到大排列，和第 x 百分位次对应的变量值称为第 x 百分位数，用 P_x 表示。全部变量值比 P_x 小有 $x\%$ 的变量值，比 P_x 大有 $(100-x)\%$ 的变量值。显然中位数 M_d 即第 50 百分位数 P_{50}。

中位数将频数等分为 2，亦称二分位数。若将频数等分为 4，则称四分位数，共有 3 个四分位数，即第一、第二、第三四分位数。第二四分位数即中位数。同理，将频数等分为 10 或 100 的分位数称十分位数或百分位数。其实上述各种分位数都可用百分位数表示。百分位数的符号为 P_x，x 代表第 x 百分位。例如，第一四分位数、中位数可分别以 P_{25}，P_{50} 表示。计算百分位数的方法与中位数相似，只是将中位数计算公式中的 $n/2$ 以 $nx/100$ 代替，M_d 以 P_x 代替。

$$P_x = L_x + \frac{\dfrac{n \cdot x}{100} - A}{f_x} i_x$$

L_x 为 P_x 所在组下限，f_x 为 P_x 所在组频数，i_x 表示分位数所在组的组距，A 为小于 L_x 各组的累计频数。

例 3-3　某机关 238 名工作人员日均步行工作里程数见表 3-9，求中位数和百分位数 P_{25}，P_{75}。

由表 3-9 的第 4 栏可见，$M_d(P_{50})$ 在 1.1~1.5 组段。中位数所在组下限 $L_x = 1.1$，组距 $i = 0.4$，中位数所在组的频数 $f_x = 60$，中位数所在组前的累积频数 $A = 86$，代入公式得：

$$M_d(P_{50}) = 1.1 \text{ km} + \frac{(238 \times 50\% - 86)}{60} \times 0.4 \text{ km} = 1.32 \text{ km}$$

同样可得：

$$P_{25} = 0.7 \text{ km} + \frac{(238 \times 25\% - 20)}{66} \times 0.4 \text{ km} = 0.94 \text{ km}$$

$$P_{75} = 1.5 \text{ km} + \frac{0.4(238 \times 75\% - 146)}{48} \text{ km} = 1.77 \text{ km}$$

表 3-9　238 名工作人员日均步行工作里程数

行程/km	频数分布	累积频数
0.3～0.7	20	20
0.7～1.1	66	86
1.1～1.5	60	146
1.5～1.9	48	194
1.9～2.3	18	212
2.3～2.7	16	228
2.7～3.1	6	234
3.1～3.5	1	235
3.5～3.9	0	235
3.9～4.3	3	238

故 238 名工作人员日均工作行程的中位数为 1.32 km,P_{25} 和 P_{75} 分别为 0.94 km 和 1.77 km。

(六)众　数

在一组数据中出现次数最多的一个数据叫做众数。"众"即多的含义。众数是一组资料中,出现次数(或频数)呈现"峰"值的那些变量值,用 M_o 表示。

众数也是一个比较常用的集中趋势的量度。例如:"在城市自来水价格听证会上,拥护自来水阶梯价格的人最多",这里面就有众数的涵义。众数只与变量值出现的次数有关,因而它可以用于定距、定比资料,也可以用于定序、定类资料。

1. 未分组资料

对于未分组资料,确定众数的方法比较简单,可直接观察。首先,将所有数据顺序排列;然后,只要观察到某些变量值(与相邻变量值相比较)的出现次数(或频数)呈现"峰"值,这些变量值就是众数。从这个意义上,众数和中位数被统称位置平均数。

例 3-4　对下面 3 组数字求众数。

　　　　A 组:71,75,83,75,61,68,81

　　　　B 组:71,75,83,74,61,68,81

　　　　C 组:71,75,83,75,83,68,81

解　先将上面 3 组数字按顺序重新排列,得:

　　　　A 组:61,68,71,75,75,81,83

　　　　B 组:61,68,71,74,75,81,83

　　　　C 组:68,71,75,75,81,83,83

从众数定义出发可判断:A 组有一个众数,为 75;B 组没有众数;C 组有两个众数,分别是 75 和 83。

2. 分组资料

对于分组资料,如果是单项式变量数列,众数确定方法同未分组情况,只是更直观、更容易,观察频数分布就可以了。例如,求表 3-10 的众数,经观察,4 口之家出现的次数最多(为 16 户),所以在该社区 4 口之家为众数。

表 3-10　某社区各户人口数统计

人口数(X)	户数(F)	频率(P)/%
2	5	10
3	8	16
4	16	32
5	10	20
6	6	12
7	4	8
8	1	2
合　计	50	100

当根据组距式变量数列求众数时,也要采取比例插值法求众数,具体计算公式为[①]:

$$M_o = L_o + \frac{\Delta_1}{\Delta_1 + \Delta_2} h_o$$

式中　L_o——众数组下限;

　　　Δ_1——众数组次数(频数)与前一组次数之差;

　　　Δ_2——众数组次数(频数)与后一组次数之差;

　　　h_o——众数组组距。

必须指出,利用上述公式计算众数,是假定众数组内变量值的分布均匀,但实际中很难做到,因而其最后结果也是一个近似值。另外,对于异距分组资料,则应先将其换算为对应的标准组距的频数,然后再确定众数组。

3. 众数的性质

(1)在分组资料中,众数仅受上下相邻两组频数大小的影响,不受极端值影响,因而对开口组资料,仍可计算众数。

(2)受抽样变动影响大。

(3)对于给定资料的集中趋势的量度,唯有众数不唯一确定,有的资料只有一个众数,有的资料可能没有众数,有的资料可能存在好几个众数。

---

① 　谢启南,曾生文.统计学原理[M].广州:暨南大学出版社,1998:122.

（4）在频数分布中，众数为其峰值所对应的变量值，它的优点是帮助我们很容易区分出单峰分布和多峰分布。因而，具有明显偏态集中趋势的频数分布（如一个国家的国民收入分配数列），用众数最合适。

如果次数分布是对称的，则中位数、众数和算术平均数相等。如果分布不对称，则三种特征量数就会分离开来，其特征比较见表3-11。

表3-11　平均数、中位数、众数特征比较※

比较的项目	平均数（M）	中位数（M_d）	众数（M_o）
意义	与其两侧数据距离之和相等数据的重心	其两侧数据个数相等	出现次数最多的数，典型
适用数据类型	等距、等比	顺序、等距、等比	性质、顺序、等距、等比
计算特性	需所有的数据	只需中间数据	计算迅速
进一步运算	可以	不可以	不可以
受抽样的影响	较少	较大	较大
受分组的影响	不大	较大	最大
极端数的影响	最严重	最少	一般
适用场合	一般情况都用平均数	①有极端数据时；②当两端数据或个别数据不清楚时；③快速估计代表值时	①有极端数据时；②数据不同质找典型；③快速估计代表值时；④估计分布形态时

※：本表摘自西南师范大学余华老师《心理与教育统计学教程（总复习）》（电子版）。

二、离散程度分析（变异性度量、差异性分析）

描述变量值分布的离散趋势用变异指标。变异指标反映一群变量值的变异程度或离散程度。常用的变异指标有全距、标准差（standard deviation）、四分位数间距（interquar-tile）和变异系数（coefficient of variation），其中最常用的变异指标是标准差。不同变异指标的用途不同。全距对变量值的各种分布类型资料都适用；标准差和均数配套，变异系数作为辅助变异指标，适用于对称分布资料，特别是正态分布资料；四分位数间距和中位数配套，一般用于不对称的偏态分布资料。

变异指标和平均指标是彼此独立的。一群变量值的变异指标值越大，说明该群变量值的变异程度或离散程度越大，这是和平均指标值的大小无关的。平均指标和变异指标相结合，就可对一群变量值特别是正态分布资料的一群变量值作很好的描述。

（一）全距

全距表示一群变量值的最大值与最小值之差，用 R 表示。全距是最简单的差异性度量指标。全距反映样本变量值的变异范围,简单明了,各种分布类型的资料都可采用。但不足之处是全距只考虑了最大值与最小值的差别,而未考虑其他变量值的差别。例如设甲组变量值为 16,19,20,21,24;乙组变量值为 16,17,20,23,24。甲组和乙组的全距都为 24 - 16 = 8。但甲组其他 3 个变量值 19,20,21 比乙组其他 3 个变量值 17,20,23 的差别小,也就是说全距不能准确反映样本所有变量值的变异程度。另外,最大值和最小值是样本的 2 个极端值,随样本不同而变化大。故全距只能作为参考变异指标,不能作为主要变异指标。由于全距的意义明显,可表示为极小值 ~ 极大值之间的差距。

(二)标准差

标准差是总体中各单位标志值与算术平均数的离差平方的正平方根,用以表示资料的变异度,又称为均方差。它是测定标志变动程度的最主要的指标。标准差的实质与平均差基本相同,只是在数学处理方法上与平均差不同,平均差是用取绝对值的方法消除离差的正负号然后用算术平均的方法求出平均离差,而标准差是用平方的方法消除离差的正负号,然后对离差的平方计算算术平均数,并开方求出标准差。标准差的计算公式为:

$$\delta = \sqrt{\frac{1}{n} \sum_{i=1}^{k} f_i (x_i - \overline{X})^2}$$

式中　$\overline{X}$——所有 x_i 的平均数;

　　　x_i——每一个变量值;

　　　f_i——x_i 所对应频数。

在实际调查中,总体平均数 μ 往往是未知的,若用变量值个数为 n 的样本均数 $\overline{X}$ 估计总体平均数 μ,则修正样本标准差(s)的定义公式为:

$$s = \sqrt{\frac{1}{n-1} \sum_{i=1}^{k} f_i (x_i - \overline{X})^2}$$

为什么修正样本标准差 s 计算式的分母用 $n-1$ 而不用 n? 这是因为据数理统计理论,若用 n,则样本标准差 s 平均说来是总体标准差 σ 的偏低估计;而用 $n-1$,则 s 能很好地估计 σ。对这个问题的理论解释,可参见推断统计理论中关于"修正样本标准差"与总体标准差之间关系的论述。

标准差的单位是原变量的单位。标准差的平方 σ^2 叫做方差(variance),其单位是原变量单位的平方。也可用方差代替标准差作变异指标。

(三)四分位数

四分位数间距为特定的百分位数,可用 Q 表示。下四分位数 $Q_L = P_{25}$,上四分位

数 $Q_U = P_{75}$,四分位数间距即 $Q_U - Q_L$。全部变量值中,有1/4的变量比 Q_L 小,有 1/4 的变量值比 Q_U 大。四分位数间距内包含全部变量值的1/2,可看作中间 1/2 变量值的全距。四分位数间距越大,变量值的变异程度或离散程度越大。也可用其他百分位数间距和中位数配套作变异指标,如 $P_{80} - P_{20}$,$P_{90} - P_{10}$,$P_{95} - P_5$ 等。但四分位数间距较为常用,因为越靠近两端的百分位数越不稳定。

例 3-5　求表 3-9 中 238 名工作人员日均工作步行路程的四分位数(可作为公车改革的依据之一)。

在例 3-3 中已算得 $P_{25} = 0.94 \text{ km}$,$P_{75} = 1.77 \text{ km}$,故:

$$Q_U - Q_L = 1.77 \text{ km} - 0.94 \text{ km} = 0.83 \text{ km}$$

(四)变异系数(相对差异系数)

我们考虑两个序列,一个序列是若干头大象,它们两两之间体重差异约 100 kg,这对于大象数吨的体重而言,这个体重差异应该是很小的。另一个序列是一群蜜蜂,它们两两之间体重差异为 1~2 g,对于体重本来就只有数克的蜜蜂而言,这个差异应该是很大的了。但是按照前述差异性度量的指标(如标准差),得出的结论是大象群体中个体间的差异更大。这个结论显然欠合理。

对于对称分布资料,特别是正态分布资料,标准差反映变量值的绝对变异程度。而变异系数是以相对数形式表示的变异指标。它是通过变异指标中的全距、平均差或标准差与平均数对比得到的。常用的是标准差系数。变异系数的应用条件是:当所对比的两个数列的水平高低不同时,就不能采用全距、平均差或标准差进行对比分析,因为它们都是绝对指标,其数值的大小不仅受各单位标志值差异程度的影响,而且受到总体单位标志值本身水平高低的影响;为了对比分析不同水平的变量数列之间标志值的变异程度,就必须消除数列水平高低的影响,这时就要计算变异系数。

为此引入反映变量值的相对变异程度的变异系数,样本变异系数 $C.V$ 的公式为:

$$C.V = \frac{s}{\bar{x}} \times 100\%$$

式中　s——标准差;

　　　$\bar{x}$——样本平均值。

例 3-6　某机关 160 名工作人员,人年均起草 166.06 份文件,标准差为 4.95 份;人年均加班工作时数为 53.72 小时,标准差为 4.96 小时。比较 160 人起草文件数和加班时数的变异程度。

起草文件　　$C.V = \dfrac{4.95}{166.06} \times 100\% = 2.97\%$

加班时数　　$C.V = \dfrac{4.96}{53.72} \times 100\% = 9.23\%$

可见,起草文件数的变异程度比加班时数的变异程度小。

例 3-7　某城市不同拆迁对象资料如表 3-12 的第(1)、(2)、(3)、(4)栏,比较不同类型拆迁对象的变异程度。

表3-12 某市不同拆迁户差异情况

拆迁对象 （1）	户数 （2）	拆迁面积均数 （3）	标准差 （4）	变异系数/% （5）=（4）/（3）
临街临建	100	56.3	2.1	3.7
私人住宅	120	66.5	2.2	3.3
租赁者	300	96.1	3.1	3.2
公房住户	400	107.8	3.3	3.1

由表3-12第（5）栏算得的变异系数可见，"公房住户"的变异系数最小。

例3-8 计算表3-13中亚洲国家和欧洲国家人口自然增长率的差异性。

表3-13 部分亚洲和欧洲国家人口自然增长率（1997年）

亚 洲		欧 洲	
国家	自然增长率/‰	国家	自然增长率/‰
中国	10.8	英国	1.5
印度	19.9	法国	4.0
菲律宾	24.1	民主德国	0.4
泰国	18.8	西德	−1.8
巴基斯坦	27.1	意大利	1.0
马来西亚	22.8	匈牙利	−2.0
蒙古	25.9	保加利亚	2.3

解 定性分析：由本书中表1-2"世界人口增长类型"知亚洲国家与欧洲国家的人口增长属于不同的类型，因而本例应当采用相对差异系数去衡量之。定量分析：

亚洲国家 $\bar{x}=21.34$，$\delta=5.12$，欧洲国家 $\bar{x}=0.77$，$\delta=1.99$，得：

亚洲： $C.V=\dfrac{\delta}{\bar{x}}\times100\%=\dfrac{5.12}{21.34}\times100\%=24.0\%$

欧洲： $C.V=\dfrac{\delta}{\bar{x}}\times100\%=\dfrac{1.99}{0.77}\times100\%=258.4\%$

（五）平均差系数

平均差系数即平均差与平均数比值的百分数，记为 $V_{A\cdot D}$，即：

$$V_{A\cdot D}=\frac{A\cdot D}{\bar{x}}\times100\%$$

$A\cdot D$ 代表各数与平均数之差的绝对值的累积数，再除以 n。

亚洲国家 $A\cdot D=\dfrac{\sum\limits_{i=1}^{n}\left|x_i-\bar{x}\right|}{n}=\dfrac{|10.8-21.34|+\cdots+|25.9-21.34|}{7}=4.15$

欧洲国家　$A \cdot D = \dfrac{|1.5 - 1.99| + \cdots + |2.3 - 1.99|}{7} = 1.20$

亚洲:

$$V_{A \cdot D} = \dfrac{A \cdot D}{\bar{x}} \times 100\% = \dfrac{4.15}{21.34} \times 100\% = 19.4\%$$

欧洲:

$$V_{A \cdot D} = \dfrac{1.20}{0.77} \times 100\% = 155.8\%$$

显然欧洲国家之间人口自然增长率的差异性更大。

第三节　相关分析

一、社会经济统计中的四类变量

社会经济统计中变量有四种类型:定类变量、定序变量、定距变量、定比变量。针对不同类型的变量,往往有不同的适用方法去处理之。

(1)定类变量。定类尺度是测量定类变量所使用的尺度,它是测量尺度中最低的一种,实际上就是一种分类体系。大多数定性测量都使用定类尺度。它只有类别之分,而无大小次序之分,如性别、一群学生籍贯分为:广东籍、新疆籍、北京籍、海南籍等。定类变量可以将变量划分为若干个类别,但不能将其排序,例如我们不能规定广东籍或北京籍的学生应该排在前面。

(2)定序变量。定序尺度是指变量的取值按某种逻辑顺序将调查对象排列出高低、大小,确定其等级或次序的变量。如对人的经济地位和文化程度的测量;对产品质量按一、二、三、四等级排列;如对于某态度变量,可分为"很满意"、"满意"、"不满意"、"很不满意"等顺序级别等。又如,对于文化程度变量,可以给定一个具有排序规则的分类:研究生、大学本科、大学专科、中专、小学、文盲与半文盲等;但是,定序变量无法回答不同类别变量之间的差距有多少。

(3)定距变量。定距尺度具有定类尺度和定序尺度的特征,此外,它还要求以尺度上的间距代表所测量的特征的量的间距(差距)。如果将文化程度做一定的技术处理,就可以回答不同文化程度变量之间的差距。例如定义不同文化程度的受教育年限为:研究生(19年以上)、大学本科(16年)、大学专科(15年)、中专(9年)、小学(6年)、文盲与半文盲(平均3年以下),我们就可以回答不同文化程度之间的差距(用平均受教育年限来衡量)。

(4)定比变量。定比尺度是测量中的最高层次,它除了有定类、定序、定距尺度的特征之外,还具有固定的零点。定比尺度是研究者的理想尺度。

例如,一水池中有两枝荷叶,其水面以上部分的高度分别记为A,B。已知,当水深为50 cm时,A = 30 cm,B = 60 cm,此时,$A:B$ = 1:2。当水面蒸发,水深变为20 cm,此时 A = 60 cm,B = 90 cm,于是 $A:B$ = 2:3。在本例中,由于没有一个固定的零点(或零基准面),$A:B$ 的结果就不是固定的。如果规定池塘底面为零基准面(假定其是水平的),则无论水面怎样变化,$A:B$ 总有一个固定的结果。

二、不同变量的相关分析

(一)相关性概述

客观事物之间相互联系的形式,一般可以分为两大类:函数关系和相关关系。相关关系由于其非确定性,必须借助于统计手段才能加以研究。实际上,非确定性的关系在自然和社会中都是广泛存在着的。这是由于任何一个现象的产生,究其原因是多方面的。当我们只抓住其中的一个原因或几个原因,而对其他因素未予控制时,变量之间的因果关系就表现为非确定关系,而不是函数关系。

许多不同事物之间都是相互联系的,它们之间的关系可以从如下几个方面来理解。

1. 从性质角度考虑事物间的联系

(1)因果关系:一种现象是另一种现象的"因",另一种现象是这种现象的"果"。例如:经济发展水平提高(因),直接拉动消费提高(果);但反过来,消费水平提高,却不一定可以有效拉动经济水平提高。但有些不同变量之间的关系很难区分因与果,例如:教育发展与经济发展之间的关系,是互为因果的。

(2)相关关系:两类现象在发展变化的方向及大小方面存在一定的关系。如人均收入水平与人均消费水平、人均收入水平与地区文化卫生事业发展水平、自我价值感与学业成绩、经济发展水平与地方体育运动水平等,相关关系可以包含因果关系。

(3)共变关系:表面看来有联系的两种事物都与第三种现象有关,这两种事物间的关系就是共变关系。如春天出生的婴儿与春天栽种的小树,就其高度而言,表面上看来都在增长,好像有关,其实这二者都是受时间因素的影响,它们本身之间并没有直接因果关系,可见共变关系包含了因果关系,但其涵义比因果关系更广。

2. 从数量上考虑事物间的联系

(1)函数关系:对某一变量的每一个取值,另一变量都有唯一确定的值与之对应。
(2)相关关系:两个变量间存在着一定的数量关系,但又不像函数关系那样确定。变量间的相关关系往往可以通过散点图来表示,即如果变量间的图像不是某种确定的函数关系,则它们间就是相关关系。

3. 相关的实质

变量之间的不严格确定的依存关系即给定一个变量的值,另一个变量的取值在一定范围内变动,这种变化是受随机因素影响的。

4. 相关系数

相关系数是变量之间相关程度的指标。样本相关系数用 r 表示,总体相关系数用 ρ 表示,相关系数的取值一般介于 $-1 \sim 1$ 之间。相关系数不是等距度量值,而只是一个顺序数据。计算相关系数一般需要大样本。

5. 相关关系的统计学分类

在统计研究中,相关关系是很复杂的,从不同的角度观看,相关关系可以分成以下几种不同的种类:

(1)因果关系、共变关系。对于表现为因果关系的相关关系来说,在数量上表现为依存关系的两个变量有自变量和因变量之分。自变量是作为根据的变量,一般用 X 来表示;因变量是随自变量变化而发生对应变化的变量,一般用 Y 来表示。自变量一般都是非随机变量,即是用人力可以控制的变量,因变量则一般是随机变量,如农作物施肥量是自变量而亩产量则是因变量。对于表现为共变关系的相关关系来讲,在两个变量之间分不清哪个是自变量,哪个是因变量。或者说,自变量和因变量可以根据研究目的任意选定。例如,身高和体重之间的关系,既可以研究身高如何随体重的变化而变化,也可以研究体重如何随身高的变化而变化,两个变量可以互为根据。对互为因果关系的变量来说,两个变量(或更多变量)都是随机变量。

(2)单相关和复相关。单相关只涉及两个变量,所以又称二元相关。三个或三个以上变量之间的相关关系则称为复相关,又称多元相关。例如,圆面积与其直径的关系是单相关;农作物产量与施肥量、气候、田间管理等之间的关系就是复相关。在自然和社会中,复相关现象远较单相关现象为多。但由于数学手段上的局限性,统计学多以阐述单相关为主,然后通过控制,亦可将其推广应用于处理复相关。

(3)直线相关和曲线相关。相关关系是一种数量关系上不很严格的相互依存的关系。如果这个关系近似地表现为一条直线,就称为直线相关,又称线性相关;如果这个关系近似地表现为一条曲线,则称为曲线相关,又称非线性相关。例如,多次测定步行所走的路程与所用时间之间的关系是直线相关;而农作物产量与施肥量的关系则是曲线相关。同样道理,在自然和社会中,曲线相关现象远较直线相关为多,但由于数学手段上的局限性,统计学多以阐述线性相关为主,然后通过分段处理,亦可将其推广应用于处理曲线相关。

(4)正相关和负相关。如果自变量的增长引起因变量的相应增长,就形成正相关关系;如果自变量的增长引起因变量的相应减少,就形成负相关关系。例如,售货员的服务态度和商品销售量之间的关系可视为正相关关系;而妇女受教育程度和平均生育子女数之间的关系则可视为负相关关系。

(5)完全相关、不完全相关和完全不相关。完全相关指变量之间为函数关系,或者说是一一对应的关系。完全不相关指变量之间不存在数量上的任何依存关系,彼此

独立,互不影响。不完全相关介于完全相关和完全不相关之间。正如本书已指明的那样,不完全相关是统计研究的一个重点。在统计中,对于线性相关,采用相关系数(记作 r)这一指标来作为相关关系程度或强度的量度(参见本章第四节)。就线性相关来说,当 $|r|=1$ 时,表示为完全相关;当 $r=0$ 时,表现为无相关或零相关;当 $0<|r|<1$ 时,表现为不完全相关。

6. 数据类型与适用的相关分析方法

在前面我们介绍过,不同的数据类型在分析中需要采用不同的统计分析方法,对数据进行相关分析也是如此。相关分析的具体方法非常多,形成了多个方法类别,如品质相关(是许多具体方法的总称)、质量相关(多种具体方法的总称)、等级相关(多种具体方法的总称)、积差相关(多种具体方法的总称)。这些相关分析方法类别分别适用于不同的变量类型。当我们分析定类型数据列之间的相关性时,可以选择品质相关方法;当我们分析定序变量与连续数据变量之间的相关性时,应采用质量相关方法,等等。参见表3-14。

表3-14　不同变量类型与分析方法的选择

数据类型	定类数据	定序数据	连续数据
定类数据	品质相关	品质相关	质量相关
定序数据	品质相关	等级相关	等级相关
连续数据	质量相关	等级相关	积差相关

(二)相关分析方法的构建

相关分析的具体方法极其繁多,有兴趣的读者都可以自己去"发明"新的相关分析方法,但构建相关分析的方法,一般都遵照"削减误差比例原则"去构建。削减误差比例原则:变量之间的联系,使我们可以通过某一变量去预测另一变量(例如通过人均 GDP 的变化预测消费水平、消费模式的变化)。当不同变量之间关系密切时,由一变量去预测另一变量,其盲目性必然较关系不密切者为小。因此,变量间的相关程度,可以用不知 Y 与 X 有关系时预测 Y 的全部误差 E_1,减去已知 Y 与 X 有关系时预测 Y 的联系误差 E_2,再将其化为比例来度量。这就是削减误差比例 PRE,即:

$$\text{PRE} = \frac{\text{全部误差} - \text{联系误差}}{\text{全部误差}} = \frac{E_1 - E_2}{E_1}$$

式中的分子 $E_1 - E_2$ 表示已知 Y 与 X 的关系后预测 Y 所减少的误差,而 $\frac{E_1-E_2}{E_1}$ 则表示所减少的相对误差。$\frac{E_1-E_2}{E_1}$ 越大,表示 Y 和 X 之间的关系越密切或者说相关程度越高;反之表明 Y 和 X 之间的关系不密切或者说相关程度低。由于削减误差比例的概念不涉及变量的层次,因此它的优点很明显,用它来定义相关程度可适用于各测量层次的变量。

削减误差比例 PRE 的取值范围在 0 和 1 之间。这是因为:①当两变量完全无关时,由于知道 X 与否,无助于预测 Y,因此误差不变($E_1 = E_2$),即 PRE $= \dfrac{E_1 - E_2}{E_1} = 0$。②当两变量完全相关时,由于知道 X 便知道 Y,可以削减全部预测误差($E_2 = 0$),即 PRE $= \dfrac{E_1 - E_2}{E_1} = 1$。可见,PRE 的取值范围是 $0 \leqslant$ PRE $\leqslant 1$。

削减误差比例 PRE 适用于各层次的变量,但公式中 E_1,E_2 的具体定义,不仅对不同层次的变量有所不同,而且对同一层次的变量也有所不同。λ 系数和 τ 系数以及许多相关系数便是定类尺度上以削减误差比例 PRE 为基础所设计的相关系数。

(三)若干相关分析方法介绍

1. λ 系数(适用场合:定类变量——定类变量)

前面在讨论平均指标时,已提到只能用众数在定类尺度上测量集中趋势。λ 系数就是利用这一性质来构造相关系数的,即:

$$\lambda = \frac{\sum f_i - F_{Y0}}{N - F_{Y0}}$$

式中　f_i——X 的每一分类(i)中沿 Y 方向分布的众数频数;

　　　F_{Y_0}——Y 边际分布中的众数频数;

　　　N——总体单位数。

λ 系数在 0 和 1 之间取值,λ 值越大,表示 X 和 Y 的相关程度越高。

例 3-9　某机关人事部门对 150 名员工的工作态度与工作中表现出的实际工作能力进行了一次调查,调查结果整理见表 3-15。试分析员工工作态度与工作能力之间的相关关系。

表 3-15　工作态度与工作能力之间的关系(列联表)

能力 Y	态度 X		合计(F_Y)
	好	一般	
强	68	8	76
弱	20	54	74
合计(F_X)	88	62	150

解　由表 3-15 可知,在 Y 的边际分布中,众数为能力"强",其值为 76,即 $F_{Y0} = 76$。再从 X 的每分类来看,态度"好"中沿 Y 分布的众数是"强",其值 $f_1 = 68$;态度"一般"中沿 Y 分布的众数是能力"弱",其值 $f_2 = 54$。总体单位数 $N = 150$。将有关数据代

入公式得：

$$\lambda = \frac{\sum f_i - F_{Y0}}{N - F_{Y0}} = \frac{(68 + 54) - 76}{150 - 76} = 0.62$$

就表 3-17 资料来说,工作态度与工作能力之间的相关程度(λ)为0.62,可认为存在较高程度的相关。

2. τ 系数(适用变量类型:定类变量——定类变量)

τ 系数的设计也是以 PRE 概念为基础的。但是,在 τ 系数中 E_1 和 E_2 的定义与在 λ 系数中不同,λ 系数的估测只用众数的频数,τ 系数还利用边际分布的比例来进行估测。用公式表达,即:

$$\tau = \frac{\displaystyle\sum_{i=1}^{r} \frac{\sum f_k^2}{F_{X_i}} - \frac{\sum F_Y^2}{N}}{N - \frac{\sum F_Y^2}{N}}$$

式中　$\sum F_Y^2$—— 变量 Y 边际分布的各频数平方和。

双重求和号内的内容:第一重求和号表示 F_X 沿 Y 的方向,X 的各频数的平方和;第二重求和号表示沿 X 的方向,将第一重求和号得到的分式累加。

τ 系数在 0 和 1 之间取值,τ 值越大说明 X 和 Y 的相关程度越高。

例 3-10　由表 3-15 所示资料,求 τ 相关系数。

解　由表 3-15 知,$N = 150$

$$\sum_{i=1}^{r} \frac{\sum f_k^2}{F_{X_i}} = \frac{68^2 + 20^2}{88} + \frac{8^2 + 54^2}{62} = 105.16$$

$$\frac{\sum F_Y^2}{N} = \frac{76^2 + 74^2}{150} = 75.01$$

代入公式得：
$$\tau = \frac{105.15 - 75.01}{150 - 75.01} = 0.40$$

不难看出,同是表 3-15 的资料,用不同方法求得的相关系数不一样($\lambda = 0.62, \tau = 0.40$)。实际上,只要分析一下 λ 和 τ 的计算公式就可看到,λ 和 τ 虽然都适用于定类变量,但 λ 的计算仅以众数频数为依据,τ 却利用了每一个频数。所以,除了众数的次数比较突出时,一般采用 τ 系数较 λ 系数更佳。但 λ 系数比 τ 系数易于计算。如果列联表中 X 各分类的众数集中在同一横行,此时 λ 系数无法计算(等于0),则必须应用 τ 系数来反映变量间的相关程度。

另外,τ 系数和 λ 系数一样,具有非对称性。一般来说,同一资料的 τ_Y 和 τ_X 不是相等的。故一般情况下,将变量 X 和 Y 调换位置,即将自变量变成因变量,因变量变成自变量,求出的 τ 值是不相等的,甚至差异较大。

具体使用技术:定类变量的量化分析,在统计分析方法中属于模糊性分析,在本书认识论部分已作介绍,公共行政管理中的许多问题,是不适宜精确定量的,因而在公共行政管理中采用这种具有一定模糊性的相关分析更实用。

3. 斯皮尔曼(Spearman)等级相关(相关定序变量的相关分析)

前面我们已介绍了测量两个定类变量关系的方法。如果变量不仅可以区分类,而且可以排出序(或秩序),那么就得面对定序变量的相关分析了。定序变量是只能排列高低次序,而无法确定其精确数量的变量。故在分析定序变量的 X 与 Y 相关时,只能考虑 X 与 Y 两变量变化的顺序是否一致及其等级之间的差距,并以此来求算两变量相关关系之相关系数。

第一位推导等级之间相关系数的人是英国心理学家查尔斯·斯皮尔曼(Charls Spearman)。他提出的一个等级相关的公式,分两种不同情况,用来计算两个定序变量之间的相关程度。

(1)变量序列中无相同等级时的计算公式:

$$\rho = 1 - \frac{6 \sum_{i=1}^{N} d_i^2}{N(N^2 - 1)}$$

其中,d_i 为 X_i 与 Y_i 的对应顺序数之差,N 为数据对数量。ρ 的取值范围是 $[-1,1]$。

斯皮尔曼等级相关是由积差相关公式推导出来的,用于计算两列等级变量间的相关程度。因为等级变量是依次排列的,所以其平均数、总和、平方和都只与数据的对数 N 有关,因此它的公式比较简单,而且对于等级数据不论用积差相关还是用斯皮尔曼等级相关进行计算其结果都是一样的,因此可以说斯皮尔曼等级相关属于积差相关的特殊应用。

运用上式计算等级相关系数很简便:首先将定序变量 X 和 Y 的数值形成对应的两个序数数列。如遇有相等的数值时,则应将原有的等级求其平均数,让它们以这平均等级并列(参见下一页"变量序列中有相同等级时")。然后求出等级差 d,经平方后求和,运用公式即可求得斯皮尔曼等级相关系数 ρ。

例 3-11 A 市霞光区有 12 个社区,现组织一个评审委员会对各社区生活环境及治安状况进行评价,评价结果如表 3-16 上面 3 行所示。试计算生活环境及治安状况之间的斯皮尔曼等级相关系数,并对两者之间的关系做出分析。

表 3-16　对霞光区 12 个社区生活环境与治安状况的评价

社区名	甲	乙	丙	丁	戊	己	庚	辛	壬	癸	子	丑	合计
环境名次 X	1	2	3	4	5	6	7	8	9	10	11	12	—
治安名次 Y	2	1	5	3	7	4	6	8	9	11	10	12	—
d	−1	1	−2	1	−2	2	1	0	0	−1	1	0	—
d^2	1	1	4	1	4	4	1	0	0	1	1	0	18

解　计算过程参见表 3-16 第 4,5 行。

$$\rho = 1 - \frac{6 \sum_{i=1}^{N} d_i^2}{N(N^2 - 1)}$$

$$= 1 - \frac{6 \times 18}{12 \times (12^2 - 1)} = 0.94$$

可见该区社区环境质量和治安状况的关系非常密切（共变关系）。

例 3-12　两位评委按 9 个指标（如行政效率、公众意见、干群关系、与其他部门的协调等）对同一工作部门进行评分,得分如表 3-17。请问两位评委对这个部门的评价的一致程度如何?

表 3-17　对某部门 9 个指标完成情况的评价

专家(甲)	8.3	8.6	8.5	8.4	8.2	8.1	6.5	7.3	8.0	合计
专家(乙)	8.7	8.1	8.4	8.3	8.6	8.9	8.2	8.5	8.8	—
位次(甲)	4	1	2	3	5	6	9	8	7	—
位次(乙)	3	9	6	7	4	1	8	5	2	—
d(位次差)	1	−8	−4	−4	1	5	1	3	5	—
d^2	1	64	16	16	1	25	1	9	25	158

解

$$\rho = 1 - \frac{6 \sum_{i=1}^{N} d_i^2}{N(N^2 - 1)} = 1 - \frac{6 \times 158}{9 \times (81 - 1)} = 1 - \frac{948}{720}$$

$$= 1 - 1.317 = -0.317$$

由于出现负的相关系数,可见两位专家的评价有一定程度的差异。

（2）变量序列中有相同等级时:

①进行技术性处理,仍用原来的公式计算:在进行计算之前,必须将原来的数据转化为连续编号的等级数据（序列）,这里的等级数据必须是从 1 到 N 排列。如果数列

中有相同的数据,则这几个相同数据平分共同应该占据的等级,例如,数据序列中出现2个并列第9名,3个并列第25名,4个并列第i名$(i>25)$,经过技术处理后,它们对应的等级转换成9.5,9.5;26,26,26;$(i+1.5),(i+1.5),(i+1.5),(i+1.5)$。这里9.5是9,10的平均,26是25,26,27的平均;$(i+1.5)$是$i,i+1,i+2,i+3$的平均(参见表3-18),其他数据的位序仍按原来一定自然顺序所排列的位序不变。

表3-18   某数据序列出现相同数据时对排序技术处理结果

一定自然顺序排序	…	9	10	…	25	26	27	…	i	$i+1$	$i+2$	$i+3$	…
技术处理后的排序	…	9.5	9.5	…	26	26	26	…	$i+1.5$	$i+1.5$	$i+1.5$	$i+1.5$	…

然后仍用公式 $\rho = 1 - \dfrac{6\sum\limits_{i=1}^{N} d_i^2}{N(N^2-1)}$ 计算相关系数。

②利用改造后的公式进行计算。变量序列中有相同等级时可利用公式:

$$\rho = \frac{\sum x^2 + \sum y^2 - \sum D_i^2}{2\sqrt{\sum x^2 \sum y^2}}$$

$$\sum x^2 = \frac{N^3 - N - \sum(n_x^3 - n_x)}{12}$$

$$\sum y^2 = \frac{N^3 - N - \sum(n_y^3 - n_y)}{12}$$

式中,n_x,n_y分别为X,Y两列变量各自序列中的某一个相同等级(位次)所包含的相同指标数。

例3-13   对某部门10名公务员所受正规教育年限与实际工作能力评定的等级关系(表3-19),试确定人员所受正规教育年限与其工作能力的相关程度。

表3-19   某部门10名公务员所受正规教育年限与实际工作能力评定的等级关系

教育年限(X')(序列)	12	16	19	19	16	16	22	16	15	15
工作能力(Y)(位次)	10	4	3	1	8	6	2	7	9	5
年限等级(X)(位次)	5	3	2	2	3	3	1	3	4	4
D_i(位次差)	5	1	1	-1	5	3	1	4	5	1
D_i^2	25	1	1	1	25	9	1	16	25	1

解   由于年限不是连续编号的等级数据,所以得先转化为表中第3行的等级序

列。根据表格中数据的计算得：

$$\sum D_i^2 = 105$$

$$\sum (n_x^3 - n_x) = (4^3 - 4) + (2^3 - 2) + (2^3 - 2) = 72$$

$$\sum (n_y^3 - n_y) = 0$$

$$\sum x^2 = \frac{N^3 - N - \sum (n_x^3 - n_x)}{12} = \frac{10^3 - 10 - 72}{12} = 76.5$$

$$\sum y^2 = \frac{N^3 - N - \sum (n_y^3 - n_y)}{12} = \frac{10^3 - 10 - 0}{12} = 82.5$$

$$\rho = \frac{\sum x^2 + \sum y^2 - \sum D_i^2}{2 \sqrt{\sum x^2 \sum y^2}} = \frac{76.5 + 82.5 - 105}{2 \sqrt{76.5 \times 82.5}} = 0.34$$

本例中，受教育年限与工作能力之间相关程度不高。

4. 肯德尔等级相关和 Gamma 等级相关（适用数据类型：定序变量）

由于肯德尔相关与 Gamma 相关的公式在本质上是相同的，下面只介绍肯德尔相关。首先介绍同序对、异序对、同分对的概念。

（1）同序对：先将定序变量 X 由低到高排列，在 X 序列中如果 $X_i < X_j$，同时我们在 Y 序列中观察到 $Y_i < Y_j$，则称这两个配对是同序对。同序对只要求 X 变化方向和 Y 变化方向相同，并不要求 X 变化大小和 Y 变化大小相等。通常两个数据序列中有许多同序对，同序对的总数用符号 N_s 表示。

（2）异序对：先将定序变量 X 由低到高排列，在 X 序列中如果 $X_i < X_j$，同时我们在 Y 序列中观察到 $Y_i > Y_j$，则称这两个配对是异序对。异序对只要求 X 变化方向和 Y 变化方向相反，并不要求 X 变化大小和 Y 变化大小相等。通常两个数据序列中也会有许多异序对，异序对的总数用符号 N_d 表示。

（3）同分对：如果在 X 序列中，观察到 $X_i = X_j$，$(i \neq j)$ 则这个配对为 X 同分对；X 同分对的总数用符号 T_x 表示。如果在 Y 序列中，观察到 $Y_i = Y_j$，$(i \neq j)$ 则称这个配对为 Y 同分对；Y 同分对的总数用符号 T_y 表示。如果观察到 $X_i = X_j$ 时，也观察到 $Y_i = Y_j$，则称这两个配对为 X,Y 的同分对。X,Y 同分对总数用符号 T_{xy} 表示。

例 3-14　试就表 3-20 所示资料，列举其中的同序对、异序对和同分对，并计算 $(N_s - N_d)$，T_x，T_y 及该总体所有配对数。

表 3-20　用于举例的两个数据序列

编号(i)	序列 X	序列 Y
1	1.0	2
2	2.5	1
3	2.5	4
4	4.0	6
5	5.0	4
6	6.5	7
7	6.5	4
8	8.0	8
9	9.0	10
10	10.0	9

解　先以 X_1,Y_1 为基础来讨论:

同序对:$(X_1—X_3,Y_1—Y_3)$,$(X_1—X_4,Y_1—Y_4)$,$(X_1—X_5,Y_1—Y_5)$,$(X_1—X_6,Y_1—Y_6)$,$(X_1—X_7,Y_1—Y_7)$,$(X_1—X_8,Y_1—Y_8)$,$(X_1—X_9,Y_1—Y_9)$,$(X_1—X_{10},Y_1—Y_{10})$

异序对:$(X_1—X_2,Y_1—Y_2)$

再以 X_2,Y_2 为基础讨论:

同序对:$(X_2—X_4,Y_2—Y_4)$,$(X_2—X_5,Y_2—Y_5)$,$(X_2—X_6,Y_2—Y_6)$,$(X_2—X_7,Y_2—Y_7)$,$(X_2—X_8,Y_2—Y_8)$,$(X_2—X_9,Y_2—Y_9)$,$(X_2—X_{10},Y_2—Y_{10})$

X 同分对:$(X_2—X_3)$

……

可见,对于两个数据序列,要讨论全部同序对、异序对、同分对,是一件烦琐的事。

下面,我们介绍计算同序对、异序对的技术;同分对通过对原始数据的目测就可以看出。

(4)计算同序对、异序对:先将两列数据各按一定分类方法整理成方格表(交叉表或列联表)。然后采用"代数余子式"方法计算之,具体方法如下:

①计算同序对:用列联表中的每一个数,乘以它的右下余子式(图 3-6 所示),具体的乘法是:这个数 X 乘以右下余子式(即图中阴影部分)中所有数之和,得到一个积,然后对所有这样的积求和,得数就是全部同序对的数目 N_s。

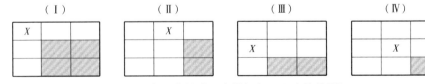

图 3-6　右下余子式示意图(以 3×3 表格为例)

②计算异序对:用列联表中的每一个数,乘以它的左下余子式(图 3-7 所示),具体的乘法是:这个数乘以左下余子式(即图中阴影部分)中所有数之和,得到一个积,然后对所有这样的积求和,得数就是全部异序对的数目 N_d。

| （Ⅰ） | （Ⅱ） | （Ⅲ） | （Ⅳ） |

 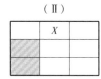 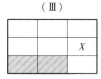

图 3-7　左下余子式示意图(以 3×3 表格为例)

例 3-15　将 100 个镇经济发展水平与小学教育发展水平的数据均按高、中、低 3 个层次归类整理(见表 3-21)。计算这两列数据的同序对、异序对。

表 3-21　100 个镇经济发展水平与小学教育发展水平的数据归类

小学教育发展水平 Y	经济发展水平 X			F_Y
	高	中	低	
高	16	9	3	28
中	15	23	5	43
低	5	11	13	29
F_X	36	43	21	100

解　$N_s = 16 \times (23 + 5 + 11 + 13) + 9 \times (5 + 13) +$
　　　　$15 \times (11 + 13) + 23 \times 13 = 1\ 653$
　　　　$N_d = 3 \times (15 + 23 + 5 + 11) + 9 \times (15 + 5) +$
　　　　$5 \times (5 + 11) + 23 \times 5 = 537$

(5)肯德尔等级相关系数:对于求等级相关系数,统计学家肯德尔(Kendall)提出了多种方法。所以肯德尔等级相关系数是一个系列,一般分为下面几种情况:

①τ_a系数:

$$\tau_a = \frac{N_s - N_d}{\frac{1}{2}N(N-1)}$$

τ_a适用于不存在任何同分对的情况。τ_a的取值范围为 -1 和 $+1$ 之间。

②τ_d系数:当出现同分对时,求肯德尔等级相关系数,要对分母作如下修正:

$$\tau_d = \frac{N_s - N_d}{\sqrt{\frac{1}{2}N(N-1) - T_x}\sqrt{\frac{1}{2}N(N-1) - T_y}}$$

式中　T_x——变量 X 的全部同分对数;
　　　T_y——变量 Y 的全部同分对数。

例 3-16　试就表 3-22 所示资料,计算肯德尔等级相关系数。

表 3-22　10 名公务员综合能力测试与实际工作能力的关系

编号	综合能力测试 X	实际工作能力 Y
1	1.0	2
2	2.5	1
3	2.5	4
4	4.0	6
5	5.0	4
6	6.5	7
7	6.5	4
8	8.0	8
9	9.0	10
10	10.0	9

解　由计算得:

$$(N_s - N_d) = 32, \frac{N(N-1)}{2} = 45, T_X = 2, T_Y = 3$$

故

$$\tau_d = \frac{N_s - N_d}{\sqrt{\frac{1}{2}N(N-1) - T_x}\sqrt{\frac{1}{2}N(N-1) - T_Y}}$$

$$= \frac{32}{\sqrt{45-2}\ \sqrt{45-3}} = 0.753$$

③τ_o 系数:当同分对很多时,先将数据序列依一定的划分法,作成等级的(定类)列联表,分组数据的肯德尔相关系数的计算公式为:

$$\tau_o = \frac{N_s - N_d}{\frac{1}{2}N^2\left[\frac{(m-1)}{m}\right]}$$

式中,$m = \min(r,c)$ (m 为 $r \times c$ 等级列联表中 r 和 c 值中的最小者)。

例 3-17　计算表 3-21,100 个镇经济发展水平与小学教育发展水平数据的相关系数。

解　$N_s - N_d = 1\,653 - 537 = 1\,116$,列联表中共 100 对数据,行、列中最小者是 3,于是

$$\tau_o = \frac{N_s - N_d}{\frac{1}{2}N^2\left[\frac{(m-1)}{m}\right]} = \frac{1\,116}{\frac{1}{2} \times 100^2\left[\frac{(3-1)}{3}\right]} = 0.334\,8$$

(6)Gamma 相关系数(适用变量类型:定序变量):两个定序变量之间的相关测量,如果已形成列联表,可用所谓 Gamma 相关系数测定法。Gamma相关系数是由古德曼教授发明的,其公式为:

$$G = \frac{N_s - N_d}{N_s + N_d}$$

G 的取值范围在 -1 和 1 之间,这是因为:当不考虑同分对时,如果数据都是同序对,必然 $N_d = 0$,代入公式有 $G = 1$。反之,如果数据都是异序对,必然 $N_s = 0$,代入公式有 $G = -1$。G 系数同样具有削减误差比例(PRE)的性质。

例 3-18　以表 3-23 所示资料,求算敬业精神与工作成就的 Gamma 相关系数。

表 3-23　100 名公务员敬业精神与工作成就的调查结果分类

工作成就 Y	敬业精神 X			F_Y
	高	中	低	
高	18	9	4	31
中	15	21	11	47
低	3	13	6	22
F_X	36	43	21	100

解　根据计算,$N_s = 1\ 482$,$N_d = 609$,代入公式,得:

$$G = \frac{N_s - N_d}{N_s + N_d} = \frac{1\ 482 - 609}{1\ 482 + 609} = 0.418$$

5.肯德尔和谐系数

前面介绍了对两个变量求等级相关系数。对于多变量求等级相关系数,肯德尔运用数理分析方法,提出了一个计算公式:

$$R = \frac{12 \sum D_i^2}{k^2 n(n^2 - 1)} - \frac{3(n + 1)}{n - 1}$$

式中　R——肯德尔和谐系数;

　　　D_i——每个被评价者从不同评价者所获评价的等级数之和;

　　　k——评价者的个数;

　　　n——评价对象的个数。

在经济、社会分析中,常常涉及多个专家(或多个评价者)对同一事物的评价,如德尔菲法需要检验专家(或评价者)意见的一致性或相关程度。肯德尔和谐系数便是进行这项工作的一种方法。按照公式计算 R,步骤如下:

(1)制表。将评价对象按列为第一位的评价者评价之等级,由小到大排列,然后排出其他评价者的评价序列。

(2)就每个评价对象求出等级的和量,记作 D_i,进而求出 D_i^2。

(3)将 $\sum D_i^2$ 及 k 和 n 值代入公式计算。(请读者自行判断适用的数据类型)

例 3-19　假设 4 位专家对 10 个社区环境质量进行排序,有关评价结果列于表 3-24 中,试通过计算肯德尔和谐系数,检验专家意见的一致性和相关程度。

表 3-24　社区环境质量排序

专家 \ 等级数	01	02	03	04	05	06	07	08	09	10	合计
a	1	2	3	4	5	6	7	8	9	10	—
b	3	2	1	4	5	8	6	7	10	9	—
c	1	3	2	4	5	7	6	8	9	10	—
d	4	2	1	5	3	7	8	6	10	9	—
等级和 D_i	9	9	7	17	18	28	27	29	38	38	—
D_i^2	81	81	49	289	324	784	729	841	1 444	1 444	6 066

解　计算过程参见表 3-24, $\sum D_i^2 = 6\ 066, k = 4, n = 10$, 代入公式得:

$$R = \frac{12 \sum D_i^2}{k^2 n(n^2 - 1)} - \frac{3(n + 1)}{n - 1} = \frac{12 \times 6\ 066}{4^2 \times 10(10^2 - 1)} - \frac{3(10 + 1)}{10 - 1} = 0.929$$

计算结果表明 4 位专家对 10 个社区环境质量排序的评价意见有显著的相关性,即意见基本一致。

6. 品质相关

品质相关是指两个定类变量之间的相关。常用的品质相关有四分相关。

应用四分相关要求满足两个条件:①两个连续且正态的变量,只是人为地进行二分,如财政支出、服务质量,然后按一定的标准划分为"好"与"不好";②同一组被试,分别调查在两个同性质因素上的情况。收集到的数据一般列于四格表:

因素一 \ 因素二	属性 A	非 A
属性 A	a	b
非 A	c	d

a, b, c, d 分别表示各格中的频数。

相关系数的计算公式为:

$$r_T = \cos\left(\frac{180°}{1 + \sqrt{\dfrac{ad}{bc}}}\right) = \cos\left(\frac{\sqrt{bc}}{\sqrt{ad} + \sqrt{bc}}\ \pi\right)$$

根据余弦函数的值域可知,四分相关系数介于 -1 与 1 之间。从表中可以看到 a,

d 表示一致,c,b 表示不一致,因此两项分类越一致,则 ad 越大,上式中分母越大,角度越小,余弦值越接近 1,反之两项分类越不一致,则 bc 越大,上式中分母越小,角度越大,余弦值越接近 -1。

例 3-20　表 3-25 是对 204 名工作人员的工作态度与工作业绩调查的汇总表,计算工作态度与工作业绩的相关系数。

表 3-25　工作人员工作态度与工作业绩调查汇总

业绩 \ 态度	好	较好
好	90	17
较好	31	66

解

$$r_T = \cos\left(\frac{180°}{1+\sqrt{\dfrac{ad}{bc}}}\right) = \cos\left(\frac{180°}{1+\sqrt{\dfrac{90\times 66}{31\times 17}}}\right) = \cos 41.31° = 0.75$$

7. 积差相关

积差相关,是计算两个变量线性相关的一种方法,由英国统计学家皮尔逊提出,因此也称为皮尔逊(Pearson)相关。

积差相关系数的计算公式:

$$r = \frac{\sum(X-\overline{X})(Y-\overline{Y})}{N\sigma_x\sigma_y}$$

式中　σ_x——X 变量的样本标准差;

　　　σ_y——Y 变量的样本标准差。

积差相关系数使用的条件:

(1)两个变量都是连续性变量,测量所获得的数据也是连续性数据。

(2)两个变量的总体呈正态分布,或接近正态分布。

(3)必须是成对的数据,每对数据之间是相互独立的,且变量对数 $n>30$。

(4)两个变量之间的关系用图像表示几乎接近于一条直线。

积差相关系数计算技术:

为计算方便,可将积差相关系数的计算公式变形为:

$$r = \frac{\sum X_iY_i - n\overline{X}\,\overline{Y}}{N\sigma_x\sigma_y}$$

例 3-21　表 3-26 是对 10 位雇员的中期、期末考核量化成绩,试计算这些雇员两次考核分值的相关系数。

解　利用计算器求出:$\overline{X} = 71, \overline{Y} = 72.3, \sigma_x = 3.317, \sigma_y = 5.178$,进一步的计算过程参见表3-26。

表3-26　10位雇员的两次考核及其相关系数的计算

序号	变量 X	变量 Y	XY	相关系数计算
1	74	76	5 624	
2	71	75	5 325	
3	72	71	5 112	
4	68	70	4 760	$r = \dfrac{\sum X_i Y_i - n\overline{X}\,\overline{Y}}{N\sigma_x\sigma_y}$
5	76	76	5 776	
6	73	79	5 767	$= (5\,1467 - 10 \times 71 \times 72.3) \div$
7	67	65	4 355	$(10 \times 3.317 \times 5.178) = 0.78$
8	70	77	5 390	
9	65	62	4 030	
10	74	72	5 328	
总和	710	723	51 467	

相关系数只是一个比率,不是等单位量度,无单位名称,也不是相关的百分数。相关系数的数值位于 −1.00 与 1.00 之间,一般取小数点后两位来表示。相关系数的正负号只表示相关的方向,绝对值表示相关的程度。因为相关系数不是等单位的度量,因而不能说相关系数 0.7 是 0.35 两倍,只能说相关系数为 0.7 的二列变量相关程度比相关系数为 0.35 的二列变量相关程度更为密切和更高。也不能说相关系数从0.70 到 0.80 与相关系数从 0.30到0.40 增加的程度一样大。

对于相关系数的大小所表示的意义,统计学家的意见尚不一致。一般从经验上通常按下表作解释见表3-27。但严格的相关系数意义解释还需要就样本容量、置信度、置信水平等通过检验过程来回答。

表3-27　相关系数大小的经验解释

相关系数 r	相关程度
$0 \leqslant |r| < 0.30$	微弱相关
$0.30 \leqslant |r| < 0.50$	中度相关
$0.50 \leqslant |r| < 0.80$	显著相关
$0.80 \leqslant |r| \leqslant 1.00$	高度相关

第四节　统计分析报告写作

一、统计分析报告概述

统计分析报告是撰写人在对社会经济事物运动、发展基本规律有较丰富定性(或定量)认识的基础上,根据统计学的原理和方法,运用大量统计数据来分析和反映社会经济活动的现状、成因、本质和规律,作出结论,提出解决问题办法的一种统计应用文体。统计分析报告属于专业应用文。它们以社会经济现象作为研究和反映的对象,都要运用统计调查得来的数字资料分析事物的数量关系,都是为领导提供决策咨询,为读者提供对于数据的解读。现代统计分析报告在文体上与统计发展史上的"国势学派"①有很大的相似之处,但又有很大的改进。

统计分析报告主要依靠全面统计报表和抽样调查所提供的数字资料来进行分析,要求充分利用全面统计数字,以间接材料为主,辅之以实际调查的情况,并不强调作者必须亲自深入实际进行细致调查。

统计分析报告的基本特色是运用大量的统计数据。无论是通过研究去认识事物,或通过反映去表现事物,都是要运用统计数据。统计部门这一巨大的"数据库"为统计分析提供了丰富的资料来源,写统计分析报告就应充分运用这个资料源,而且要用好、用活。运用大量的统计数据,这是统计分析报告与其他文体最明显的区别。可以说,没有统计数字的运用,就不成其为统计分析报告。

从内容的侧重和表现形式上看,统计分析报告一般不交待调查活动的基本情况;不反映调查的具体过程,而是侧重于分析,运用统计分析的各种方法,从数字分析入手,揭示事物的数量关系,分析现象产生的原因,提出解决问题的办法,其说理性和说明性较强。此外,统计分析报告的写法灵活,可长可短,形式多样。

二、统计分析报告的特点

(1)大量运用数字语言(包括运用统计表和统计图)来描述和分析社会经济现象的发展情况,让统计数字来说话,通过确凿、翔实的数字和简练、生动的文字进行说明和分析。

(2)注重定量分析与定性分析的有机结合。一方面,要利用统计数据的优势,从数量方面来表现事物的规模、水平、构成、速度、质量、效益等情况;另一方面,要注意运用定性分析的相关理论、定性分析的重要相关结论、定性分析的相关重要观点为定量分析提供认识论基础、帮助我们选择基本的定量分析工具、指引定量分析的基本方向。

———————————

① 统计学中早期的一个学派,产生于 18 世纪的德国。以统计数据来叙述国家显著事项和国家政策关系为特征

（3）具有很强的针对性。针对各级党政领导和社会各界普遍关心的难点、热点、焦点问题进行分析,只有这样才有的放矢,针对性强。

（4）注重准确性和时效性。准确是统计分析报告乃至整个统计工作的生命。统计分析报告的准确性除了数字准确,不能有丝毫差错,情况真实,不能有虚假之外,还要求论述有理,不能违反逻辑;观点正确,不能出现谬误;建议可行,不能脱离实际。

统计分析报告具有很强的时效性。失去了时效性,也就失去了实用性,统计分析报告写得再好,也成了无效劳动。要保证统计分析报告的时效性,统计人员要有"一叶知秋"、"见微知著"的专业敏感性,把统计分析报告提供在领导决策之前和社会各界需要之时。

（5）具有很强的实用性。统计分析报告是统计工作的最终成果,它不但包含了统计数据反映的信息;更为重要的是,它还能进行分析研究,能进行预测,能指出工作中的不足和问题,能提出有益于今后工作的措施和建议,从而直接满足党政领导和社会各界在了解形势、制定政策、编制计划、经营管理、检查监督、总结评比、科研教学等方面的实际需要。

三、统计分析报告的结构

统计分析报告的结构具有多样性,并不存在所谓标准结构。但在实际运用中,统计分析报告出现较多的结构形式有:

（1）三段式。即情况介绍、问题分析、提出建议或提出问题、分析问题、解决问题。

（2）四段式。即情况介绍、问题分析、原因探讨、提出建议四个部分组成。

（3）五段式。即情况介绍、问题分析、原因探讨、预测分析、提出建议、五个部分组成。

四、统计分析报告的要点

（1）研究的题目确定之后应拟定研究提纲,主要内容是:研究的目的是什么,内容有哪些,需要哪些资料,如何搜集,需要哪些参考书籍和文章,等等。

（2）正文结构大都采用总分式。开头是简要总说,接着写情况、形势(包括成绩与问题)、再写经验体会与问题,然后写今后的方向和目标,最后写几点建议,每个部分应设小标题,使层次更分明。

（3）要进行抽象与概括。所谓抽象,就是从众多的事物中抽取出共同的、本质性的特征,而舍弃其非本质的特征的认识事物的方法。所谓概括,就是在抽象的基础上,把事物的共同特点归结在一起加以简明地叙述,扼要叙述过程。有了正确的概括,就能认识社会经济现象中的共性、普遍性和规律性。

（4）要注意定性与定量相结合。通常应通过定量分析发现问题,通过定性分析得出对问题的基本认识,定量与定性结合分析得出对问题的基本结论。不同的人对相同统计数据(在头脑中和数据分析加工后)得出的分析结论可能有很大的差异。总之,统计分析报告的撰写是一种高级的、具有个性化特征的智力劳动。

（5）数据资料要翔实。既然叫统计分析报告,统计数据资料就应达到一定的丰富程度。通常在一份统计分析报告中,数据、数据表、数据图、数据处理的简要过程(而不是详细的全部过程),要做到数、表、图、文并茂。

（6）基本数据和重要数据必须用注释的方式表明数据的来源。基本数据和重要数据可以用本页注(页下注)的方式注明该数据的来源;表格或图中的主要数据来源通常直接在表(或图)下方(用小一号字)作注释。

（7）一篇统计分析报告只应分析一个中心问题,如果在同一篇统计分析报告中平行地分析两个或更多中心问题,是统计分析报告的大忌。例如:"××市工业经济效益和交通运输发展分析",单从题目上看,就包含了两个平等的基本内容——××市工业经济效益"、"××市交通运输发展",将两个平行内容放在同一统计分析报告中不合适。应选择其中一个问题写,或分成两个问题写;当然,如果集中分析"××市工业经济效益和交通运输发展的关系分析"还是可以的。

五、统计分析报告示例

以下通过三个示例向读者展示一个完整的统计分析报告的基本内容、形式和结构。

示例 3-1

G 市房价变化的原因分析

本例主要研究 G 市房价的影响因素,在参考众多关于房价影响因素的分析的文献中,结合 G 市的实际和搜集数据来源的可行性、可靠性,因此选取了 2000～2007 年 8 年之间的共 32 个季度参数:G 市的城市土地价格、GDP、人均可支配收入、房地产开发投资额,还有银行的贷款利率共 5 个变量,具体的数据如表 3-28 所示。GDP 表示 G 市的经济规模和经济发展水平,人均可支配收入是代表需求方(即购房者)的能力;房地产开发投资额代表开发商的供给能力;地价是开发商的房屋供给成本之一,银行的贷款利率表示资本市场或金融市场对房地产的影响,突出地表现在会提高购房者和开发商的交易成本,当然这也是由不得地方政府控制的。

定义:设 G 市的季度房价 $= Y$,X_1,X_2,X_3,X_4,X_5 分别是 G 市的城市土地价格、GDP、人均可支配收入、房地产开发投资额和银行的贷款利率 。

表 3-28　2000—2007 年 G 市房价以及房价影响因素的季度数据一览表

季　度	房价/元	地价/元	GDP/亿元	人均可支配收入/元	房地产开发投资/万元	五年以上的银行贷款利率/%
2000-1	4 486.94	1 364	488.80	4 002.55	473 730	6.21
2000-2	4 416.44	1 373	541.24	3 166.59	729 917	6.21
2000-3	4 955.17	1 370	605.76	3 373.57	719 838	6.21
2000- 4	3 842.00	1 361	747.27	3 423.82	1 636 988	6.21

续表

季　度	房价/元	地价/元	GDP/亿元	人均可支配收入/元	房地产开发投资/万元	五年以上的银行贷款利率/%
2001-1	4 486.94	1 352	558.83	4 001.10	636 699	6.21
2001-2	4 438.52	1 341	594.49	3 311.60	767 573	6.21
2001-3	4 974.99	1 341	650.36	3 423.75	745 166	6.21
2001-4	3 853.52	1 354	881.15	3 679.76	1 720 769	6.21
2002-1	4 540.78	1 364	656.06	4 229.49	649 936	5.76
2002-2	4 385.26	1 370	671.69	2 759.71	941 451	5.76
2002-3	4 920.26	1 376	749.81	3 067.15	907 542	5.76
2002-4	3 838.11	1 378	924.13	3 324.12	1 764 969	5.76
2003-1	4 577.11	1 387	748.61	4 376.58	707 068	5.76
2003-2	4 358.95	1 392	781.39	3 404.84	967 777	5.76
2003-3	4 880.90	1 397	907.80	3 598.41	963 175	5.76
2003-4	3 753.67	1 408	1 008.83	3 622.76	1 556 786	5.76
2004-1	4 736.58	1 401	882.21	4 960.91	709 932	5.76
2004-2	4 931.91	1 408	983.33	3 878.47	979 330	5.76
2004-3	5 070.22	1 420	1 068.70	3 908.67	983 770	5.76
2004-4	5 079.91	1 444	1 181.57	4 112.60	2 097 283	6.12
2005-1	5 379.99	1 466	1 022.69	5 258.94	673 604	6.12
2005-2	5 526.42	1 495	1 080.52	4 262.37	1 069 407	6.12
2005-3	5 363.78	1 530	1 169.36	4 353.18	1 067 603	6.12
2005-4	5 770.06	1 562	1 843.18	4 412.75	2 077 943	6.12
2006-1	6 234.72	2 635	2 968.67	5 945.34	850 809	6.12
2006-2	6 730.19	2 669	1 398.42	4 546.16	1 231 136	6.39
2006-3	7 245.01	2 718	1 570.25	4 629.26	1 284 983	6.84
2006-4	7 266.96	2 750	1 795.11	4 729.90	2 200 965	6.84
2007-1	7 804.12	2 994	1 505.61	6 450.06	1 107 393	7.11
2007-2	8 271.54	3 009	1 692.40	5 109.41	1 557 658	7.20
2007-3	9 325.61	3 048	1 798.95	5 229.18	1 663 444	7.56
2007-4	9 713.08	3 060	2 053.82	5 680.57	2 709 536	7.83

数据来源:2003—2007 年的房价数据来源于 G 市阳光家缘网站,2000—2002 年的房价数据根据 2003 年的数据,参照 2001—2003 年中国经济景气月报上的房价指数反推出来的,得出来的房价数据有一致性,衔接恰当。地价的数据来源于国土资源部土地利用管理司和中国土地勘测规划学院的城市地价动态监测系统。GDP、人均可支配收入、房地产开发投资额的数据来源于 G 市统计局网站上的进度数据。银行的贷款利率数据来自中国人民银行网站。

这些数据之间的相关程度,用 SPSS 统计软件的相关分析中的皮尔逊方法得出如下:

表3-29　G 市房价影响因素之间的相关情况表

		Y	X_1	X_2	X_3	X_4	X_5
	相关系数	1	0.931(**)	0.729(**)	0.749(**)	0.472(**)	0.899(**)
Y	Sig.（2-tailed）		0.000	0.000	0.000	0.006	0.000
	N	32	32	32	32	32	32
	Pearson Correlation	0.931(**)	1	0.789(**)	0.761(**)	0.460(**)	0.856(**)
X_1	Sig.（2-tailed）	0.000		0.000	0.000	0.008	0.000
	N	32	32	32	32	32	32
	Pearson Correlation	0.729(**)	0.789(**)	1	0.750(**)	0.525(**)	0.553(**)
X_2	Sig.（2-tailed）	0.000	0.000		0.000	0.002	0.001
	N	32	32	32	32	32	32
	Pearson Correlation	0.749(**)	0.761(**)	0.750(**)	1	0.236	0.623(**)
X_3	Sig.（2-tailed）	0.000	0.000	0.000		0.193	0.000
	N	32	32	32	32	32	32
	Pearson Correlation	0.472(**)	0.460(**)	0.525(**)	0.236	1	0.525(**)
X_4	Sig.（2-tailed）	0.006	0.008	0.002	0.193		0.002
	N	32	32	32	32	32	32
	Pearson Correlation	0.899(**)	0.856(**)	0.553(**)	0.623(**)	0.525(**)	1
X_5	Sig.（2-tailed）	0.000	0.000	0.001	0.000	0.002	
	N	32	32	32	32	32	32

** Correlation is significant at the 0.01 level（2-tailed）.

从输出结果表3-29 可以看出,G 市的房价与房地产开发投资额、GDP、人均可支配收入、银行利率、地价的线性以此增强,简单相关系数依次分别为 0.472,0.729,0.749,0.899,0.931,且在显著性水平为 0.01 时都通过统计检验,都呈现出明显的线性相关关系。

然后利用 SPSS 的多元回归分析采用的逐步筛选法,且回归系数显著性 F 检验的相伴概率值小于0.05,选参数可以进入回归方程。自变量进入回归方程的次序是:首先,X_1 地价进入回归方程,形成模型 1;然后,在模型 1 的基础上依次引入 X_1,X_2,X_3,X_4 参数,但是由于通过不了 F 统计检验,被排除;但引入 X_5 参数时,通过 F 检验,形成了模型 2,结果如表3-30 所示。

表3-30　房价影响的变量进入回归分析方程的情况

Model	Variables Entered	Variables Removed	Method
1	X_1	.	Stepwise（Criteria：Probability-of-F-to-enter ≤.050，Probability-of-F-to-remove ≥.100）.
2	X_5	.	Stepwise（Criteria：Probability-of-F-to-enter ≤.050，Probability-of-F-to-remove ≥.100）.

a Dependent Variable：Y.

表3-31表明随着自变量不断引入回归方程,相关系数 R 和判定系数 R Square 在不断提高,接近1;调整的判定系数都在为 0.85 以上,都与 1 很接近,回归方程的拟合度很好。但是回归估计的标准误差较大,这可能是与所选的参数之间不一致有关。

表3-31　回归分析变量的模型总体情况

Model	R	R Square	Adjusted R Square	Std. Error of the Estimate	Durbin-Watson
1	.931(a)	.867	.862	582.188 35	
2	.952(b)	.906	.899	497.114 19	1.636

a Predictors：（Constant），X_1；

b Predictors：（Constant），X_1，X_5；

c Dependent Variable：Y.

从表3-32 可以看出,随着自变量的引入,均方误差在不断减少,说明这些自变量的确为解释因变量作出了贡献,也从另一个方面证明了表3-31 中的调整的判定系数提高的原因。另外,通过查 $a = 0.05$ 的 F 检验分布表,第 1 自由度 $k_1 = 1$,第 2 自由度 $k_2 = 32 - 5 - 1 = 26$,可知,$F_{0.05}（1，26） = 4.23$,这 2 个模型的 F 检验值都大于 $F_{0.05}（1，26） = 4.23$ 表明,所有自变量的回归系数不同时为零,因变量与自变量之间确实存在线性关系,可以使用线性模型。Durbin-Watson 的检验系数为 $d = 1.636$,查概率 $= 0.05$,$N = 32$,自变量个数 $K = 5$ 时的 D-W 检验表,可知 $d_L = 1.109$,$d_U = 1.819$,因此 $d_L < d < d_U$,理论上是 X_1 和 X_2 两者之间的关系是不能确定的。而从另一个角度看,由于地价是地租的资本化,地租 = 地租量/利率,因此从定性上分析地价与利率是负相关的,但是从表 3-29 的地价与利率的皮尔逊相关系数 0.856 来看,二者是显著相关的。而事实上,2002 年以来的银行贷款利率的提高,目的是控制经济过热,主要是针对地价与房价的快速提升,防止房地产出现泡沫。不过地价与房价的表现却与利率政策的初衷相违背的,这其中有社会的心理预期因素,也有政策的因素。因此利率的提高是因为地价和房价特别是房价的上涨引起的,这就可以解释了为什么表3-29 中的地价与利率的皮尔逊相关系数 0.856,是显著正相关的关系。在本例中,由于房价影响因素等的相关数据的缺乏,可以假定地价与利率之间不存在自相关,然后来分析

房价的影响因素。

表 3-32　回归分析变量的模型分析表

因素（模型）		平方和（方差）	自由度	均方	F	Sig.
1	Regression	66 012 230.028	1	66 012 230.028	194.759	.000（a）
	Residual	10 168 298.248	30	338 943.275		
	Total	76 180 528.276	31			
2	Regression	69 013 975.242	2	34 506 987.621	139.635	.000（b）
	Residual	7 166 553.035	29	247 122.518		
	Total	76 180 528.276	31			

a Predictors：（Constant），X_1；

b Predictors：（Constant），X_1，X_5；

c Dependent Variable：Y。

　　表 3-33 的第一、二列为回归分析中形成的 2 个模型的代码和引入自变量的情况，第三列是回归模型各自变量的回归系数。第四列是回归系数的标准误差；第五列是标准化回归系数，可以衡量自变量对因变量的贡献程度，第六列和第七列是各回归系数显著性检验的 t 统计量和其相应的相伴概率值。通过查 $a = 0.05$，自由度为 26 的 t 统计量 $t_{0.025}(26) = 2.056$，对比 2 个模型中的各自 t 值或者 t 的绝对值，都大于 2.056，但相伴概率值不尽相同，X_1 地价的相伴概率值为零，X_2 银行利率的相伴概率值为 0.002，与因变量之间仍然存在很好的线性相关关系。

表 3-33　回归系数的情况

Coefficients[a]

Model		Unstandardized Coefficients		Standardized Coefficients	t	Sig.
		B	Std. Error	Beta		
1	（Constant）	1 503.105	302.561		4.968	.000
	X_1	2.247	.161	.931	13.956	.000
2	（Constant）	− 3 933.783	1 581.230		− 2.488	.019
	X_1	1.455	.266	.603	5.479	.000
	X_5	1 096.391	314.583	.383	3.485	.002

a Dependent Variable：Y。

　　根据表 3-33 的第四列标准化回归系数，案例的最终标准化回归方程为：

$$Y = 0.603X_1 + 0.383X_2$$

即　　　　　　　　　　房价 $= 0.603 \times$ 地价 $+ 0.383 \times$ 银行利率

　　可见，在其他变量保持一定的情况下，地价增加一个单位，将引起房价平均增加

0.603 个单位;银行利率提高 1 个单位,将引起房价平均增加 0.383 个单位。因此在所选取的参数中,地价对房价的影响最明显。

表 3-34 是残差分析的输出结果。第一到第四列数据分别为:根据回归方程计算出的因变量预测值序列、残差序列、标准化预测值序列、标准化残差序列的最小值、最大值、均值、标准差和样本数。

表 3-34 残差分析

	Minimum	Maximum	Mean	Std. Deviation	N
Predicted Value	4 366.446 8	9 104.151 4	5 473.739 4	1 492.064 77	32
Residual	− 1 013.456 79	720.764 71	.000 00	480.810 91	32
Std. Predicted Value	− .742	2.433	.000	1.000	32
Std. Residual	− 2.039	1.450	.000	.967	32

a Dependent Variable:Y.

从以上的分析得出,在所选取的参数中,地价对 G 市商品房房价的影响最大,利率次之。但现实生活中,G 市的商品房房价的影响因素是多方面的,比如,开发商的预期利润、建安成本、房地产的税费、房地产资金中银行贷款、居民的心理预期、居民消费价格指数等。但是这些因素要么难以定量化,要么就是数据难以获取,给本文的研究带来很大的不便。但是根据前面的分析,2000 年以来 G 市房价的影响因素中,无论是从皮尔逊相关系数,还是从多元标准化回归系数来看(如表 3-35),地价的系数是最大,这说明了:地价对房价的影响程度还是最重要的。

表 3-35 2 000 以来 G 市房价影响因素的系数对比表

	地 价	银行利率	人均可支配收入	GDP	房地产开发投资
皮尔逊相关系数	0.931	0.899	0.749	0.729	0.472
多元标准化回归系数	0.603	0.383			

因此,从以上的分析可以推出,在房价高涨的因素中,地价是一个主要因素,推高或者带动其他因素推高房价。在 G 市地价推动房价上涨的影响背后折射出了土地利用规划、城市规划、公共管理等方面的问题。

示例 3-2

A 省第二、三产业技术人才现状分析

一、A 省第二、三产业技术人才总量

由于全国第一次经济普查对于技术人才统计范围没有专门界定,按学历、专业技术职称、技术等级统计的人才数量有交叉重复,不能直接加总。本研究以中专及以上学历技术人员为基础,应用以下等式求取第二、三产业技术人才总量:2004 年末全省

第二、三产业技术人才总量＝全省第二、三产业中专及以上学历技术人才①＋全省第二、三产业中专学历以下专业技术职称人才＋全省第二、三产业中专学历以下技术等级人才＝（793.95＋7.74＋81.22）万人＝882.91万人。（具体演算过程参见表3-36）。其中：中专及以上学历技术人才793.95万人，专业技术职称人才311.62万人，中级技工以上技术等级人才7.74万人。而学历在中专以下的技术人才，包括中专学历以下专业技术职称人才7.74万人，中专学历以下中级技工以上技术等级人才81.22万人，两者占技术人才总量比重不高。

表3-36　2004年末A省第二、三产业技术人才现状表　单位：万人

项　目	人　数
中专及以上学历技术人才	793.95
专业技术职称人才	311.62
中级技工以上技术等级人才	119.88
中专学历以下专业技术职称人才	7.74
中专学历以下中级技工以上技术等级人才	81.22
第二、三产业技术人才总量	882.91

数据来源：2004年A省经济普查年鉴，并结合A省人才规划研究的成果进行调整。

2004年末A省第二、三产业技术人才以中专及以上学历技术人才为主体，中专及以上学历、专业技术职称、中级技工以上技术等级人才依次呈阶梯状递减，由于政府鼓励发展教育事业以及相应政策倾斜，A省教育事业的高速发展，技术人员人口素质提高较快，中专及以上学历技术人才数量占总量的89.92%，是专业技术职称人才的两倍多，是中级技工以上技术等级人才的将近七倍。专业技术职称人才占总量的35.29%，而中级技工以上技术等级人才仅占总量的13.58%，数量较少（参见图3-8）。

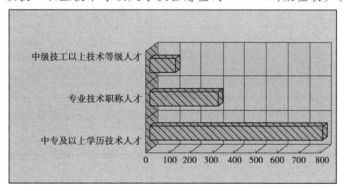

图3-8　2004年末A省第二、三产业技术人才现状分析图（单位：万人）

————————

①　由于2004年A省经济普查年鉴仅有高中学历人员（包括最高一级教育为普通高中、职业高中、技工学校、成人高中、中等专业学校、成人中专）统计数据，本研究根据《A省人才规划研究》2005中专学历的预测数据，对其进行修正，结合2004年A省经济普查年鉴现状数据，求取2004年末中专学历技术人才数量。

二、A 省第二、三产业技术人才结构分析

（一）A 省第二、三产业技术人才学历结构

2004 年末,A 省第二、三产业具有中专及以上学历技术人才共 793.95 万人,其中第二产业具有研究生及以上学历的人才为 4.56 万人,具有本科学历的人才为 47.4 万人,具有大专学历的人才为 100.98 万人,具有中专学历的人才为 220.64 万人,从研究生及以上、本科、大专和中专四级依次递减。而第三产业具有研究生及以上、本科、大专和中专人才数量分别为 11.38 万人、95.57 万人、186.83 万人与 126.59 万人,两大产业技术人才学历详细数据如表 3-37 所示。

表 3-37   2004 年末 A 省第二、三产业技术人才学历统计表   单位:万人

学　历	第二产业	第三产业	合　计
研究生及以上	4.56	11.38	15.94
本科	47.4	95.57	142.97
大专	100.98	186.83	287.81
中专	220.64	126.59	347.23
合计	373.58	420.37	793.95

数据来源:2004 年 A 省经济普查年鉴。

结合表 3-37 与图 3-9 分析可知,第二、三产业技术人才学历结构以中专、大专为主,中专学历技术人才达 347.23 万人,其中,第二、三产业中专学历技术人才分别占 27.79% 与 15.94%;而大专学历技术人才达 287.81 万人,占总量的 36.30%,第二、三产业大专学历技术人才分别占 12.72% 与 23.53%。中专及大专学历专业技术人才占总量的 80.03%,本科及以上学历仅占 19.97%。其中,研究生及以上学历仅 15.94 万人,主要集中在经济较发达的 M 地区,而本科学历人才数量较多,达 142.97 万人,主要集中在第三产业各部门与企业中,第二、三产业技术人才学历结构比技术职称、技术等级数量上具有明显优势,但学历结构仍有待进一步调整与完善。

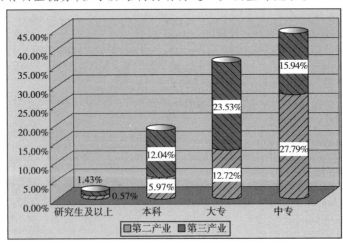

图 3-9   2004 年末 A 省第二、三产业技术人才学历结构图

（二）A省第二、三产业技术人才专业技术职称结构

2004年末，A省第二、三产业具有初级及以上专业技术职称的人才共311.62万人，其中第二产业具有高级技术职称的人才为10.33万人，具有中级技术职称的人才为34.59万人，具有初级职称的人才为69.80万人，而第三产业具有高级、中级、初级技术职称的人才数量分别为16.08万人、73.12万人、107.70万人，两大产业由初级到高级职称均呈现金字塔形结构，详细数值如表3-38所示。

表3-38　2004年末A省第二、三产业技术人才专业技术职称统计表　　单位：万人

技术职称	第二产业	第三产业	合　　计
高级技术职称	10.33	16.08	26.41
中级技术职称	34.59	73.12	107.71
初级技术职称	69.80	107.70	177.50
合计	114.72	196.90	311.62

数据来源：《A省经济普查年鉴》（2004年）。

结合表3-38与图3-10分析可知，从技术职称的结构来看，第二、三产业初级技术职称数量达177.50万人，所占比重最大，为57%，中级技术职称数量也较大，所占比重为34.6%，而高级技术职称人才仅有26.41万人，占总量的8.5%。2004年末省内第二、三产业就业总人数为2 322.10万人，法人单位43.49万个，也就是说专业技术职称人才密度为1 341人/万人、7人/法人单位，密度相对较低，而高级技术职称人才密度仅约为118人/万人、0.6人/法人单位，每个单位拥有高级技术职称人才还不足一人，难以满足省政府实施自主创新战略，把增强自主创新能力作为发展科学技术的战略基点，坚持原始性创新、集成创新与引进消化吸收再创新相结合的指导方针。可见，专业技术职称人才，特别是高级技术职称人才供给存在一定的缺口。

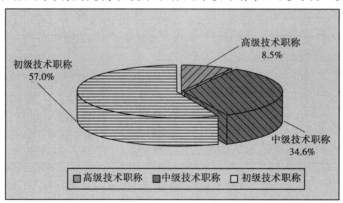

图3-10　2004年末A省第二、三产业技术人才专业技术职称结构图

（三）A省第二、三产业技术人才技术等级结构

2004年末，A省第二、三产业具有中级工及以上技术等级人才共119.88万人，其中第二产业有高级技师4.54万人，技师11.39万人，高级工21.38万人，中级工50.96

万人,而第三产业高级技师、技师、高级工与中级工人才数量分别为 1.59 万人、3.56 万人、9.59 万人与 16.87 万人,呈现技术等级越高人数越少的态势,详细数值如表3-39 所示。

表3-39　2004 年末 A 省第二、三产业中级技工以上技术等级人才　单位:万人

技能等级	第二产业	第三产业	合　计
高级技师	4.54	1.59	6.13
技师	11.39	3.56	14.95
高级工	21.38	9.59	30.97
中级工	50.96	16.87	67.83
合计	88.27	31.61	119.88

数据来源:《A 省经济普查年鉴》(2004 年)。

根据图 3-11 可知,2004 年末第二、三产业技术人才中,从技术等级来看,中级工占比重最大,共67.83 万人,占总量的 56.58%,高级工次之,数量为 30.97 万人,占总量的 25.83%,高级技师与技师所占比重较小。从技术人才的产业分布来看,第二产业高级技师、技师、高级工与中级工数量均大于第三产业,第三产业技术等级人才仅为第二产业相应技术等级人才的不到二分之一,一方面说明了第二产业对人才技术等级要求较高,人员需求较大,另一方面说明了第三产业技术等级人才仍供不应求。2005年,A 省第二产业产值略大于第三产业,但随着现代服务业以及信息产业快速发展,第三产业将占据产业主导地位,第三产业技术等级人才需求量将不断提高。

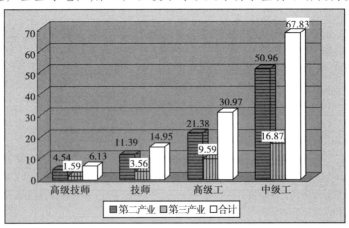

图 3-11　2004 年末 A 省第二、三产业中级技工以上技术等级
人才结构图(单位:万人)

示例3-3

××学院青年教师对学校认同感调查分析

一、基本资料描述

（一）性别比例

此次调查以2002—2004年应届毕业应聘到××学院工作的青年教师（部分非教师）为调查对象，总体样本是213份，实际填写198份，回收有效问卷138份，有效回收率70%；其中有效回收的问卷中，女教师70人，男教师68人，两者的性别比例约为1:1。数据显示出样本比例与调查的青年教师的性别比例实际情况相吻合。

（二）学科分布

如图3-12所示，调查样本涉及文、理、医、工科，其中理科占45.5%、文科占36.4%，医科占16.7%（不含附属医院），工科占1.5%，相应比例跟该院实际相符。

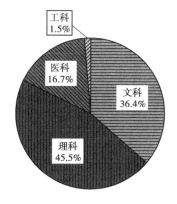

图3-12 调查样本学科分布比例图

（三）学历层次

由图3-13可以看出，近年来该院接收的应届毕业生，学历层次普遍较高，博士以上青年教师达到65.7%，硕士占30.6%，很好地反映了该院人才强校战略的成效。

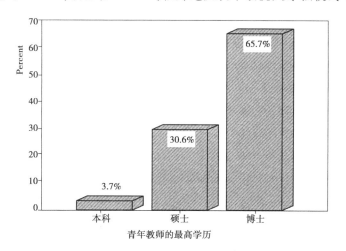

图3-13 调查样本学历分布比例图

（四）到校工作时间

由表3-40可以看出,到校工作不到一年的青年教师占调查人数的34.1%,到校工作一年的占31.9%,两年及两年以上的占34%,不同年份的分布基本持平,与该院每年接收应届毕业生的情况相符。

表3-40   调查样本到该院工作时间分布情况

	数量/人	比例/%	累计比例/%
1 年以下	47	34.1	34.1
1 年	44	31.9	65.9
2 年	45	32.6	98.6
2 年以上	2	1.4	100.0
总计	138	100.0	

（五）现在的职称

由图3-14可以看出,在青年教师中,具有副教授以上职称的占8.5%,助教占31.0%,讲师56.6%,体现出该院青年人才梯队的潜力,也充分体现了该院近年来人才结构的合理性。

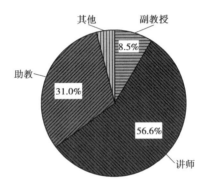

图 3-14   调查样本职称分布比例图

二、对××学院工作环境的印象

（一）总体情况

如图3-15,总体来说,青年教师对学院工作的满意程度还是非常高的,近九成的人对学院的工作环境表示满意。其中61%的青年教师认为学院的工作条件属于基本满意的范畴,28%的人认为非常满意。当然,我们不能忽略11%的青年教师仍然觉得现在的工作条件达不到满意的程度。

由图3-16可见,与当初选择该院的期望值相比,青年教工对学院的总体工作条件还是满意的,只有少部分人觉得学院工作情况达不到满意的标准,那么与他们当初选择该院时的期望值相比又如何呢?54.4%的人认为实际情况与自己当初选择该院的预期情况相符,觉得稍有差距的为36.8%,觉得比预期好多了(3.7%)和差多了(5.1%)的都占少数,基本属于正态分布的合理状态。

（二）对学院工作条件最满意和最不满意的对比情况

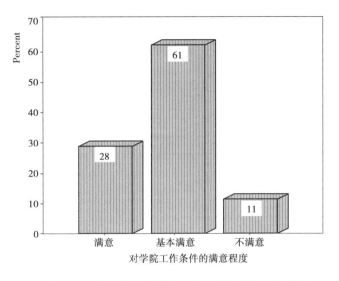

图 3-15 调查样本对学院工作条件满意程度比较图

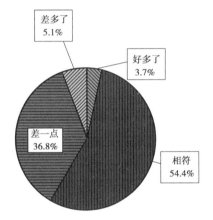

图 3-16 调查样本与当初选择该院的期望值相比的满意度

由图 3-17 与图 3-18 的对比可以看出,学院的支持与所在单位的支持存在明显的反差:学院的支持是最令人不满意的,而所在单位给予的支持则是最令人满意的。同时科研条件的满意程度则是有较大分歧,满意和不满意的人都有一部分,相对而言感到不满意的人比较多,在不满意的排序中,科研条件排在第二,我们认为这其中可能跟不同的学科和所在单位的不同有关。对于教学条件来说,则普遍感到满意,没有特别突出的反映。但是对于行政机关的服务方面,从图 3-17 可以看出,在最不满意的行列里面排在第三,较大程度上反映出青年教师们对他们工作的不满意情绪,值得加以关注和思考。

(三)对学院的环境的期望值

为进一步了解对工作环境的满意程度,我们进行了该院环境与青年教师进校时的期望值之间的相应比较。

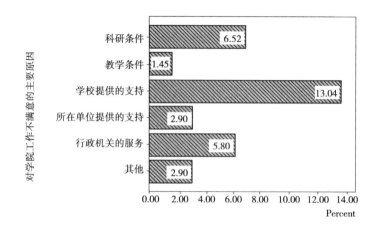

图 3-17　调查样本对学院工作最不满意的情况

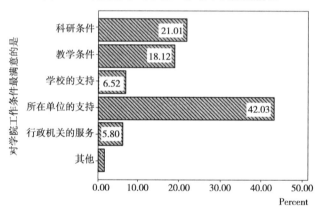

图 3-18　调查样本对学院工作最满意的情况

表 3-41　调查样本中对该院环境与期望值相比的感受

您不满意的主要是该院环境与期望值相比 Crosstabulation

| | | 学院环境与期望值相比 | | | | 总　计 |
		好多了	相符	差一点	差多了	
您不满意的主要是	科研条件		3 27.3%	6 25.0%		9 20.5%
	教学条件		2 18.2%			2 4.5%
	学校提供的支持		2 18.2%	10 41.7%	5 71.4%	17 38.6%
	所在单位提供的支持	2 100.0%		1 4.2%	1 14.3%	4 9.1%
	行政机关的服务		2 18.2%	6 25.0%		8 18.2%
	其他		2 18.2%	1 4.2%	1 14.3%	4 9.1%
总计		2 100.0%	11 100.0%	24 100.0%	7 100.0%	44 100.0%

从上表 3-41 可以分析出：相对而言，学院提供的支持、科研条件和行政机关的服务方面仍然是青年教师比较不满意的地方（比例分别占到38.6%、20.5%和18.2%），其中，学院提供的支持则是最为不满意的（有71.4%的人认为与期望值差多了，觉得比期望中差一点的也占到了41.7%），与上一题的结果相符，这就更加说明了学校在给青年教师提供的支持方面是否考虑应该有所改善，做到更加全面关心青年教师。另外教学条件则基本上达到满意程度。青年教师最不满意的条件依次是：学院提供的支持、科研条件、行政机关的服务、所在单位的支持、教学条件。

对此，我们进一步分析是哪部分教师对学院的哪部分工作不满意，请看下图：

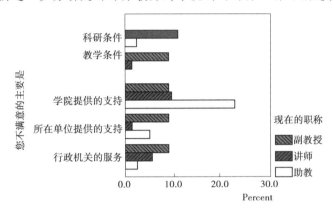

图 3-19　调查样本不同职称人员对学院不满意情况的分布图

从图 3-19 显示，助教对学院提供的支持的满意程度很低，助教主要不满意的都集中在"学院提供的支持"上，而讲师则对"科研条件"的要求较高，希望学院能在科研条件上再给予更多的支持，我们认为这可能跟年龄层次有非常大的关系，因为讲师基本上均为比较年轻的硕士或者博士，年富力强的他们当然需要学校在"科研条件"、"学院提供的支持"方面给予更多的帮助。相对而言，副教授对不满意的条件反映比较平均，没有特别不满意的地方。

（四）不同学历层次的青年教师对学院工作条件的满意度

另外，我们还分析了不同学历层次的青年教师对学院情况的满意程度，由上图 3-20 数据分析可见：不同学历层次的青年教师对学院工作条件的满意程度跟总体情况类似，对学院工作条件满意的都分别占到28%左右，基本满意的占60%左右，只有11%左右的觉得不满意。不满意的情况中，可以看到学历层次高的比例稍高，由此可见学历层次多少影响期望值。

（五）对学术氛围的看法

从图 3-21 中数据分析来看，觉得该院学术氛围好的接近半数，其中有13.77%的人认为很适合中青年学者的发展，与此同时，也有36.96%的人认为该院的学术氛围有待进一步改善。这两部分人都是对学院目前的学术氛围表示满意的，从这个方面来看，也反映了该院学术氛围良性发展的趋势，青年教师的学术科研是该院学术氛围建设的重要力量，他们的积极态度将对该院建设起到很好的推动作用。

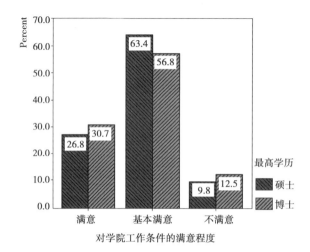

图 3-20　调查样本不同学历对学院情况满意程度的分布图

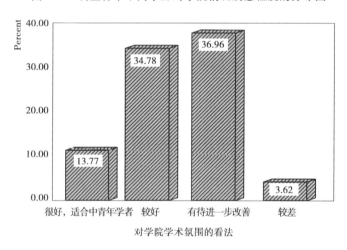

图 3-21　调查样本对学院学术氛围的看法

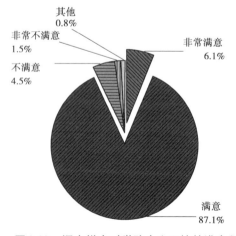

图 3-22　调查样本对学院人文环境的满意程度

三、对学院的人文环境、生活条件等的印象

（一）对学院人文环境的满意程度

从图 3-22 与图 3-23 的比较来看，人文环境方面，87.1% 青年教师觉得满意，觉得非常满意的 6.1%，其中副教授群体占比较大一部分；不满意的只有 6%，副教授群体感觉不满意的基本为零，充分肯定了学院在人文建设方面的成效。

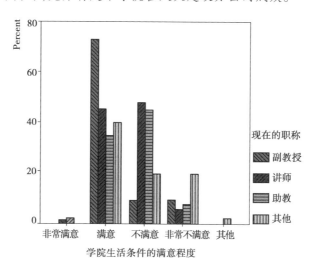

图 3-23 调查样本不同职称对学院生活条件的满意程度

（二）对学院的生活条件的满意程度

如图 3-24 与图 3-25 生活条件的满意程度方面，就存在较大分歧，满意和不满意的比例相当，各占 44.7%，非常不满意的占 7.6%，其中满意的以副教授居多，不满意的以讲师和助教居多。生活条件因人而异，对此结果我们觉得比较正常，没有出现大比例的不满说明很多时候是个人衡量的问题。

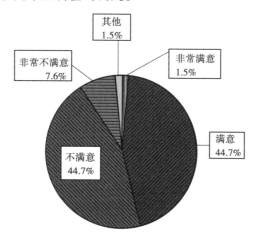

图 3-24 调查样本对学院生活条件的满意程度

四、结果讨论和建议

总的来说，本次调查主要了解了青年教师（包括部分行政人员）的基本情况、他们

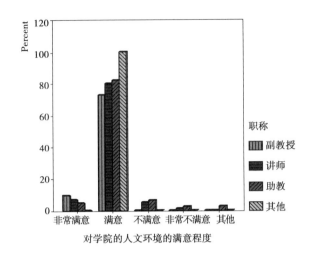

图3-25   调查样本不同职称人员对学院生活条件的满意程度

对学院(包括工作条件、人文环境和生活环境)的感受、对科研教学的体会等。在最后的汇总讨论中,我们可以发现青年教师体现了对学院很高的认同感。这是最令人欣慰的一点,不管是对学院的总体工作环境,还是人文环境等方面,青年教师们都体现了非常大的认同感,接近九成的认同比例是非常难得的。这点体现了该院近年来综合实力的提高,也体现了该院各项改革的成效。同时也体现了青年教师的乐观心态。

思考练习

1. 何谓集中量数? 它的统计学意义是什么?

2. 何谓变异指标? 常用的变异指标有哪些?

3. 如何理解平均指标和变异指标之间的关系?

4. 在社会经济统计中,从测量层次方面来说一般有哪几种类型的变量? 它们各自的主要特点是什么?

5. 什么是相关关系、共变关系、因果关系?

6. 试判断以下说法是否正确,正确的请在括号里记"√",错误的记"×"。

   (1)一般情况下,用统计量描述总体特征。   (   )

   (2)可以用中位值计算两端开放的分组资料的集中趋势。   (   )

   (3)最好用加权平均数来计算两端开口的分组资料的集中趋势。 (   )

   (4)标准误差实际上就是标准差。   (   )

   (5)标准差同四分位数一样,它们都可以用来表示对称分布资料的离散趋势。

                                                        (   )

   (6)总体标准差与样本标准差的计算方法是一样的。   (   )

   (7)学生的学号严格来说应该属于定距变量。   (   )

(8)定比尺度除了具有定类、定序、定距尺度特征之外，还具有实在意义的真正零点。 （ ）

(9)相关关系就是对某一变量的每一个取值，另一变量都有唯一确定的值与之对应。 （ ）

(10)当分析变量间的相关关系时，需要根据变量类型选择合适的分析方法。
（ ）

7. 以下每个题目只有一个正确答案，请选择出你认为正确的答案，记在题后括号里。

(1)下列哪种统计分布图最适合描述岗位种类的分布？ （ ）

  A. 次数多边形图　B. 圆形图　　　C. 散点图　　　D. 直方图

(2)一个分布可以有多于一个的是( )。

  A. 中位数　　　B. 众数　　　　C. 平均数　　　D. 全距

(3)假设有这样的原始数据：21,22,52,0.1,20,25,28,26,23,19,0.5，最适宜用哪种方法测量它们的集中趋势？ （ ）

  A. 平均值　　　B. 众数　　　　C. 全距　　　　D. 中位数

(4)下列离散趋势测量法中，哪个最适合对称分布的资料？ （ ）

  A. 标准差　　　B. 四分位差　　C. 全距　　　　D. 都可以

(5)下列集中趋势测量法中，哪个最适合具有开口组的分组数据？ （ ）

  A. 中位数　　　B. 众数　　　　C. 平均数　　　D. 全距

(6)准确地讲，公历年份所属的测量层次是( )。

  A. 定类　　　　B. 定距　　　　C.定序　　　　D. 定比

(7)甲地区人均月收入是1 200元，标准差是400元；乙地区人均月收入是1 300元，标准差是400元，问：哪个地区人均收入差异大？ （ ）

  A. 甲　　　　　B. 乙　　　　　C. 一样大　　　D. 无法判断

(8)λ系数最适合测量哪一层次的关系？ （ ）

  A. 定类-定类　B. 定距-定类　C. 定序-定类　D. 定比-定类

(9)如果自变量的增长引起因变量的相应增长，就形成( )相关关系。

  A. 完全　　　　B. 不完全　　　C. 正　　　　　D. 负

(10)就线性相关来说，当|r|=1时，表示为( )相关。

  A. 完全　　　　B. 不完全　　　C. 正　　　　　D. 负

8. 某部门今年年底进行绩效考核，20名员工的绩效得分数据如下所示：

  50　55　60　65　70　75　80　85　95　96

  30　75　80　80　90　100　80　70　65　55

(1)请计算该部门所有员工绩效得分的均值和中位数；

(2)计算该部门所有员工绩效得分的标准差。

9. 某部门负责处理的公文种类涉及10大方面，年终总结发现这10大方面的文件处理完成比例列于下表，请根据表内数据计算平均数和四分位数，并对计算结果略作定性分析。

文件编号	1	2	3	4	5	6	7	8	9	10
完成比例	0.32	0.60	0.82	0.75	0.90	0.65	0.85	0.66	0.83	0.45

10. 某行政窗口单位每季度都会对其职员进行工作作风评价活动,其方式是取职员自评得分与其他职员对其评分的平均分的代数平均数,现有本季度的评分结果,请计算这两种得分的相关系数。

职员编号	1	2	3	4	5	6	7	8	9	10
自评得分	88	60	80	75	90	65	85	66	83	95
平均分	78	70	90	74	90	75	75	70	78	86

11. 经调查得知上一年度1 500名员工的工资性收入的分布状况列入下表,请根据表中数字计算其众数、中位数以及算术平均数。

收入分组/元	频　数
5 001～7 000	100
7 001～9 000	250
9 001～11 000	450
11 001～13 000	380
13 001～15 000	220
15 001～17 000	80
17 001～19 000	20

12. 请通过查阅《中国统计年鉴》获得2005年中国大陆31个省、直辖市、自治区的国民生产总值的数据,并计算这些数据的平均数、中位数、众数。

13. 某地区为了发展高新技术产业连续5年增加相应政策性投资,其中2000年投入1.2亿元,2001年投入1.5亿元,2002年投入1.8亿元,2003年投入2.2亿元,2004年投入2.5亿元,请计算这5年内投资的平均增长速度。

14. 某人才市场的档案部门有两个工作小组,其中甲组有员工10人,日均处理档案200份,标准差为10份,乙组有员工20人,日均处理档案150份,标准差为12份,请问甲乙两组哪个组的工作量变异程度更大?

15. 某单位对其员工的教育程度和工作业绩进行调查,已知该单位参与调查的员工共有200人,其他数据情况如下表所示,试根据相关数据计算员工的教育程度和工作业绩之间的相关关系。

工作业绩	教育程度		合　计
	本科以上	本科以下	
及格	80	20	100
不及格	32	68	100
合计	112	88	200

16. 某单位年终准备评定员工的工资级别,评定的依据是员工的自我评价得分和同事的评价给分,为了先判断两者间的关系需要计算二者的相关关系,请用下列数据计算二者之间的肯德尔等级相关系数。

编　号	1	2	3	4	5	6	7	8	9	10
自我评分	6	5	7	8	9	3	10	6	8	9
同事给分	5	6	7	8	6	7	7	4	5	8

第四章 概率初步

第一节 排列与组合回顾

一、排列组合基本原理

(1) 分类计数原理:做一件事,完成它可以有 n 类办法,在第一类办法中有 m_1 种不同的方法,在第二类办法中有 m_2 种不同的方法,在第 n 类办法中有 m_n 种不同的方法,那么完成这件事共有 $N = m_1 + m_2 + m_3 + \cdots + m_n$ 种不同的方法。

(2) 分步计数原理:做一件事,完成它需要分成 n 个步骤,完成第一步有 m_1 种不同的方法,完成第二步有 m_2 种不同的方法,完成第 n 步有 m_n 种不同的方法,那么完成这件事共有 $N = m_1 \times m_2 \times m_3 \times \cdots \times m_n$ 种不同的方法。

(3) 两个原理的区别在于一个与分类有关,一个与分步有关:①加法原理中讲到的完成某件事的各种方法是相互独立的,不论使用了其中的哪一种方法,这件事就可以完成。用加法原理计算完成这件事的方法数时,不需要考虑完成这件事是否应该分为几个步骤。而乘法原理中讲到完成某件事,在完成它的过程中,必须经过几个互相联系的步骤,这些步骤缺一不可,只有一个接一个地全部完成了,这件事才宣告完成。当然,在计算完成每一个步骤的方法数时,常常要用到加法原理,因此可以说,乘法原理以加法原理为基础。②加法原理一般只能用互不联系的几组线条来图示,线条的总数就是完成这件事的方法数。乘法原理则可用"树图"来图示,所有"树梢"的总数就是完成这件事的方法数。③在运用加法原理与乘法原理时,都必须防止发生遗漏和重复的情况(如果问题比较简单,在运用乘法原理时,先画出"树图",可以有效地防止发生重复的情况)。

二、基本公式

对全排列、选排列、组合数公式简要回顾如下:

(一)全排列

全排列计算公式为:

$$P_m = m! = m \cdot (m-1) \cdot (m-2) \cdot \cdots \cdot 1$$

(二)选排列

所谓选排列,是从共有 n 个元素的总体中取出 r 个来进行有顺序地放置(或者说有顺序地取出 r 个元素),其中又可以分为有放回的选取和无放回的选取两种情况。显然,有 $r \leqslant n$。

(1)无放回的选取:把 r 个元素的选取看作有顺序的 r 个过程,分别记作 A_1,A_2, A_3,$\cdots$,A_r。进行 A_1 过程有 n 种方法,进行 A_2 过程有 $n-1$ 种方法,进行 A_r 过程有 $n-r+1$ 种方法。因此,完成整个过程共有 $n(n-1)(n-2)\cdots(n-r+1)$ 种方法。利用 $n! = n \cdot (n-1) \cdot (n-2) \cdot \cdots \cdot 3 \cdot 2 \cdot 1$ 的记号,可以把公式简记作

$$P_n^r = \frac{n!}{(n-r)!}$$

这种排列称为选排列。

(2)有放回的选取:把 r 个元素的选取看作有顺序的 r 个过程,分别记作 A_1,A_2, $\cdots$,A_r。进行 A_1 过程有 n 种方法,进行 A_2 过程也有 n 种方法,进行 A_r 过程仍然有 n 种方法。在这种情况下,每个过程所面临的总体都是一样,根据乘法原理,完成整个过程共有 n^r 种方法。

(三)组合数

所谓组合,是从共有 n 个元素的总体中取出 r 个来,不考虑元素的顺序。在排列中,同样的元素,只要排列不同,即认为是不同的取法;而在组合问题中,只要取出的元素相同,不管以什么顺序取出,都被认为是同一种取法。

设想先按组合的方式,即不考虑顺序地从 n 个元素中取出 r 个来,然后再对 r 个元素进行有顺序地放置。这样,整个选排列被分解为两个相继的过程 A_1 和 A_2,其中 A_1 过程就是从 n 个元素中取出 r 个元素的组合,而 A_2 过程恰好是 r 个元素的全排列。根据乘法原理,完成整个选排列的总数为完成 A_1 过程的组合数与 A_2 过程的全排列的乘积。

记组合数为 C_n^r,已知选排列数为 $P_n^r = \dfrac{n!}{(n-r)!}$,则有

$$P_n^r = \frac{n!}{(n-r)!} = C_n^r \times r!$$

由此可推出:

$$C_n^r = \frac{P_n^r}{r!} = \frac{n!}{(n-r)!r!}$$

$$= n \cdot (n-1) \cdot \cdots \cdot \frac{(n-r+1)}{r!}$$

规定:$C_n^0 = C_n^n = 1$。

第二节　概率论的基本概念

一、随机现象

先做两个简单的试验:

试验1:一个停车场中全部停的是公车,从中任意抽取一部;

试验2:停车场中公车占1/3,私车占2/3,从中任意抽取一部。

对于试验1,在没有抽取之前,我们就能确定抽到的必定是公车。这种试验,根据试验开始的条件应可以确定试验的结果。

对于试验2,在没有抽取之前,我们从试验开始时的条件不能确定试验的结果,也就是说一次试验的结果在试验之前是无法确定的。但是,实践告诉我们,若从中反复多次抽取,就可以观察到这样的事实:试验次数 n 相当大时,出现公车的次数和出现私车次数就会接近1:2这个比例。于是,我们面对着两种类型的试验。试验1代表的类型在试验之前就能断定它的结果,这种试验所对应的现象叫确定现象。试验2所代表的类型,一次实验,有多于一种可能的结果,但在一次试验之前会出现哪个结果,就一次试验而言,没有规律可言,但是随着"大数次"地重复这个试验,试验结果又遵循某些规律(这些规律我们称之为"统计规律"),这类试验叫做随机试验。其代表的现象叫随机现象,随机现象总是包含若干可能结果。这些现象只有在试验或观察完成之后才知道结果,在此之前是无法确定的,而且在重复进行时,其结果也未必相同(但有一定规律性),这类现象就是随机现象。

随机实验的特征

一个试验如果满足下述条件:

(1)试验可以在相同条件下重复进行;

(2)试验的所有可能结果是明确知道的,并且不止一个(不唯一);

(3)每次试验总是出现某一可能的结果,但在一次试验之前却不能确定会出现哪一个结果。则称这样的试验是一个随机试验,简称试验。

二、随机事件

(一)概　念

随机试验的每一个可能结果称为随机事件。如过十字路口可能遇到红灯,也可能遇到绿灯,这是一个随机现象。这一随机现象包含两个事先可以预知的可能结果,而"遇到红灯"则是一个随机事件。随机事件一般用大写字母 $A,B,C,\cdots$ 表示;在一定条件下必定出现的结果称为该条件下的必然事件,记为 Ω;在一定条件下必定不出现的结果称为该条件下的不可能事件,记为 Φ。

(二)随机事件的分类

根据一定的研究目的,一事件可依包含样本点多寡,区分为:

(1)简单事件(simple event):又称基本事件,即事件只包含一个样本点。

(2)复合事件(composite event):事件含有两个或两个以上之样本点。

基本事件的特征(或判断条件):如果某一随机试验可以分成有限的 n 种可能结果,这 n 种结果之间是互不交叉的,而且这些结果出现的可能性相等,我们把这 n 种可能结果称为基本事件。基本事件必须具备如下的 5 个条件:

(1)等可能性:试验中基本事件发生的概率相等(根据对称性来判断)。

(2)互斥性:各个基本事件不可能在一次试验中同时发生,或者说一次试验中只能发生基本事件中的一个。

(3)完备性:一次试验中所有基本事件必然有一个发生,即所有基本事件概率之和为 100%。

(4)有限性:全部结果只有有限的 n 种。

(5)不可再分性:不可能有比基本事件更细分的事件。

例如:用字母 A 表示出现交通事故,B 表示出现事故,则在一般的视角下,A 是一个基本事件,而 B 显然是由多个基本事件组成的(包括:出现交通事故、出现火灾事故、出现突发性危机事故、出现医疗事故等),是复合事件。

但如果我们的视角改变,要将事件更加细分,事件 A 可能成为复合事件。例如,我们将交通事故进一步细分为:A_1(特大交通事故),A_2(重大交通事故),A_3(一般交通事故),A_4(轻微交通事故);或细分为:A_{m1}(机动车事故),A_{m2}(非机动车事故),A_{m3}(行人事故),A_{m4}(其他方面事故)……则事件 A 就成为复合事件。所以一个事件是简单事件还是复合事件,还要依我们的研究目的(或研究的视角)而定。无论是基本事件,还是复合事件,都叫随机事件,简称事件。

在试验中,若出现 A 中包含的基本事件 ω,则称作 A 发生,并记作 $\omega \in A$。

(三)事件的关系与运算

(1)如果事件 A 的发生必然导致事件 B 发生,则称 B 包含 A,记作 $A \subset B$。

(2)如果有 $A \subset B$ 和 $B \subset A$ 同时成立,则称事件 A 与事件 B 相等,记作 $A = B$。

(3)"事件 A 与事件 B 中至少有一个发生"这样的事件称作事件 A 与事件 B 的和(并),记作 $A + B$。

(4)"事件 A 与事件 B 同时发生"这样的事件称作事件 A 与事件 B 的积(交),记作 $A \cap B$,有时可简记为 $A \cdot B$。

(5)"事件 A 发生而 B 不发生"这样的事件称为 A 与 B 的差,记作 $A-B$。

(6)若事件 A,B 不能同时发生,即 $AB=\Phi$,则称 A 与 B 是互不相容事件(互斥事件)。

(7)若 A 是一事件,令 $\bar{A}=\Omega-A$,则称 $\bar{A}$ 是 A 的对立事件(逆事件)。即 A 与 $\bar{A}$ 中必有一个发生,但不会同时发生。

例 4-1 各种事件的字母表达。

设 A,B,C 是 Ω 中的随机事件,则

事件"A 与 B 发生,C 不发生"可表示为:$AB\bar{C}$;

事件"三个事件中恰好有两个发生"可表示为:$AB\bar{C}+A\bar{B}C+\bar{A}BC$;

事件"三个事件中有不多于一个事件发生"可表示为:$\bar{A}\bar{B}\bar{C}+A\bar{B}\bar{C}+\bar{A}B\bar{C}+\bar{A}\bar{B}C$;

应注意的是其表示方法并不唯一!

(四)事件的运算规律

交换律　$A+B=B+A,AB=BA$

结合律　$A+(B+C)=(A+B)+C,(AB)C=A(BC)$

分配律　$(A+B)C=AC+BC$

例 4-2 一个工商行政管理队员将市场上的活动现象分为 10 种,分别用数码代号 1 到 10 表示(具体内容略),他在实际巡视过程中,随时将市场上的活动情况通过移动电话向办公室的记录仪发出数码代号短信。若规定:$A=\{$发出的号码是偶数$\}$,$B=\{$发出号码是奇数$\}$,$C=\{$发出的号码小于 5$\}$,问下述运算分别表示什么事件:

(1)$A+B$　[必然事件(号码是偶数或是奇数)];

(2)AB　[不可能事件(号码既是偶数又是奇数)];

(3)AC　[发出的号码为 2 或 4];

(4)$\overline{AC}$　[发出的号码为 1,3,5,6,7,8,9,10];

(5)$\overline{B+C}$　[发出的号码为 6 或 8 或 10]。

三、随机变量

取值为随机现象各种可能结果(随机事件)的量化数值称为随机变量,它是具有随机性和规律性的变量。随机变量的引入,使我们能用变量来刻划随机试验的结果以及随机事件,以便更好地借助数学工具对随机现象进行研究。随机变量一般用希腊字母 $\xi,\eta,\cdots$ 表示。比如,我们在大街上实施偶遇抽样,可以将遇到的对象按照一定的类别划分,将其量化:当遇到一个工人时,可以用数字 1 表示;当遇到一个企业管理人员可以用数字 2 表示,当遇到一个教师,可以用数字 3 表示,等等。于是,偶遇抽样,抽到何种职业者这一随机现象可以用一个变量 ξ 来表示,随机变量 ξ 的每一个取值都表示一个随机事件。

上面所说的"随机性"有两层含义,一方面指随着试验和观察次数的不同,随机变量可能取得不同的数值,即随机变量在不同的观察次数中其数值在不断地变化,要变

化才称得上是变量;另一方面,取这些不同的值是随机的,不能预先知道的,而且取这些值的可能性也不一定相同。但其变化有其规律性或有一定的内在趋势。在一个城市工业区,偶遇到一个工人的可能性较大,在学校附近,偶遇到教师的可能性较大,等等。

上面所说的"规律性"表现在,多次实验或多次观测所得到的一系列数据虽然有波动有变异,但并非漫无边际,不可捉摸,它们集体呈现出一种规律性,这里的规律性即为可能性的大小——概率。

随机变量又分为离散型和连续型。前面举的偶遇抽样,遇到什么职业者这个随机变量是离散型的;一个人的身高、体重等则是连续型随机变量(可以连续不间断地布满全数轴)。在统计上,对于离散型随机变量,关心的是它取什么值以及取这些值的概率是多少;对于连续型随机变量,关心的是它在各个范围内取值的概率。

四、样本空间

随机试验的每一个可能的结果称为基本事件(样本点)。它们的全体称作样本空间。用 Ω 表示。Ω 中的点(基本事件或称样本点)常用 ω 表示。另外,用 Φ 表示不可能事件。

样本空间包含 Ω 所有的样本点,它是 Ω 自身的子集,在每次试验中它总是发生的,称为必然事件。空集不能包括任何样本点,它也是样本空间的子集,它在每次试验中都不能发生,称为不可能事件。

第三节　概率及其计算

一、概率的几种定义

(一)主观概率

在日常生活中,常常会出现如下的对话情景:甲对乙说,"我看今天十有八九会下雨,你出门最好还是带上雨伞";"我看你今天多半会迟到"。其实,这就是表达的对事件发生可能性大小的主观判断:

主观判断概率 $p_1\{$事件"今天会下雨"$\} = 0.8 \sim 0.9$;

主观判断概率 $p_2\{$事件"你今天会迟到"$\} \geqslant 0.5$。

主观概率是对事件发生可能性大小的一种经验判断,缺乏可依之据。

(二)概率的统计定义

一般说来,试验次数越多,某一事件 A 出现的频率就越接近某个确定的常数(为大数定律所揭示,参见本书4.5)。这种在多次重复试验中,事件频率稳定性的统计规律,便是概率原始概念的胚胎。而所谓某事件发生的可能性大小,就是指这个"频率的稳定值"的大小。

定义(概率的统计定义) 在不变的条件下,重复进行 n 次试验,事件 A 发生的频率稳定地在某一常数 p 附近摆动,且一般说来,n 越大,摆动幅度越小,则称常数 p 为事件 A 的(统计)概率,记作 $P(A)$。概率的统计定义具有科学性,具有重要的理论价值,但是它缺乏实际计算上的可操作性,我们不可能对许多待确定概率的事件都去做巨大次数的重复性试验。

数值 p 即 $P(A)$ 就是在一次试验中对事件 A 发生的可能性大小的数量描述。例如,用 0.5 来描述掷一枚匀称的硬币"正面"出现的可能性。

前面提到随机事件在一次试验中是否发生是不确定的,但在大量重复试验中,它的发生却具有统计规律性。所以应从大量试验出发来研究它。为此,先看下面的试验:

掷硬币 10 次,"正面"出现 6 次,它与试验总次数之比为 0.6;掷骰子 100 次,"1点"出现 20 次,与试验总次数之比为 0.2。可见,仅从事件出现的次数,不能确切地描述它出现的可能性的大小,还应考虑它出现的次数在试验总次数中所占的百分比。

在 n 次重复试验中,若事件 A 发生了 m 次,则 m/n 称为事件 A 发生的频率。同样,若事件 B 发生了 k 次,则事件 B 发生的频率为 k/n。如果 A 是必然事件,有 $m=n$,即必然事件的频率是 1。显然,不可能事件的频率一定为 0,而一般事件的频率必在 0与 1 之间。如果事件 A 与 B 互不兼容,那么事件 $A+B$ 的频率为 $(m+k)/n$。它恰好等于两个事件频率的和 $m/n + k/n$。这称之为频率的可加性。前人掷硬币试验的一些结果列于表4-1。

表4-1　历史上一些著名的概率试验

试验者	抛掷次数 n	正面出现次数 m	正面出现频率 m/n
德·摩尔根	2 048	1 061	0.518 0
蒲　丰	4 040	2 048	0.506 9
皮尔逊	12 000	6 019	0.501 6
皮尔逊	24 000	12 012	0.500 5
维　尼	30 000	14 994	0.499 8

由表4-1看出,出现正面的频率接近 0.5,并且抛掷次数越多,频率越接近 0.5。经验告诉我们,多次重复同一试验时,随机现象呈现出一定的量的规律。具体地说,就是当试验次数 n 很大时,事件 A 的频率具有一种稳定性,它的数值徘徊在某个确定的常数附近。而且一般说来,试验次数越多,事件 A 的频率就越接近那个确定的常数。这种在多次重复试验中,事件频率稳定性的统计规律,便是概率这一概念的经验基础。而所谓某事件发生的可能性大小,就是这个"频率的稳定值"。

(三)概率的几何定义

(1)几何概型:如果一个随机试验满足:①试验结果是无限不可数;②每个结果出

现的可能性是均匀的,则该试验为几何概型试验。或者向一个有限区域 Ω 中任意投掷一质点,假定质点落入该区域的任一小区域 A 的可能性与小区域 A 的测度(可以是长度、面积或体积等)成正比,而与 A 的位置与形状无关,称这种随机试验为几何概型。

(2)概率的几何定义:在几何型随机试验中,事件 A 样本点落在某区域 W 内的任何一个子区域 G 中的概率与子区域 G 的测量值(长度、面积或体积等)成正比,即事件 A 的概率为:

$$P(A) = \frac{G \text{ 的测量值}}{W \text{ 的测量值}}$$

例 4-3　在一港口设有一封闭型保税加工区,其地形是由曲线 AFB 与直线 AB(码头岸线)所围成的图形,如图 4-1,面积为 M。本国及外籍人员抵达港口后,可在保税区内自由活动。现划定其中的区域(图中阴影部分,面积为 N)为交易活动区,问在保税加工区活动的人员刚好在交易活动区中的概率。

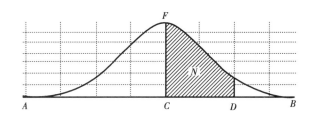

图 4-1

解　所求概率 $= N / M$。可见,某些问题,利用几何概率的方法,可以方便地计算其概率值。需要说明的是,在一般情况下,利用几何方法计算概率并不是很方便的。不过,概率的几何计算思路可以提供一个新的视角,去帮助我们加深理解一些抽象的概率问题(例如后面介绍的标准正态分布函数表)。

(四)概率的古典定义

从概率的统计定义知,要确定一事件的概率,需要做多次(重复)的试验,而直接计算某一事件的概率有时是非常困难的,甚至是不可能的。从概率的几何定义出发,计算事件的概率,也并非事事都那么简明。概率的古典定义有助于我们利用分析的方法去直接计算大量普通事件的概率。

定义(概率的古典定义)　若试验结果一共由 m 个基本事件 $E_1,\cdots,E_m$ 组成,并且这些事件的出现具有相同的可能性,而事件 A 由其中某 n 个基本事件 $E_{i1},\cdots,E_{in}$ 组成,则事件 A 的概率可以用下式计算:

$$P(A) = \frac{\text{事件 } A \text{ 包含的基本事件数}(n)}{\text{基本事件总数}(m)}$$

基本事件应理解为可能发生的全部(基本)事件总数。

古典概型具有三条基本性质:

(1)非负性:对任一事件 A,有 $P(A) \geqslant 0$;

(2)规范性:对必然事件 Ω,有 $P(\Omega) = 1$;

(3)有限可加性:若事件 $A_1, A_2, \cdots, A_n$ 两两互不相容,则

$$P(A_1 + A_2 + \cdots + A_n) = P(A_1) + P(A_2) + \cdots + P(A_n)$$

概率的古典定义有很大的适用价值,下面我们通过一些例子来显示概率古典定义的运用。

例 4-4 用如下随机变量 ξ 代表相应的随机事件:0 = GDP增长率 <1%;1 = GDP增长率为 1%~2%;2 = GDP增长率为 2%~3%;3 = GDP增长率为 3%~4%;4 = GDP增长率为 4%~5%;5 = GDP增长率为 5%~6%;6 = GDP增长率为 6%~7%;7 = GDP增长率为 7%~8%;8 = GDP增长率为 8%~9%;9 = GDP增长率 > 9%。问复合事件 A:$\xi \geqslant 4$ 的发生概率是多大?(假定随机变量 ξ 落在题中每一个增长区间体的概率是相等的)

解 $A = \{4,5,6,7,8,9\}$,有利于 A 的基本事件数 $n = 6$;基本事件总数 = $\{0,1,2,3,4,5,6,7,8,9\}$,即 $m = 10$,于是 $P(A) = 6/10 = 0.6$。

例 4-5 为了科学化管理,政府某部门将处理的日常事务分为两大类别,分别用 M, N 表示,而 M 类别又再分为三个子类,N 类别再分为四个子类。经测定,平均每天需要处理两个子类的事务。问某日恰好出现如下复合事件的概率:求 A_1:两个 M 子类的事件;A_2:一个 M 子类事件,一个 N 子类事件;A_3:两个 N 子类事件。

解 首先考虑基本事件的确定(请读者自己先仔细思考,再看后面的分析)。

试验的结果是:两 M、两 N、一 M 一 N 三种情况,是不是基本事件就是 A_1, A_2, A_3?显然这样满足了互斥性、完备性、有限性和不可再分性,但不满足等可能性(这三者概率的大小正是所要求的)。那么基本事件到底是什么?我们将 7 个子类事件进行编号,则每次抽取两个子类,总体的可能情况有 $C_7^2 = 7 \times 6/2 = 21$ 种,这 21 种可能结果可以做为基本事件,因为它们满足上述的 5 个条件。其中,A_1 有 $C_3^2 = 3 \times 2/2 = 3$ 种;A_2 有 $C_3^1 \cdot C_4^1 = 12$ 种;A_3 有 $C_4^2 = 4 \times 3/2 = 6$ 种,当然 A_1, A_2 和 A_3 的概率也就容易计算了。

例 4-6 一套五卷的档案集随机地放在文件柜中,求各册自左至右或自右至左恰好成 1,2,3,4,5 顺序的概率。

解 设 $A = \{$自左至右,或自右至左恰好成 1,2,3,4,5 顺序$\}$,显然 A 中含有的基本事件数(对 A 有利的基本事件数)为 2,基本事件总数为 5! = 120,$P(A) = 1/60$。

例 4-7 一群调查对象共 100 人,其中党员有 3 人(隐含条件是什么?),今从这批人中接连抽取两次,每次抽取一人。①不放回抽样:第一次取 1 人不放回,第二次再抽一人。②放回抽样:第一次取 1 人调查后放回,第二次再抽一人。分别计算两种情况下:第一次抽到其他人员,第二次抽到党员的概率。

解 ①不放回抽样。

设 $A = \{$第一次抽到其他人员,第二次抽到党员$\}$

样本空间总数(基本事件总数):100×99(根据分步计数原理)

A 中所含基本事件数:97×3

所以 $P(A) = 97/3\,300$

②放回抽样。设 $A = \{$第一次抽到群众,第二次抽到党员$\}$

样本空间总数:100×100

A 中所含基本事件数:97×3

所以 $P(A) = 291/10\,000$

二、概率的加法法则

100 件事务中有 60 件为生态管理事务,30 件为环境管理事务,10 件为土地管理事务。问生态或环境事务发生的比率以及各事务单独发生的比率是多少?

用 A,B,C 分别表示生态管理事务、环境管理事务、土地管理事务。显然事件 A 与 B 互不兼容,并且事件 $A + B$ 表示事件为生态或环境管理事务,按概率的古典定义公式有:

$$P(A) = \frac{60}{100}, \quad P(B) = \frac{30}{100}$$

$$P(A + B) = \frac{60 + 30}{100} = \frac{90}{100}$$

可见:

$$P(A + B) = P(A) + P(B)$$

再如:已知沿街 200 个商铺中有 6 个商铺售不合格商品。求:从 200 个商铺中随机抽取 3 个,最多只有 1 个商铺违规的概率 $P(B)$。

若设事件 A_0, A_1 分别表示所抽 3 个商铺中有 0 个和 1 个违规,则依题意 B 是复合事件,$B = A_0 + A_1$,由于 A_0, A_1 互不兼容,按概率的古典定义,试验的基本事件总数为 C_{200}^3 个,而有利于 B 的基本事件数恰好是有利于 A_0 与 A_1 的基本事件数之和,因此,

有利于 A_0 的基本事件数为:C_{194}^3

有利于 A_1 的基本事件数为:$C_{194}^2 \times C_6^1$

$$P(B) = \frac{C_{194}^3 + C_{194}^2 \cdot C_6^1}{C_{200}^3}$$

另方面:

$$P(A_0) + P(A_1) = \frac{C_{194}^3 + C_{194}^2 \cdot C_6^1}{C_{200}^3}$$

于是有:

$$P(B) = P(A_0 + A_1) = P(A_0) + (A_1)$$

事实上,对于任意的两个互斥事件,它们都满足两个互斥事件之和的概率等于它

们概率的和。即当 $AB = \Phi$ 时有加法法则:

$$P(A + B) = P(A) + P(B)$$

实际上,只要 $P(AB) = 0$,这个公式就成立。由加法法则可以得到下面几个重要推论:

(1)如果 n 个事件 $A_1, \cdots, A_n$ 两两互不兼容,则

$$P(A_1 + \cdots + A_n) = P(A_1) + \cdots + P(A_n)$$

这个性质称为概率的有限可加性。

(2)若 n 个事件 $A_1 + \cdots + A_n$ 构成一个完备事件组(即它们两两互斥),则它们概率的和为 1,即:

$$P(A_1) + \cdots + P(A_n) = 1$$

特别地,两个对立事件概率之和为 1,即:

$$P(A) + P(\overline{A}) = 1$$

从技术上讲,经常使用的形式是 $P(A) = 1 - P(\overline{A})$。

(3)如果 $B \supset A$ 则

$$P(B - A) = P(B) - P(A)$$

(4)对任意两个事件 A, B,有:

$$P(A + B) = P(A) + P(B) - P(AB)$$

例 4-8　某地全部车辆中有机关车辆、公交车辆及私人车辆 3 种。若机关车辆、公交车辆的比率分别为 0.63 及 0.35(隐含条件是什么?),求公共性车辆及私人车辆的比率。

解　令事件 A 表示公共性车辆,A_1, A_2 分别表示机关车辆、公交车辆,显然 A_1 与 A_2 互不兼容,并且 $A = A_1 + A_2$,显然 $\overline{A}$ 即是私人车辆。

由公式,有:

$P(A) = P(A_1 + A_2) = P(A_1) + P(A_2) = 0.98$

$P(\overline{A}) = 1 - P(A) = 0.02$

例 4-9　某机构有 7 名人员,其中 4 人是普通工作人员,3 人为主管人员。从中一次抽取 3 人,计算至少有两人是普通工作人员的概率。

解　设事件 A_i 表示抽到的 3 个人中有 i 个普通工作人员,$(i = 2, 3)$,显然 A_2 与 A_3 互不兼容,由公式有:

$$P(A_2) = \frac{C_4^2 \cdot C_3^1}{C_7^3} = \frac{18}{35}, \qquad P(A_3) = \frac{C_4^3}{C_7^3} = \frac{4}{35}$$

根据加法法则,所求的概率为:

$$P(A_2 + A_3) = P(A_2) + P(A_3) = \frac{18 + 4}{35}$$

例 4-10 某部门一季度完成的 50 件公务中有 46 件无投诉记录,4 件有投诉记录。现从中一次任意抽取 3 件,求其中有投诉记录的概率。

解 设事件 A 表示抽到的 3 个案例中有投诉记录,则 $\bar{A}$ 表无投诉记录,于是:

基本事件总数 $= C_{50}^3$

有利于 $\bar{A}$ 的事件数 $= C_{46}^3$

于是:

$$P(A) = \frac{C_{46}^3}{C_{50}^3} = \frac{759}{980} \approx 0.774\,5$$

$$P(A) = 1 - P(\bar{A}) \approx 0.225\,5$$

顺便指出,在严格的概率论体系中,把一个随机事件的概率所应具备的三个基本属性作为建立概率的数学理论的出发点,直接规定为三条公理,即:

(1)对任何事件 A,$P(A) \geqslant 0$;

(2)$P(\Omega) = 1$;

(3)若可列个事件 $A_1, A_2, \cdots$ 两两互不兼容,则:

$$P\left(\sum_{i=1}^{\infty} A_i\right) = \sum_{i=1}^{\infty} P(A_i)$$

前面的加法法则只是公理(3)的一种特殊情况。

三、条件概率与乘法法则

(一)条件概率

在实际问题中,除了要知道事件 A 的概率 $P(A)$ 以外,通常还要知道在某个特定事件 B 发生的条件下,事件 A 发生的概率。这种在事件 B 发生的条件下事件 A 发生的概率被称为条件概率,记作 $P(A|B)$。

在前面的例子中,100 件事务中有 60 件为生态管理事务,30 件为环境管理事务,10 件为土地管理事务。问生态或环境事务发生的比率以及各事务单独发生的比率是多少?

若从复合事件{生态与环境事务}中任取一件,取得生态事务的概率是 60/90,这是合事件(生态、环境)中的生态事件比率而例 4-1 中的60/100,即 $P(A)$ 是全部事务中的生态事务比率。为此给出下面定义以示区别。

条件概率的定义:在事件 B 已经发生的条件下,事件 A 发生的概率,称为事件 A 在给定条件 B 下的条件概率,简称为 A 对 B 的条件概率,记作 $P(A|B)$。相应地,把 $P(A)$ 称为无条件概率。这里,只研究作为条件的事件 B 具有正概率($P(B) > 0$)的情况。

事件 B 发生条件下,事件 A 发生的概率 $P(A|B)$ 的计算公式:

$$P(A \mid B) = \frac{P(AB)}{P(B)}$$

由此公式进一步得到:对任意两个事件 A,B,若 $P(B) > 0$,则 $P(AB) = P(B)P(A \mid B)$ 或若 $P(A) > 0, P(AB) = P(A)P(B \mid A)$。此公式称为乘法公式。

应注意到 $P(AB)$ 与 $P(A \mid B)$ 之间的差别: $P(AB)$ 为 A 与 B 同时发生的概率,即 A 与 B 都已发生;而 $P(A \mid B)$ 表示的是在假定 B 发生的条件下 A 发生的概率值。

例 4-11　已知 50 所中学,有普通中学 45 所,省一级中学 2 所,市一级中学 3 所。现从这 50 所中学中任意抽取一所进行教学改革调查,假定每个学校是否被抽到的机会是同等的。问:(1)抽到市一级中学的概率为多少? (2)已知抽到的是非普通中学,那么它是市一级中学的概率是多少?

解　设 $A = \{$抽到市一级中学$\}$, $B = \{$抽到非普通中学$\}$,显然:

$$P(A) = \frac{3}{50} = 0.06$$

$$P(B) = \frac{5}{50} = 0.1$$

$$P(AB) = P(A) = \frac{3}{50} = 0.06$$

所以, $P(A \mid B) = \frac{P(AB)}{P(B)} = \frac{0.06}{0.1} = 0.6$

例 4-12　甲、乙两城市都位于长江下游,根据一百余年来的气象记录,知道甲、乙两城市一年中雨天分别占 20% 和 18%,而两地同时下雨占 12%。问:

(1)已知乙市下雨,甲市也将下雨的概率是多少?

(2)已知甲市下雨,乙市也将下雨的概率是多少?

(3)甲、乙两市中至少有一个下雨的概率是多少?

解　设 $A = \{$甲市下雨$\}$, $B = \{$乙市下雨$\}$。

根据题意知: $P(A) = 0.20, P(B) = 0.18, P(AB) = 0.12$

则: $P(A \mid B) = P(AB)/P(B) = 0.12/0.18 = 0.67$

$P(B \mid A) = P(AB)/P(A) = 0.12/0.20 = 0.60$

$P(A + B) = P(A) + P(B) - P(AB) = 0.20 + 0.18 - 0.12 = 0.26$

例 4-13　某社区一年中的主要冲突事件中,交通类占 70%,秩序类占 30%;其中交通类冲突的自我调解率是 95%,秩序类事件的自我调解率是 80%。若用事件 $A, \bar{A}$ 分别表示交通类、秩序类冲突事件, B 表示事件的调解方式是自我调解,试用符号表达出有关事件的概率。

解　依题意有:

$P(A) = 70\%, P(\bar{A}) = 30\%$

$P(B \mid A) = 95\%, P(B \mid \bar{A}) = 80\%$

进一步可得:

$P(\bar{B}|A)=5\%$, $P(\bar{B}|\bar{A})=20\%$

（请读者试着完成尚未表达完的内容）

例4-14　在100名公务员中,有男性(以事件 A 表示)80人,女性20人;来自北京的(以事件 B 表示)有20人,其中男性12人,女性8人;已经通过计算机等级考试的(用事件 C 表示)40人中有32名男性,8名女性。

先讲出下列表达式的中文含义: $P(A)$, $P(B)$, $P(B|A)$, $P(A|B)$, $P(AB)$, $P(C)$, $P(C|A)$, $P(AC)$ 。然后计算其概率大小。

解　(1)各表达式的中文含义(留给读者);

(2)依题意有:样本空间中的全部样本数(基本事件总数)为100。

$P(A)=80/100=0.8$　　　$P(B)=20/100=0.2$

$P(B|A)=12/80=0.15$　　$P(A|B)=12/20=0.6$

$P(AB)=12/100=0.12$　　$P(C)=40/100=0.4$

$P(C|A)=32/80=0.4$　　$P(AC)=32/100=0.32$

(二)乘法法则

前面我们有条件概率的公式:

$$P(B|A)=\frac{P(AB)}{P(A)}\quad P(A|B)=\frac{P(AB)}{P(B)}$$

从条件概率公式可以得到概率的乘法法则。

乘法法则　两个事件 A,B 之交(乘积)的概率等于其中任一个事件(其概率不为零)的概率乘以另一个事件在已知前一个事件发生下的条件概率。即:

$P(AB)=P(A)P(B|A)$ (若 $P(A)>0$)

$P(AB)=P(B)P(A|B)$ (若 $P(B)>0$)

相应地,关于 n 个事件 $A_1,\cdots,A_n$ 的乘法公式为:

$P(A_1A_2\cdots A_n)=P(A_1)P(A_2|A_1)P(A_3|A_1A_2)\cdots P(A_n|A_1\cdots A_{n-1})$

例4-15　已知,某地民警中男性占70%,其中高中以上文化程度的占95%;该地女性民警中高中以上文化程度的占80%。计算从民警中任意抽取一人,抽中的是高中文化程以上(事件 B 发生)的男性(事件 A 发生)的概率。

解　也就是求 A 与 B 同时发生的概率。由公式有:

$$P(AB)=P(A)P(B|A)=0.7\times0.95=0.665$$

同样方法还可以计算出抽中一人是高中文化程度以上的女性概率的是0.24。读者可以思考,它为什么不是 $1-P(AB)$ 。读者还可以计算抽中一人是高中文化程度以下的女性的概率、以及抽中的是高中文化程度以上者的概率。

例4-16　在农村家庭生育调查中,已知10户人家中有4户纯女户,3个调查员(甲、乙、丙)参加抽样调查(不放回),每人抽一户。甲先、乙次、丙最后。求:(1)甲抽

到纯女户;(2)甲、乙都抽到纯女户;(3)甲没抽到纯女户而乙抽到纯女户;(4)甲、乙、丙都抽到纯女户的概率。

解 设事件 A,B,C 分别表示甲、乙、丙抽到纯女户,由公式有

$$P(A) = \frac{m}{n} = \frac{4}{10}$$

$$P(AB) = P(A)P(B\mid A) = \frac{4}{10} \times \frac{3}{9} = \frac{12}{90}$$

$$P(\bar{A}B) = P(\bar{A})P(B\mid \bar{A}) = \frac{6}{10} \times \frac{4}{9} = \frac{24}{90}$$

$$P(ABC) = P(A)P(B\mid A)P(C\mid AB) = \frac{4}{10} \times \frac{3}{9} \times \frac{2}{8} = \frac{24}{720}$$

四、全概率定理与贝叶斯定理

(一)全概率定理

如果事件 $A_1, A_2, \cdots, A_n$ 构成一个完备事件组[①],并且都具有正概率,则对任何一个事件 B,有:

$$P(B) = \sum P(A_i)P(B\mid A_i)$$

所谓全概率定理是指,如果一个事件 B 可能由若干条件(A_i)引发,那么事件 B 发生的概率等于若干个概率的总和,即每个条件发生的概率 $P(A_i)$ 乘以该条件引发事件 B 的条件概率 $P(B\mid A_i)$,再对这些积求和。

证:由于 $A_1, A_2, \cdots, A_n$ 两两互不兼容,因此,$A_1B, A_2B, \cdots, A_nB$ 也两两互不兼容,而且

$$B = \sum A_i B$$

由加法法则有 $P(B) = \sum P(A_i B)$

再利用乘法法则,得到 $P(B) = \sum P(A_i)P(B\mid A_i)$

事实上,只要 $A_1, A_2, \cdots, A_n$ 的和能包含事件 B 的全部诱因,并且 $A_1B, A_2B, \cdots, A_nB$ 两两互不兼容,定理就成立。

例 4-17 为了提高公共服务的效率和质量,某部门设立了 4 个对外服务窗口,并规定每对外办理一项服务事项,都向客户发放意见与工作建议回执表。已知该 4 个窗口办理的事务分别占对外服务事项总量的 15%,20%,30% 和 35%。经调查,4 个窗口发放的回执表的回执率依次为 5%,4%,3% 和 2%。今从所有已办理的事件中随机

[①] 完备事件组,是指事件 $A_1, A_2, \cdots, A_n$ 互不相容,且 $P(A_1) + P(A_2) + \cdots + P(A_n) = 1$。

抽取一件,问该服务事项恰好收到对应回执表的概率是多少?

解　设 $A = \{$任抽取一件,恰好收到回执表$\}$

$B_i = \{$任抽取一件,恰好是第 i 个窗口所办理事件的对应回执表$\}$,于是

$P(A) = P(B_1)P(A/B_1) + P(B_2)P(A/B_2) + P(B_3)P(A/B_3) + P(B_4)P(A/B_4)$

$= (0.15 \times 0.05 + 0.20 \times 0.04 + 0.30 \times 0.03 + 0.35 \times 0.02) \times 100\% = 3.15\%$

例 4-18　已知在一定条件下居民集中区发生煤气连环爆炸事件由煤气管道老化引起的概率是 0.01,由用户违规操作引起的概率是 0.03,由管道安装疏漏引起的概率是 0.06;又知,某市煤气管道老化的概率是 0.2,用户违规操作的概率是 0.6,管道安装疏漏的概率是 0.2,求某市发生煤气连环爆炸突发性事件的概率。

解　用 B 表示"发生煤气连环爆炸突发性事件";A_1 表示"煤气管道老化";A_2 表示"用户违规操作";A_3 表示"管道安装疏漏",则

$P(A_1) = 0.2, P(A_2) = 0.6, P(A_3) = 0.2$

$P(B|A_1) = 0.01, P(B|A_2) = 0.03, P(B|A_3) = 0.06$

由全概率公式:

$P(B) = P(A_1) \cdot P(B|A_1) + P(A_2) \cdot P(B|A_2) + P(A_3) \cdot P(B|A_3)$

$= 0.2 \times 0.01 + 0.6 \times 0.03 + 0.2 \times 0.06 = 0.032$

(二)贝叶斯定理

若 $A_1, A_2, \cdots$ 构成一个完备事件组,并且它们都具有正概率,则对任何一个概率不为零的事件 B,有

$$P(A_m \mid B) = \frac{P(A_m)P(B \mid A_m)}{\sum P(A_i)P(B \mid A_i)}, (m = 1, 2, \cdots)$$

证:由条件概率公式,有:

$$P(A_m \mid B) = \frac{P(A_m B)}{P(B)}$$

再利用全概率公式及乘法公式,有:

$$P(A_m \mid B) = \frac{P(A_m)P(B \mid A_m)}{\sum P(A_i)P(B \mid A_i)}$$

这个定理又称贝叶斯公式。

贝叶斯定理的实际意义:已知一个事件 B 由若干个条件(A_i)引发的概率是 $P(A_i)$,现在事件 B 发生了,要问 B 是由某个指定的条件(如 A_m)引发的概率是多大?其答案是:以事件 B 的全概率作分母,条件 A_m 发生的概率 $P(A_m)$ 乘以 A_m 条件下事件 B 发生的条件概率 $P(B|A_m)$ 作分子。理解要点:这是"执果索因"的概型。

例 4-19　某市抽调甲、乙、丙 3 个部门组成联合调查组,对若干事件进行判定(每

一次判定都由某一个组的人员最后裁决),其人员比例依次为45%,35%,20%。如果各部门人员对事件的判定出现较大争议性的概率依次为4%,2%,5%。现在已知出现1例较大争议性判定,试计算该判定由甲部门作出的概率。

解 第1步:用符号表达有关内容。

设事件B表示"有较大争议性的判定",A_1,A_2,A_3分别表示"判定是由甲、乙、丙部门人员作出的"。显然,A_1,A_2,A_3构成一个完备事件组。

第2步:根据贝叶斯公式做好"预制件":

依题意,有

$$P(A_1)=45\%, \qquad P(A_2)=35\%, \qquad P(A_3)=20\%,$$
$$P(B|A_1)=4\%, \qquad P(B|A_2)=2\%, \qquad P(B|A_3)=5\%。$$

第3步,由贝叶斯公式,有

$$\begin{aligned}
P(A_1 \mid B) &= \frac{P(A_1)P(B \mid A_1)}{\sum_{i=1}^{3} P(A_i)P(B \mid A_i)} \\
&= \frac{45\% \times 4\%}{45\% \times 4\% + 35\% \times 2\% + 20\% \times 5\%} \\
&\approx 0.514
\end{aligned}$$

请读者计算,已知判定结果无争议,恰好是由甲部门作出判定的概率。

例4-20 一经济案件A,经分析,由原因B_1,B_2,B_3,B_4引发的可能性分别是0.25,0.3,0.1和0,而原因B_1,B_2,B_3,B_4发生的概率分别是0.3,0.2,0.1和0.4。现这经济案件发生了,请推测由哪个原因引发的可能性最大?

解 已知有

$$P(B_1)=0.3, \quad P(B_2)=0.2, \quad P(B_3)=0.1, \quad P(B_4)=0.4,$$
$$P(A|B_1)=0.25, \quad P(A|B_2)=0.3, P(A|B_3)=0.1, P(A|B_4)=0$$

由全概率公式得:

$$P(A) = \sum_{i=1}^{4} P(B_i)P(A \mid B_i) = 0.145$$

再由贝叶斯公式分别可以算得:

$$P(B_1 \mid A) = \frac{P(B_1)P(A \mid B_1)}{P(A)} = \frac{0.3 \times 0.25}{0.145} = 0.5172$$

同理,

$$P(B_2 \mid A) = \frac{0.2 \times 0.3}{0.145} = 0.4138$$

$$P(B_3 \mid A) = \frac{0.1 \times 0.1}{0.145} = 0.0690$$

$$P(B_4 \mid A) = \frac{0.4 \times 0}{0.145} = 0$$

可见,$P(B_1|A) = 0.517\ 2$ 最大,即由原因 B_1 引发的可能性最大。

五、独立试验概型

(一)事件的独立性

根据乘法公式 $P(AB) = P(A)P(B|A)$(或 $P(AB) = P(B)P(A|B)$),可以知道 $P(AB) \neq P(A)P(B)$。如果 $P(AB) = P(A)P(B)$ 的话,则应有 $P(B) = P(B|A)$(或 $P(A) = P(A|B)$)。那么 $P(B) = P(B|A)$ 有着什么含义呢? 它表明 B 发生的概率并不依赖于 A 是否发生,即 A 与 B 无关。这就是所谓的事件的独立性的含义。

定义　任意两个事件 A,B,若有 $P(AB) = P(A)P(B)$ 成立,则称事件 A,B 是相互独立的。(请读者对比:两事件互不相容、互斥概念)

例 4-21　一繁华交通路口能够正常运转涉及两个因素:因素 A,路口有交警正常值班;因素 B,人、车不违章。已知因素 A 正常的交通保证率为 $P(A) = 0.9$,因素 B 正常的交通保证率为 $P(B) = 0.8$,求该繁华路口能够正常运转的概率。

解　由题意知,A,B 两事件相互独立,则

$$
\begin{aligned}
P(A + B) &= P(A) + P(B) - P(AB) \\
&= P(A) + P(B) - P(A)P(B) \\
&= 0.9 + 0.8 - 0.9 \times 0.8 = 0.98
\end{aligned}
$$

定义:对于 3 个事件 A,B,C,如果

$$
\begin{aligned}
P(AB) &= P(A)P(B) \\
P(AC) &= P(A)P(C) \\
P(BC) &= P(B)P(C) \\
P(ABC) &= P(A)P(B)P(C)
\end{aligned}
$$

同时成立,则称事件 A,B,C 相互独立。

可以将独立的概念推广为 n 个事件独立。

(二)贝努利概型

进行 n 次试验,若任何一次试验中各结果发生的可能性都不受其他各次试验结果发生情况的影响,则称这 n 次试验是相互独立的。在概率论中,把在同样条件下重复进行试验的数学模型称为独立试验序列概型。

下面我们用事件的独立性来研究一类重要的概率模型——n 重贝努利试验:一次让 n 个公务员去参加法律知识考试,求事件"恰好出现 k 人合格"的概率 $P_n(k)$($k \leqslant n$)。也可以用另一种等价的方式进行:每次让一人参加法律知识考试,共进行 n 次。显然,这 n 次考试的结果是互相独立的。一般地,如果试验 E 只有 2 个可能的结果,A 与 $\bar{A}$,并且 $P(A) = p,P(\bar{A}) = 1 - p = q,(0 < p < 1)$,把 E 独立地重复 n 次的试验称作 n 重贝努利试验,有时简称贝努利试验或称为贝努利概型。

计算"n 重贝努利试验中事件 A 刚好出现 k 次"这一事件的概率。

定理(独立试验序列概型计算公式)　设单次试验中,事件 A 发生的概率为 $p(0 < p < 1)$,则在 n 次重复试验中事件 A 恰好发生 k 次的概率为:

$$P_n(k) = C_n^k p^k q^{n-k}$$

式中　$q = 1 - p$。

例 4-22　某地方政府外商投资一站式窗口服务中,平均每天出现客户项目说明书不规范的概率为 0.1(隐含条件),求连续 3 天对外服务中恰出现两次客户项目说明书不规范的概率。

解　设 3 天中恰有 2 次客户项目说明书不规范的事件用 B 表示。每次抽取 1 个样本,重复抽取 3 次的全部结果有 3 种情况:设 $B_1 = ($不、不、规$)$,$B_2 = ($不、规、不$)$,$B_3 = ($规、不、不$)$;

$B = B_1 + B_2 + B_3$,并且 B_1,B_2,B_3 两两互不兼容,因此

$$\begin{aligned} P(B) &= P(B_1) + P(B_2) + P(B_3) \\ &= 3 \times (0.1 \times 0.1 \times 0.9) \\ &= 3 \times 0.009 = 0.027 \end{aligned}$$

另解　利用贝努利公式计算:$p = 0.1, q = 0.9, n = 3, k = 2$,所求概率为

$$P_3(2) = C_3^2 0.1^2 \times 0.9^1 = 3 \times 0.01 \times 0.9 = 0.027$$

例 4-23　某公务员综合能力培训后的独立性测试中,过关率为 0.6。现培训了 10 人,求恰有两人过关的概率、至少有两人过关的概率。

解　设所求事件的概率为 $P(B)$,每一人可能是过关也可能不过关,各人过关与否是相互独立的。由公式有

恰有两人过关:

$$P_{10}(2) = C_{10}^2 p^2 q^{10-2} = \frac{10 \times 9}{2} \times 0.6^2 \times 0.4^{10-2}$$

至少有两人过关,包括 2 人、3 人、……10 人过关,其计算过程较烦琐。现考虑其逆事件:最多 1 人过关,包括 1 人过关,无 1 人过关。再利用事件与其逆事件之间的概率关系(二者概率之和为 1),可以较方便地计算某些较烦琐事件的概率。

$$\begin{aligned} P(B) &= P_{10}(k \geqslant 2) = 1 - P_{10}(k < 2) \\ &= 1 - P_{10}(k = 0) - P_{10}(k = 1) \\ &= 1 - C_{10}^0 0.6^0 \times 0.4^{10} - C_{10}^1 0.6 \times 0.4^9 \\ &\approx 0.998 \end{aligned}$$

例 4-24　某市"一站式"办事大厅有 10 个同类型的窗口,每个窗口正常工作需 6 名工作人员。已知每个窗口工作时,平均每小时中实际有 12 分钟时间有事务需要办理,且各窗口事务办理情况是相互独立的。现因人手紧张,只能提供 30 个工作人员。

问这个办事大厅能正常工作的概率是多少？

解 设 10 个窗口中正在办理事务的窗口数为 ξ，则事件"办事大厅能正常工作"的概率可以表示为 $P(\xi \leqslant 5)$。

注意到每个窗口只有"办事"与"未办事"两种状态，每个窗口"办事"与"未办事"与否互相独立。这是一个 10 重的贝努利概型。

于是：$P(\xi \leqslant 5) = \sum_{k=0}^{5} C_{10}^{k} \left(\frac{12}{60}\right)^{k} \left(1 - \frac{12}{60}\right)^{10-k} \approx 0.994$

例 4-25 在某区域贸易壁垒的多轮制谈判中，假定我方谈判取得优势地位的概率是 0.4（隐含条件）。现在，共有 3 种方案可供选择：①3 轮 2 胜制；②5 轮 3 胜制；③7 轮 4 胜制。问哪种方案对我方最为有利？

解 设我方获胜的轮数为 ξ，则 3 种方案中我方获胜的概率分别为：

$$P(\xi \geqslant 2) = P(\xi = 2) + P(\xi = 3) = C_{3}^{2}0.4^{2}0.6 + C_{3}^{3}0.4^{3} \approx 0.352,$$

$$P(\xi \geqslant 3) = P(\xi = 3) + P(\xi = 4) + P(\xi = 5)$$

$$= \sum_{k=3}^{5} C_{5}^{k}0.4^{k}0.6^{5-k} \approx 0.317,$$

$$P(\xi \geqslant 4) = \sum_{k=4}^{7} C_{7}^{k}0.4^{k}0.6^{7-k} \approx 0.290,$$

显然，第一种方案对我方最有利。

第四节 概率分布及有关计算

一、随机变量的概率分布

随机变量的概率分布，是进一步研究概率问题的重要方法。所谓随机变量的概率分布，就是利用列表法或者利用公式法将随机变量在它的所有取值点（区间）所对应的概率取值情况的总概括。根据随机变量是否连续（按此角度，将随机变量分为离散型随机变量和连续型随机变量），其概率分布的表达方式不同。

（一）离散型随机变量的概率分布

定义 如果随机变量 ξ 只取有限个或可列个可能值，而且以确定的概率取这些不同的值，则称 ξ 为离散型随机变量。

为直观起见，将 ξ 可能取的值及相应概率列成概率分布表（见表4-2）。

表 4-2 随机变量 ξ 的可能取值及相应概率

ξ	x_1	x_2	$\cdots$	x_k	$\cdots$
P	P_1	P_2	$\cdots$	P_k	$\cdots$

此外,ξ 的概率分布情况也可以用一个等式表示:

$$P(\xi = x_k) = P_k \quad (k = 1,2,\cdots,n)$$

其中 $\{\xi = X_1\}$,$\{\xi = X_2\}$,$\cdots$,$\{\xi = X_k\}$,$\cdots$ 构成一个完备事件组。此时,公式称为随机变量 ξ 的概率函数(或概率分布)。概率函数具有下列基本性质:

(1) $P_k \geqslant 0$,$\quad k = 1,2,\cdots,n$;

(2) $\sum P_k = 1$。

以上利用列表或利用公式的方法,将随机变量 ξ 在它的所有取值点(区间)所对应的概率取值情况的总概括表达了出来,也就是给出了随机变量 ξ 的概率分布。

一般所说的离散型随机变量的分布就是指它的概率函数或概率分布表。

例 4-26 将一个区域的公共物品分为 4 个类别,其 1,2,3,4 类别公共物品固定资产投资额的比例分别为 60%,10%,20%,10%。任取一个公共物品进行调查,给出其随机变量 ξ 的概率分布。

解 令"$\xi = k$"表示公共物品为"k 类"($k = 1,2,3,4$),则 ξ 是一个随机变量,它可以取 1,2,3,4 这 4 个可能值。依题意,$P(\xi = 1) = 0.6$,$P(\xi = 2) = 0.1$,$P(\xi = 3) = 0.2$,$P(\xi = 4) = 0.1$,列出概率分布表如表 4-3。

表 4-3　随机变量 ξ 的概率分布

ξ	1	2	3	4
P	0.6	0.1	0.2	0.1

例 4-27 一事物的变化有 6 种可能性,而出现每一种可能性的概率大小都是相等的,试用随机变量描述该事物变化的概率分布。

解 令 ξ 表该事物在 6 种可能性中的变化,并用 1～6 共 6 个自然数分别表示每一种可能性,于是有:随机变量 ξ 取值 1,2,3,4,5,6 的相应概率都是 1/6。列成概率分布表如表 4-4 所示。

表 4-4　随机变量 ξ 取值 1,2,3,4,5,6 的相应概率分布

ξ	1	2	3	4	5	6
P	1/6	1/6	1/6	1/6	1/6	1/6

也可以用公式法表示随机变量 ξ 取值 1,2,3,4,5,6 的相应概率分布:

$$P(\xi = k) = 1/6 \quad (k = 1,2,3,4,5,6)$$

(二)连续型随机变量及概率分布函数

连续型随机变量由于在任意点的概率为零(可利用几何概率解释),不可能用离散型概率函数和列表的形式来表达连续型随机变量的分布。一般用分段函数或用分布函数的形式来表达连续型随机变量的分布。连续型随机变量的概率分布函数一般

较难理解,我们可以类比(回顾)统计整理过程中的累积频率分布以帮助我们理解连续型随机变量的概率分布(参见表4-5)。

表 4-5　统计数据在不同数据区间的频率(对应于随机变量的概率)分布

区　间	频数分布	累积频数	累积频率/%
500 ~ 600	11	11	3.99
601 ~ 700	13	24	8.70
701 ~ 800	25	49	17.75
801 ~ 900	38	87	31.52
901 ~ 1 000	87	174	63.04
1 001 ~ 1 100	56	230	83.33
1 101 ~ 1 200	22	252	91.30
1 201 ~ 1 300	10	262	94.93
1 301 ~ 1 400	9	271	98.19
1 401 ~ 1 500	5	276	100.00
合　计	276		

定义　若 $\xi(\omega)$ 是随机变量,$F(x)$ 是它的分布函数,如果对任意的 x,函数 $F(x)$ 有

$$F(x) = \int_{-\infty}^{x} f(t)\,dt$$

则称 $\xi(\omega)$ 为连续型随机变量,相应的 $F(x)$ 为连续型分布函数。同时,$f(t)$ 称为是 $F(x)$ 的概率密度或简称密度。

连续型分布密度函数 $f(x)$ 具有以下性质:

$$f(x) \geq 0,\ \int_{-\infty}^{+\infty} f(t)\,dt = 1$$

任一函数 $f(t)$ 如果具有以上性质即可成为概率密度函数并因此生成一个分布函数 $F(x)$,则

$$P\{x_1 \leq \xi(\omega) < x_2\} = F(x_2) - F(x_1) = \int_{x_1}^{x_2} f(t)\,dt$$

二、随机变量的数学期望与方差

在统计学中,将随机变量的数学期望、随机变量的方差都称为随机变量的数字特征。在许多概率问题的研究中,如果已知随机变量的数字特征,一些貌似有很大难度的问题就可以迎刃而解。接下来的一个重要概念,就是数学期望的概念。

(一)离散型随机变量的数学期望

定义　离散型随机变量 ξ 有概率函数:$P\{\xi = X_k\} = P_k(k = 1, 2, \cdots)$,若级数

$\sum X_k \cdot P_k$ 绝对收敛(此概念可参阅微积分教材),则称这级数为 ξ 的数学期望,简称期望或均值,记为 $E(\xi)$。即

$$E(\xi) = \sum X_k \cdot P_k$$

对于离散型随机变量 ξ,$E(\xi)$ 就是 ξ 的各可能值与其对应概率乘积的和(其本质就是加权平均)。

例 4-28 公务员综合技能测试中,甲、乙二名公务员在外语、计算机、谈判艺术 3 个分项的测试中得分情况的分布律如表 4-6、表 4-7 所示。

<table>
<tr><td colspan="4">表 4-6 公务员甲得分情况</td></tr>
<tr><td>ξ</td><td>1</td><td>2</td><td>3</td></tr>
<tr><td>P^*</td><td>79</td><td>81</td><td>90</td></tr>
</table>

*亦可将第二行每个数除以 100,表示得满分的概率分别是 0.79,0.81,0.90。

<table>
<tr><td colspan="4">表 4-7 公务员乙得分情况</td></tr>
<tr><td>η</td><td>1</td><td>2</td><td>3</td></tr>
<tr><td>P^*</td><td>82</td><td>85</td><td>87</td></tr>
</table>

*亦可将第二行每个数除以 100,表示得满分的概率分别是 0.82,0.85,0.87。

试比较甲、乙两位公务员的综合技能情况。

解 将 3 个分项的权重分别用数字 1,2,3 表示,甲、乙二人在不同分项中的表现状况分别用 ξ,η 表示,则:

$$E(\xi) = 1 \times 79 + 2 \times 81 + 3 \times 90 = 511$$
$$E(\eta) = 1 \times 82 + 2 \times 85 + 3 \times 87 = 513$$

这表明,他们得分的数学期望(加权平均值)分别是 511 和 513,故乙较甲的综合技能表现略好一点。

例 4-29 某地社会公共服务窗口将服务事项分为 5 类,根据长期观察纪录,这 5 类事项发生的概率分别为 0.7,0.1,0.1,0.06 及 0.04,若行政性收费分别为 6 元,5.4 元,5 元,4 元及 0 元,求社会公共服务的平均收费。

解 收费 ξ 是一个随机变量,它的分布律如表 4-8:

表 4-8

ξ	6	5.4	5	4	0
P	0.7	0.1	0.1	0.06	0.04

因此,$E(\xi) = 6 \times 0.7 + 5.4 \times 0.1 + 5 \times 0.1 + 4 \times 0.06 + 0 \times 0.04 = 5.48$。

(二)连续型随机变量的数学期望

设连续型随机变量 ξ 有概率密度 $\varphi(x)$,若积分 $\int_{-\infty}^{\infty} x\varphi(x)\mathrm{d}x$ 绝对收敛(积分绝对收敛的概念可参阅微积分教材),则 $E(\xi) = \int_{-\infty}^{\infty} x\varphi(x)\mathrm{d}x$ 称为 ξ 的数学期望。

数学期望的性质(离散型、连续型皆适用)：

(1)常量的期望就是这个常量本身,即 $E(c)=c$。

(2)随机变量 ξ 与常量之和的数学期望等于 ξ 的期望与这个常量的和。

(3)常量与随机变量乘积的期望等于这个常量与随机变量期望的乘积。

(4)随机变量线性函数的数学期望等于这个随机变量期望的同一线性函数。

(三)连续型随机变量的方差

我们在前面曾经介绍过离散型变量的方差,现在补充连续型变量的方差。

离差定义　如果随机变量 ξ 数学期望 $E(\xi)$ 存在,称 $\xi-E(\xi)$ 为随机变量 ξ 的离差。

方差定义　随机变量离差平方的数学期望,称为随机变量的方差,记作 $D(\xi)$。而 $\sqrt{D(\xi)}$ 称为 ξ 的标准差。

方差的性质(离散型、连续型皆适用)：

(1)常量的方差等于零;

(2)随机变量与常量之和的方差就等于这个随机变量的方差本身;

(3)常量与随机变量乘积的方差,等于这常量的平方与随机变量方差的乘积;

(4)两个独立随机变量之和的方差,等于这两个随机变量方差的和。

随机变量的数学期望、方差都称为随机变量的数字特征。

(四)一些重要概率分布的数字特征

在实际计算中,可以充分利用前人为我们总结好的一些成果,不必要事事都自己去计算。下面是一些常用的随机变量的数字特征(表4-9)。

表 4-9　重要概率分布及数字特征表

分布名称	概率与密度函数 $p(x)$	数学期望	方　差	图　形
两点分布 (0-1 分布)	$p_k = \begin{cases} q, k=0 \\ p, k=1 \end{cases}$ $0<p<1, q=1-p$	p	pq	
(贝努利分布) 二项分布 $B(k,n,p)$	$B(k,n,p) = \mathrm{C}_n^k p^k q^{n-k}$ $k=0,1,\cdots,n$ $0<p<1, q=1-p$	np	npq	

续表

分布名称	概率与密度函数 $p(x)$	数学期望	方　差	图　形
泊松分布	$p(k,\lambda) = \dfrac{\lambda^k}{k!}e^{-\lambda}, \lambda > 0$ $k = 0,1,2,\cdots,n$	λ	λ	
几何分布 $G(k,p)$	$g(k,p) = q^{k-1}p$ $k = 1,2,\cdots,n$ $0 < p < 1, q = 1-p$	$\dfrac{1}{p}$	$\dfrac{q}{p^2}$	
正态分布 高斯分布 $N(a,\sigma^2)$	$p(x) = \dfrac{1}{\sqrt{2\pi}\sigma}e^{\frac{-(x-a)^2}{2\sigma^2}}$ $-\infty < x < \infty, a,$ $\sigma > 0,$ 常数	a	σ^2	
均匀分布 $U[a,b]$	$p(x) = \begin{cases} \dfrac{1}{b-a}, a \leqslant x \leqslant b \\ 0, 其他 \end{cases}$ $a < b,$ 常数	$\dfrac{a+b}{2}$	$\dfrac{(b-a)^2}{12}$	
指数分布	$p(x) = \begin{cases} \lambda e^{-\lambda x}, x \geqslant 0 \\ 0, x < 0 \end{cases}$ $\lambda > 0,$ 常数	$\dfrac{1}{\lambda}$	$\dfrac{1}{\lambda^2}$	
$\chi^2 -$ 分布	$p(x) =$ $\begin{cases} \dfrac{1}{2^{\frac{n}{2}}\Gamma\left(\dfrac{n}{2}\right)}x^{\frac{n}{2}-1}e^{\frac{-x}{2}}, x \geqslant 0 \\ 0, x < 0 \end{cases}$ n 为正整数	n	$2n$	

续表

分布名称	概率与密度函数 $p(x)$	数学期望	方　差	图　形
Γ -分布	$p(x)=\begin{cases}\dfrac{\lambda}{\Gamma(r)}x^{r-1}\mathrm{e}^{-\lambda x},x\geqslant0\\0,x<0\end{cases}$ $r>0,\lambda>0$,常数	$r\lambda^{-1}$	$r\lambda^{-2}$	
t -分布	$p(x)=\dfrac{\Gamma\left(\dfrac{n+1}{2}\right)}{\sqrt{n\pi}\Gamma\left(\dfrac{n}{2}\right)}\cdot$ $\left(1+\dfrac{x^{2}}{n}\right)^{-\frac{(n+1)}{2}}$ $-\infty<x<\infty$,n 为正整数	0 $(n>1)$	$\dfrac{n}{n-2}(n>2)$	
F -分布	$p(x)=\begin{cases}\dfrac{\Gamma\left(\dfrac{k_1+k_2}{2}\right)}{\Gamma\left(\dfrac{k_1}{2}\right)\Gamma\left(\dfrac{k_2}{2}\right)}k_1^{\frac{k_1}{2}}k_2^{\frac{k_2}{2}}\cdot\\\dfrac{x^{\frac{k_1}{2}-1}}{(k_2+k_1x)^{\frac{(k_1+k_2)}{2}}},x\geqslant0\\0,x<0\end{cases}$ k_1,k_2 为正整数	$\dfrac{k_2}{k_2-2}$ $(k_2>2)$	$\dfrac{2k_2^2(k_1+k_2-2)}{k_1(k_2-2)^2(k_2-4)}$ $(k_2>4)$	

资料来源:http://www.95678.cn/diannaoketang/xinshiji/gltj/index.htm.

三、正态分布

(一)正态分布介绍

正态分布是概率论中最重要的一种分布。正态分布是社会经济统计中最常见的一种概率分布,如人的生理特征:身高、体重等;心理特征:智商、心理健康状况等;对若干对象的检查结果、许多不同区域经济发展水平等,都近似服从正态分布。

正态分布是具有两个参数 μ 和 σ^2 的连续型随机变量的分布,第一参数 μ 是遵从正态分布的随机变量的均值,第二个参数 σ^2 是此随机变量的方差,所以正态分布记作 $N(\mu,\sigma^2)$。遵从正态分布的随机变量的概率规律为取 μ 邻近的值的概率大,而取离 μ 越远的值的概率越小;σ 越小,分布越集中在 μ 附近,σ 越大,分布越分散。正态分布的密度函数的特点是:关于 μ 对称,在 μ 处达到最大值,在正(负)无穷远处取值为 0,在 $\mu\pm\sigma$ 处有拐点。它的形状是中间高两边低,图像是一条位于 x 轴上方的钟形曲线。当 $\mu=0,\sigma^2=1$ 时,称为标准正态分布,记为 $N(0,1)$。μ 维随机向量具有类似的概率规律时,称此随机向量遵从多维正态分布。多元正态分布有很好的性质,例如,多元正态分布的边缘分布仍为正态分布,它经任何线性变换得到的随机向量仍为多元正态分布,特别它的线性组合为一元正态分布。

由于正态分布是常见的概率分布,且它具有一些优良的统计性质,因此在概率论发展过程中,正态分布的研究具有明显的"正反馈效应",它在概率论中的地位越来越得到强化。概率理论证明:一般来说,若影响某一数量指标的随机因素很多,而每个因素所起的作用不太大,则这个指标很可能服从正态分布。所以,许多其他类型的概率分布都可以用正态分布来近似地计算。另外还有一些分布又可以通过正态分布来导出(如 Γ 分布、χ^2 分布和 F 分布,都是由正态随机变量构造而成)。因此在理论研究中,正态分布十分重要。从统计整理中(如频数分布的整理),我们就可以看出样本数据指标的分布类型。

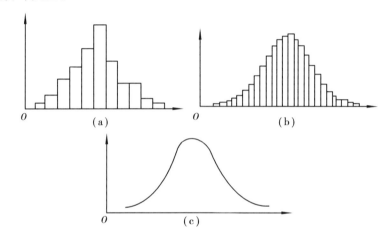

图 4-2　从频数分布到正态分布

正态分布的图像,即中间大,两端小,单峰对称,钟形。这一图像的函数表达式,也就是正态分布的概率密度函数,这一函数又被称为一般正态分布。

(二)一般正态分布

若连续型随机变量 x 的概率分布密度函数为:

$$f(x) = \frac{1}{\sigma\sqrt{2\pi}}e^{-\frac{(x-\mu)^2}{2\sigma^2}}$$

其中 μ 为平均数,σ^2 为方差,则称随机变量 x 服从正态分布(Normal distribution),记为 $x \sim N(\mu, \sigma^2)$。相应的概率分布函数为:

$$F(x) = \frac{1}{\sigma\sqrt{2\pi}}\int_{-\infty}^{x} e^{-\frac{(t-\mu)^2}{2\sigma^2}}dt$$

式中　x——随机变量的取值 $-\infty < x < \infty$;

　　　μ——均值,表示分布的集中情况。

正态分布的图像以 $x = \mu$ 为轴左右对称,正态分布的均值、中数和众数都位于同一点。

σ 为标准差(注意,不是方差),表示分布的离散程度。对于均值相同,标准差越大,则正态分布曲线越低阔,如果标准差越小,则正态分布曲线越高窄。

正态分布中,μ、σ 是其数字特征,给定一组数字特征,就唯一确定了一个正态分布函数。一般正态分布函数(或正态分布的概率密度函数)可以用符号 $X \sim N(\mu,\sigma^2)$ 来表示,即随机变量 X 服从参数为 μ,σ 的正态分布。一般正态分布的密度函数用符号小写的 $f(x)$ 表示。

正态分布 $N(\mu,\sigma^2)$ 是由均值 μ 和标准差 σ 唯一决定的分布。通过固定其中一个值,可以讨论均值与标准差对于正态曲线的影响。

另外,正态分布表达的是一个分布类型,它还可以不断细分。比如,可以分为一般正态分布、标准正态分布。标准正态分布在所有正态分布中占据重要地位。

(三)标准正态分布

当 $\mu = 0$,$\sigma = 1$ 时,称 X 服从标准正态分布,其概率密度和分布函数分别为:

标准正态分布函数:$\Phi(x) = \dfrac{1}{\sqrt{2\pi}}\displaystyle\int_{-\infty}^{x} e^{-\frac{t^2}{2}}\mathrm{d}t$,由对称性,$\Phi(-x) = 1 - \Phi(x)$。

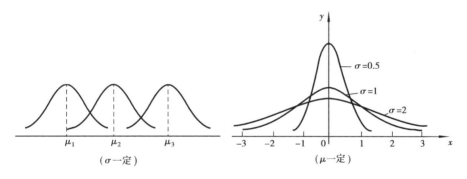

图4-3　正态分布的参数变化与图形

若一正态分布型随机变量 X 的概率密度函数为:

$$f(x) = \frac{1}{\sqrt{2\pi}}e^{-\frac{x^2}{2}}, \quad -\infty < x < +\infty$$

即它的数字特征(参数)μ,σ^2 分别等于 $0,1$,此时的正态分布就被称为标准正态分布,记为 $X \sim N(0,1)$。标准正态分布的概率密度函数,往往用小写符号 $\varphi_0(x)$ 来表示。

$\varphi_0(x)$ 除具有一般概率密度的性质外,还有下列性质:

(1)$\varphi_0(x)$ 有各阶导数。

(2)$\varphi_0(-x) = \varphi_0(x)$,即 $\varphi_0(x)$ 的图形关于 y 轴对称。

(3)$\varphi_0(x)$ 在 $(-\infty,0)$ 内严格上升,在 $(0,+\infty)$ 内严格下降,在 $x = 0$ 达到最大值:

$$\varphi_0(0) = \frac{1}{\sqrt{2\pi}} = 0.398\ 9$$

(4)$\varphi_0(x)$在$x = \pm 1$处各有一个拐点。

(5)x轴是曲线$\varphi_0(x)$的水平渐近线。

对于任给的x值,可以利用标准正态分布的概率密度函数表查出$\varphi_0(x)$的值。一些文献中将标准正态分布的概率密度函数和概率分布函数分别用特定的符号$\varphi_0(x)$,$F_0(x)$表示。

(四)标准正态分布函数表

简要回顾一下连续型随机变量的分布函数的性质,

$$p\{x_1 \leqslant \xi(\omega) < x_2\} = F(x_2) - F(x_1) = \int_{x_1}^{x_2} f(t)\,dt$$

这个式子表明:对于连续型随机变量ξ,它落在区间$[x_1,x_2]$中的概率$P\{x_1 \leqslant \xi < x_2\}$等于分布函数$F(x)$在对应区间两个端点的函数值(定积分)之差$F(x_2) - F(x_1)$。或者说:试验的观察值$x$落在区间$(a,b)$内的概率$P(a < x < b)$就是由这条曲线、$x$轴、直线$x = a$及$x = b$所围成的图形的面积(图4-4,联系几何概率部分来理解)。

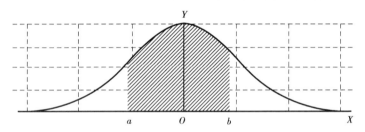

图 4-4

标准正态分布随机变量具有良好的统计特性,人们将标准正态分布函数在一系列点的取值做成了标准正态分布表以及标准正态密度函数表,这样,对于服从标准正态分布的随机变量ξ,我们可以利用查表的方法,快捷地得到它落在任一指定区间内的概率,省去了复杂的积分运算。正态分布函数表成为统计学中重要的概率计算基本工具。

标准正态分布概率(函数)表的构造原理:

利用标准正态分布函数表达式$F(x) = \int_{-\infty}^{x} f(t)\,dt$,对给定的许多$x$值,计算出相应的积分值,按照一定的方式将计算结果作科学的排列,得到正态分布函数值表(参见附表2-2,页码)。

标准正态分布函数表的特点:

(1)从$F(x)$的积分表达式可以看出,给定数值x_0,$y_0 = F(x_0)$的对应数值是x从$-\infty$到x_0的一个定积分(图4-5);

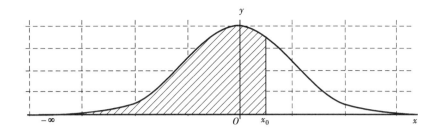

图 4-5

(2).$F(-\infty)=0,F(0)=0.5,F(+\infty)=1$（归一性）;

(3)只给出了随机变量 ξ 在 $[0,5]$ 之间的所对应的分布函数 $F(x)$ 的一些数值,当随机变量 ξ 超出这个范围时,需要利用标准正态分布的对称性、归一性等性质,进行适当的变量转换,然后再查表。

顺便说明:对于连续型随机变量 ξ,计算 ξ 等于某一个给定点 $\xi=x_0$ 的概率值是没有意义的,这个值只能是零;只有考虑 ξ 落在某一区间 $[x_1,x_2]$ 中的概率才有实际意义。

标准正态分布函数表的功能:对于标准正态型随机变量 ξ,其值落在区间 $[x_1,x_2]$ 中的概率,只需通过查正态分布函数表,再利用关系 $F(x_2)-F(x_1)=\Phi_0(x_2)-\Phi_0(x_1)$ 可马上得到所求结果;对于其一般正态分布型随机变量的概率计算问题,我们可以通过一个简单的步骤,将其转化为标准正态型随机变量,然后再查表快捷地解决;对于其他许多连续型随机变量的概率计算问题,也有一定的方法,利用标准正态分布函数表快捷地解决。可见正态分布函数表在概率问题的快捷计算上具有良好的功能。

(五)标准正态分布函数表的运用

下面通过例子来说明正态分布函数表的运用。

例 4-30 已知 $\xi\sim N(0,1)$,求 $\varphi_0(1.81),\varphi_0(-1),\varphi_0(0.57),\varphi_0(6.4),\varphi_0(0)$。

解 查书后《标准正态分布密度函数值表》可得:
$$\varphi_0(1.81)=0.077\,54$$

利用对称性可得:
$$\varphi_0(-1)=\varphi_0(1)=0.242\,0,$$
$$\varphi_0(0.57)=0.339\,1,\varphi_0(6.4)=0,\varphi_0(0)=0.398\,9。$$

例 4-31 $\xi\sim N(0,1)$,求:①$P(\xi\leqslant 1.56)$,②$P(\xi\leqslant-1.56)$,③$P(|\xi|\leqslant 1.56)$,④$P(-1\leqslant\xi\leqslant 1.35)$,⑤$P(\xi\leqslant 5.9)$。

解 (1)由《标准正态分布函数表》可以直接查到 $P(\xi\leqslant 1.56)$,即 $\Phi_0(1.56)$ 的值是 0.94。

(2)利用标准正态分布函数图形的对称性、归一性,可得:
$$P(\xi\leqslant-1.56)=P(\xi\geqslant 1.56)=1-P(\xi<1.56)$$

则

$$\Phi_0(-1.56) = 1 - \Phi_0(1.56) = 0.06$$

$$(3) P(|\xi| \leq 1.56) = P(-1.56 \leq \xi \leq 1.56)$$
$$= \Phi_0(1.56) - \Phi_0(-1.56)$$
$$= 2\Phi_0(1.56) - 1$$
$$= 0.88$$

$$(4) P(-1 < \xi \leq 1.35) = \Phi_0(1.35) - \Phi_0(-1)$$
$$= \Phi_0(1.35) - [1 - \Phi_0(1)]$$
$$= 0.752\ 8$$

$$(5) P(\xi \leq 5.9) \geq P(\xi \leq 4.99) = \Phi_0(4.99) = 1$$

通过本题的实际练习,再结合认识正态分布函数表(一定要联想到其图形)的特点,可得:如果 $\xi \sim N(0,1)$,则:

$$①P(\xi \leq X) \begin{cases} = \Phi_0(X), & X > 0 \\ = 0.5, & X = 0 \\ = 1 - \Phi_0(-X), & X < 0 \end{cases}$$

②$P(|\xi| \leq X) = 2\Phi_0(X) - 1$(当 $X > 0$ 时);

③$P(a < \xi \leq b) = \Phi_0(b) - \Phi_0(a)$;

④当 $X \geq 5$ 时,$\Phi_0(X) \approx 1$;当 $X \leq -5$ 时,$\Phi_0(X) \approx 0$。

四、普通正态分布与标准正态分布之间的关系

前面,我们已经初步尝到了利用标准正态分布函数表解决某些概率问题的"甜头"。统计学上研究了一般正态分布与标准正态分布的关系,利用一般正态分布与标准正态分布的关系之结果,我们可以将普通正态分布的概率问题转化为标准正态分布的概率问题,然后通过查表解决。

定理 如果 $\xi \sim N(\mu, \sigma^2)$(一般正态),$\eta \sim N(0,1)$(标准正态),其概率密度分别记为小写的 $\varphi(x)$ 及 $\varphi_0(x)$,分布函数分别记为大写的 $\Phi(x)$ 及 $\Phi_0(x)$,则:

①$\varphi(x) = \dfrac{1}{\sigma} \varphi_0\left(\dfrac{x-\mu}{\sigma}\right)$;

②$\Phi(x) = \Phi_0\left(\dfrac{x-\mu}{\sigma}\right)$。

推论 服从正态分布的随机变量 ξ,它的线性函数 $K\xi + b$ $(k \neq 0)$ 仍然服从正态分布。

例 4-32 已知 $\xi \sim N(8, 0.25)$,求 $P(\xi \leq 10)$ 及 $P(|\xi - 8| < 1)$。

解 因 $\xi \sim N(8, 0.25)$,$\sigma^2 = 0.25$ 所以,$\sigma = 0.5$,

于是 $\dfrac{\xi - 8}{0.5} \sim N(0,1)$。

$$P(\xi \leq 10) = \Phi(10) = \Phi_0\left(\frac{10-8}{0.5}\right) = \Phi_0(4) = 0.999\ 968\ 33$$

$$P(|\xi - 8| < 1) = P\left(\left|\frac{\xi - 8}{0.5}\right| < 2\right)$$
$$= 2\Phi_0(2) - 1$$
$$= 0.954\ 5$$

例 4-33　设随机变量 $X \sim N(2,9)$,试求下列概率:

(1) $P\{X < 0\}$;　　　　　　(2) $P\{X > -1\}$;

(3) $P\{-2 < X \leqslant 2\}$;　　　　(4) $P\{-1 \leqslant X \leqslant 5\}$。

解　(1) $P\{X < 0\} = P\left\{\dfrac{X-2}{3} < \dfrac{0-2}{3}\right\} = P\left\{\dfrac{X-2}{3} < -\dfrac{2}{3}\right\} = \Phi_0\left(-\dfrac{2}{3}\right)$

$$= 1 - \Phi_0\left(\frac{2}{3}\right) = 1 - 0.748\ 6 = 0.251\ 4$$

(2) $P\{X > -1\} = 1 - P\{X \leqslant -1\}$

$$= 1 - P\left\{\frac{X-2}{3} \leqslant \frac{-1-2}{3}\right\} = 1 - P\left\{\frac{X-2}{3} \leqslant -1\right\}$$

$$= 1 - \Phi_0(-1) = 1 - [1 - \Phi_0(1)] = \Phi_0(1)$$

$$= 0.841\ 3$$

(3) $P\{-2 < X \leqslant 2\} = P\left\{\dfrac{-2-2}{3} < \dfrac{X-2}{3} \leqslant \dfrac{2-2}{3}\right\}$

$$= P\left\{-\frac{4}{3} < \frac{X-2}{3} \leqslant 0\right\}$$

$$= \Phi_0(0) - \Phi_0\left(-\frac{4}{3}\right) = \Phi_0(0) + \Phi_0\left(\frac{4}{3}\right) - 1$$

$$= 0.5 + 0.908\ 2 - 1 = 0.408\ 2$$

(4) $P\{-1 \leqslant X \leqslant 5\} = P\left\{\dfrac{-1-2}{3} \leqslant \dfrac{X-2}{3} \leqslant \dfrac{5-2}{3}\right\}$

$$= P\left\{-1 \leqslant \frac{X-2}{3} \leqslant 1\right\}$$

$$= \Phi_0(1) - \Phi_0(-1) = 2\Phi_0(1) - 1$$

$$= 2 \times 0.841\ 3 - 1 = 0.682\ 6$$

第五节　大数定律与中心极限定理

一、大数定律

(一)大数定律概述

引例:如果让你投 3 次篮球,投中 1 次,将 1/3 作为你投篮的统计概率,你可能不同意,觉得自己投篮次数太少,偶然性成分较大,所得结果不能完全代表自己的投篮水平;如果让你投篮 10 次,投中 3 次,或进一步,让你投篮 50 次(或更多的投篮次数 N),以投中的次数除以 50(或 N)得到的结果作为你当天投篮的统计概率,你可能就会认可。这个例子说明,在大量随机现象中,不仅看到了随机事件频率的稳定性,而且还看到平均结果的稳定性。即无论个别随机现象的结果如何,或者它们在进行过程中的个别特征如何,大量随机现象的平均结果实际上与每一个别随机现象的特征无关,并且几乎不再是随机的了。

人们在长期的实践中发现,事件发生的频率具有稳定性,也就是说随着试验次数的增多,事件发生的频率将稳定于一个确定的常数。对某个随机变量 x 进行大量的重复观测,所得到的大批观测数据的算术平均值也具有稳定性。由于这类稳定性都是在对随机现象进行大量重复试验的条件下呈现出来的,因而反映这方面规律的定理我们就统称为大数定律。

在现代统计学中,大数定律是一个定律集,它包含了许多内容,这些内容可以划分为:弱大数定律、强大数定律和均方大数定律等。常用的大数定律有:切比雪夫大数定律、伯努利大数定律、辛钦大数定律,等等。不同大数定律的表达形式也各不相同。

(二)切比雪夫不等式

一个随机变量离差平方的数学期望就是它的方差,而方差又是用来描述随机变量取值的分散程度的。下面研究随机变量的离差与方差之间的关系式。

切比雪夫不等式:设随机变量 ξ 独立的或试验序列 $x_1, x_2, \cdots, x_n$,具有均值 $E(\xi)$(数学期望)或 $E(x_1), E(x_2), \cdots, E(x_n)$,及方差 $D(\xi)$ 或 $D(x_1), D(x_2), \cdots, D(x_n)$,则对于任意正数 ε,有:

$$P(\mid \xi - E(\xi) \mid \geqslant \varepsilon) \leqslant \frac{D(\xi)}{\varepsilon^2}$$

$$P(\mid \xi - E(\xi) \mid < \varepsilon) \geqslant 1 - \frac{D(\xi)}{\varepsilon^2}$$

证明过程从略。

切比雪夫不等式告诉我们:①随机变量 ξ(或随机变量序列)与其数学期望 $E(\xi)$ 的离差 $\geqslant$ 任意正数 ε 的概率 $P(\mid \xi - E(\xi) \mid \geqslant \varepsilon)$ 不超过这个随机变量 ξ 的方差 $D(\xi)$ 与该正数 ε 平方之商。②随机变量 ξ 与其数学期望 $E(\xi)$ 的离差 < 任意正数 ε 的概率 $P(\mid \xi - E(\xi) \mid < \varepsilon) \geqslant$ 数字 1 与 ξ 的方差 $D(\xi)$ 除以那个正数 ε 的平方所得结果之差。

例 4-34　设某市有 10 000 户居民,已知某盛大节日每一户到达中心广场参加庆典活动的概率都是 0.73,且假定每户参加庆典活动是彼此独立的,试估计同时到达中心广场参加庆典活动的户数在 7 100 与 7 500 之间的概率(这是安排治安维护力量、公共服务设施、应急与预防突发性事件资源配置等的重要依据)。

解　令 ξ 表示同时参加庆典活动的户数,它服从参数 $n = 10\,000, P = 0.73$ 的二项分布。

该例若用贝努利公式计算,可得

$$P(7\ 100 \leqslant \xi \leqslant 7\ 500) = \sum_{K=7\ 100}^{7\ 500} C_{10\ 000}^K 0.73^K \times 0.27^{10\ 000-K}$$

事实上,作为一个概率值而言,这是一个几乎无法计算的问题:经过大量的高次方运算、大量的四舍五入的计算过程,这个结果一定是一个"面目全非"的概率值。

如果用切比雪夫不等式估计,可得

$$E(\xi) = np = 10\ 000 \times 0.73 = 7\ 300$$

$$D(\xi) = npq = 10\ 000 \times 0.73 \times 0.27 = 1\ 971(参见本书表4.9)$$

$$P(7\ 100 \leqslant \xi \leqslant 7\ 500) = P(7\ 100 - 7\ 300 \leqslant \xi - E(\xi) \leqslant 7\ 500 - 7\ 300)$$

$$= P(|\xi - 7\ 300| < 200) \geqslant 1 - \frac{1\ 971}{200^2} \approx 0.950\ 7$$

可见,虽然有10 000户居民,但是只要组织能够应对7 300户人口聚集的有关管理力量,就能够以相当大的概率保证公共秩序。事实上,切比雪夫不等式的估计只说明概率大于0.95,后面将用另外的方法进一步具体求出这个概率约为0.995 76(参见本书例4-38)。切比雪夫不等式在理论上具有重大意义,但估计的精确度不高。

利用切氏定理的技术要点:凑形式,得神似!

二、中心极限定理

正态分布在随机变量的各种分布中,占有特别重要的地位。在某些条件下,即使原来并不服从正态分布的一些独立的随机变量,它们之和的分布,当随机变量的个数无限增加时,也是趋于正态分布的。在概率论里,把研究在什么条件下,大量独立随机变量和的分布以正态分布为极限这一类定理称为中心极限定理(与大数定律相似,中心极限定理包含很多定理)。

(一)李雅普诺夫定理

李雅普诺夫(Lyapunov,1857—1918)是俄国数学家、力学家,切比雪夫创立的彼得堡学派的杰出代表,他的建树涉及多个领域,尤以概率论、微分方程和数学物理最有名。李雅普诺夫定理是概率论之中心极限定理的重要组成部分。一般来说,如果某一项偶然因素对总和的影响是均匀的、微小的,即没有一项特别突出的作用,那么就可以断定描述这些大量独立的偶然因素的总的随机变量是近似地服从正态分布,其概率问题可以用李雅普诺夫定理来表达。

李雅普诺夫定理:设 $\xi_1, \xi_2, \cdots, \xi_n$ 是相互独立的随机变量,有数学期望值 $E(\xi_i) = a_i$ 及方差 $D(\xi_i) = \sigma_i^2 < +\infty$ $(i = 1,2,\cdots)$,若每个 ξ_i 对总和 $\xi = \sum_{i=1}^n \xi_i$ 影响不大,令 $D(\xi) = D(\xi_1) + D(\xi_2) + \cdots + D(\xi_n)$,$E(\xi) = E(\xi_1) + E(\xi_2) + \cdots + E(\xi_n)$,则有

$$\lim_{n \to \infty} P\left(\frac{\xi - E(\xi)}{\sqrt{D(\xi)}} < x \right) = \Phi_0(x)$$

括号中的表达式 $\dfrac{\xi - E(\xi)}{\sqrt{D(\xi)}}$ 称为规格化和。

即

$$P\left(\frac{\xi - E(\xi)}{\sqrt{D(\xi)}} \leqslant x \right) \approx \Phi_0(x)$$

注意该定理的一个特征:等式左边括号中的不等式,若干随机变量 ξ_i 之和 ξ 与其数学期望 $E(\xi)$ 之差与其标准差的商 $\leqslant$ 某一数值 x 的概率逼近于正态分布函数 $\Phi_0(\xi)$ 在 x 处的值(可查表得到)。

这个定理的实际意义是:如果一个随机现象由众多的随机因素所引起,不论各随机因素的分布为何,只要每一因素在总的变化里起着不显著的作用,就可以推断,描述这个随机现象的随机变量近似地服从正态分布。由于这些情况很普遍,所以有相当多一类随机变量遵从正态分布,从而正态分布成为概率统计中最重要的分布。这个定理对离散的和连续的随机变量都适用。

例 4-35 若每户居民户月均用水量是 15 吨,标准差是 8 吨。求一个居住区(500户)居民月均用水超过 8 000 吨的概率。

解 设居住区月均耗水 ξ 吨,居住区中第 i 个居民户的月均用水量为 ξ_i($i = 1,2,\cdots,500$),$\xi_1, \xi_2, \cdots, \xi_n$ 相互独立。

于是有:$\xi = \sum\limits_{i=1}^{500} \xi_i$

$$E(\xi_i) = 15, \qquad \sigma(\xi_i) = 8, \qquad D(\xi_i) = 64,$$

$$E(\xi) = \sum_{i=1}^{500} E(\xi_i) = 7\,500$$

$$D(\xi) = \sum_{i=1}^{500} D(\xi_i) = 32\,000$$

$$\sigma(\xi) = \sqrt{D(\xi)} = 178.9$$

根据中心极限定理有:

$$P(\xi \geqslant 8\,000) = 1 - P(\xi < 8\,000) = 1 - P\left(\frac{\xi - 7\,500}{178.9} < \frac{500}{178.9} \right)$$

$$= 1 - P(\eta < 2.79) = 1 - \Phi_0(2.79)$$

$$= 1 - 0.997 = 0.003$$

(式中 $\eta \sim N(0,1)$)

可见,超过 8 000 吨的概率很小。按照这个标准设计供水量能满足该居住区 500户的用水需求。

例 4-36 某工业区有若干家电子工厂,若没有采取严格的控制措施,每家工厂每月产生达到应登记程度的工业性污染的次数是一随机变量,其期望值为 2,方差为

1.69。求在 100 家电子工厂每月产生 180 次到 220 次达到登记程度污染的概率。

解　令第 i 家电子厂月污染次数为 ξ_i，100 家工厂月污染次数为 $\xi = \sum_{i=1}^{100} \xi_i$。$\xi$ 渐近服从正态分布，期望值为 200，方差为 169，标准差为 13。应用中心极限定理，有：

所以
$$P(180 \leq \xi \leq 220) = P(|\xi - 200| \leq 20)$$
$$= P\left(\left|\frac{\xi - 200}{13}\right| \leq \frac{20}{13}\right)$$
$$\approx 2\Phi_0(1.54) - 1$$
$$= 0.876\,44$$

可见，如果缺乏严格的污染控制措施，该工业区每月遭受较严重污染的可能性是比较大的。

利用李氏定理解应用题的技术要点：凑形式，得神似!

(二)拉普拉斯定理

二项分布以正态分布为极限，下面不加证明地列出拉普拉斯定理。

(1)拉普拉斯第一定理。如果随机变量 ξ 服从参数为 n,p 的二项分布，则有：

当 $n \to \infty$ 时，
$$P(\xi = k) \approx \frac{1}{\sqrt{2\pi npq}} e^{-\frac{(k-np)^2}{2\pi pq}}$$
$$= \frac{1}{\sqrt{npq}}\Phi_0\left(\frac{k-np}{\sqrt{npq}}\right)$$

(2)拉普拉斯第二定理。当 $n \to \infty$ 时，
$$p(a < \xi < b) \approx \Phi(b) - \Phi(a)$$
$$= \Phi_0\left(\frac{b-np}{\sqrt{npq}}\right) - \Phi_0\left(\frac{a-np}{\sqrt{npq}}\right)$$

其中随机变量 ξ 服从参数为 n,p 的二项分布。

例 4-37　某地因经济、社会发展较快，公共管理事务大量增加。使该地方政府每个部门都有增加人员的需求。已知在一年内各部门增加人员的概率为 0.35。求 38 个部门中有 20 个部门同时增加人员的概率。

解　38 个部门中同时增加人员的部门数 ξ 服从二项分布，$n = 38$，$p = 0.35$，$np = 13.3$，$npq = 8.645$

用拉普拉斯第一定理近似计算，得

$$P(\xi = 20) = \frac{1}{\sqrt{npq}}\Phi_0\left(\frac{K-np}{\sqrt{npq}}\right) = \frac{1}{2.94}\Phi_0\left(\frac{20-13.3}{2.94}\right)$$
$$= 0.336$$

注:为使估算结果达到一定的精确度,一般要求 n 至少为50,有时也放宽到 $n \geqslant 30$ 使用。

例4-38   用拉普拉斯积分极限定理计算例4-34 的概率问题。

解
$$np = 7\,300, \quad \sqrt{npq} = 69.94$$

$$P(7\,100 < \xi < 7\,500) = P(|\xi - 7\,300| < 200)$$

$$= P\left(\left|\frac{\xi - 7\,300}{69.94}\right| < 2.86\right)$$

$$= 2\varPhi_0(2.86) - 1 = 0.995\,76$$

例4-39   在公共人力资源管理中已知,每名公务员在一年中请病假的概率为 $p = 0.005$,求一年内 2\,500 名公务员中请病假人数不大于25 的概率。

解   一年内 2\,500 人中请假人数 ξ 服从二项分布,$n = 2\,500$,$p = 0.005$,$np = 12.5$,得:

$$\sqrt{npq} = 3.53$$

该题可灵活利用拉普拉斯第二定理计算:

$$P(\xi \leqslant 25) = P(-\infty \leqslant \xi \leqslant 25) = \varPhi_0\left(\frac{25 - 12.5}{3.53}\right) - \varPhi_0(-\infty)$$

$$= \varPhi_0\left(\frac{25 - 12.5}{3.53}\right) = 0.999$$

例4-40   民意调查显示,公众对自来水定价方案持反对意见的概率为0.03,求在有 600 名公众参加的自来水定价听证会上有 15 名公众反对自来水价格方案的概率。

解   600 人中持反对意见的人数 ξ 服从二项分布,$n = 600$,$p = 0.03$,$np = 18$,则

$$\sqrt{npq} = 4.18$$

用拉普拉斯第一定理估算,得:

$$P(\xi = 15) = \frac{1}{\sqrt{npq}}\varPhi_0\left(\frac{15 - np}{\sqrt{npq}}\right) = \frac{1}{4.18}\varPhi_0\left(\frac{15 - 18}{4.24}\right)$$

$$= \frac{1}{4.18}\left[1 - \varPhi_0\left(\frac{3}{4.18}\right)\right] = 0.056$$

例4-41   一项公共产品拥挤性试验。某市有69.35 万人口,计划扩建该市公共图书馆,根据过去经验,该市每位市民在一年中去图书馆的概率为15%。现图书馆扩建方案设计为每天接待 300 人。(1)问该方案会发生拥挤现象的概率是多少? (2)为了以99.99% 的概率保证度使图书馆不发生拥挤,至少应将每天的接待能力提高到什么程度?

解   假定市民一年 365 天中去图书馆的人数是均匀分布的,那么平均每天有(69.35 万/365)人可能考虑去图书馆,也就是每天大致有1\,900人可能考虑去图书馆。

(1)每天去图书馆的人数 ξ 服从二项贝努利分布 $B(1\,900, 0.15)$。

$n = 1\,900, np = 285, \sqrt{npq} = 15.56$，当每天实际去图书馆的人数 $\xi > 300$ 时，图书馆就会发生拥挤。

现考虑概率 $P(\xi > 300)$ 及去图书馆的人数一定满足：$\xi \geqslant 0$，于是

$$P(\xi > 300) = 1 - P(\xi \leqslant 300) = 1 - \left[P(0 \leqslant \xi \leqslant 300) \right]$$

$$= 1 - \left[\Phi_0\left(\frac{300 - 285}{15.56}\right) - \Phi_0\left(\frac{0 - 285}{15.56}\right) \right]$$

$$= 1 - \Phi_0(0.964) + \Phi_0(-18.32)$$

$$= 2 - \Phi_0(0.964) - \Phi_0(18.32) = 0.168\,5$$

可见，拥挤是可能发生的。

本例也可以直接利用贝努利概型计算：

$$P(\xi > 300) = 1 - \left[P(0 \leqslant \xi \leqslant 300) \right]$$

$$= 1 - \sum_{K=0}^{300} C_{1\,900}^{K} 0.15^{K} \times 0.85^{1\,900 - K}$$

此计算涉及大量的四舍五入，该概率值实际上几乎是不可能算得的。

（2）为了以 99.99% 的概率保证度使图书馆不发生拥挤，假定设计至少应每天接待人数为 K，则有

$$0.999\,9 = P(0 \leqslant \xi \leqslant K)$$

$$= \Phi_0\left(\frac{K - 285}{15.56}\right) - \Phi_0\left(\frac{0 - 285}{15.56}\right)$$

$$= \Phi_0\left(\frac{K - 285}{15.56}\right) - \left[1 - \Phi_0\left(\frac{285}{15.56}\right) \right] = \Phi_0\left(\frac{K - 285}{15.56}\right)$$

反查表得：

$$\frac{K - 285}{15.56} = 3.72$$

于是 $K \approx 342.88$，不妨取 $K = 350$。如果考虑到该城市人口还会增加，那么 K 值还应根据人口预测数进一步调高。

思考练习

1. 排列与组合之间的异同有哪些？
2. 两事件 A, B 相互独立与 A 和 B 互不相容这两个概念是何种关系？
3. 设 A, B, C 是三个随机事件，请用 A, B, C 的关系式表达下列事件：

（1）A 发生，B 与 C 不发生；

（2）A, B, C 至少有一个发生；

（3）A, B, C 至少有一个不发生。

4. 设 A、B 为随机事件,已知 $P(A) = 0.5$,$P(A-B) = 0.2$,求 $P(\overline{AB})$。

5. 设 $P(A) = P(B) = P(C) = 1/3$,又知 A,B,C 三个随机事件相互独立,则下列事件的概率是多少?

   (1) A,B,C 至少发生一件的概率;

   (2) A,B,C 恰好发生一件的概率;

   (3) A,B,C 最多发生一件的概率。

6. 试判断以下说法是否正确,正确的请在括号里记"√",错误的记"×"。

   (1) 排列与组合的主要差异在于一个是有放回地选取,另一个是不放回地选择。

   （　　）

   (2) 主观概率就是在进行计算之后得出的主观上的事件发生概率。　（　　）

   (3) 如果 n 个事件 $A_1, A_2, \cdots, A_n$ 两两互不相容,则有下列关系式 $P(A_1 + \cdots + A_n) = P(A_1) + \cdots + P(A_n)$ 成立。　（　　）

   (4) 正态分布的图像以 $x = \mu$ 为轴左右对称,且正态分布的均值、中位数和众数都位于同一点。　（　　）

   (5) 大数定律的意义在于用数学形式证明了事件发生的频率具有稳定性。　（　　）

7. 以下每个题目只有一个正确答案,请选择出你认为正确的答案,记在题后括号里)。

   (1) 若 $P(AB) = 0$,则(　　)。

   　A.A 和 B 不相容　　　　　　　B.A 和 B 独立

   　C.$P(A-B) = P(A)$　　　　　　D. 以上都不对

   (2) 若 n 个事件 $A_1, A_2, \cdots, A_n$ 构成一个完备事件组,则它们概率的和为　（　　）。

   　A.0　　　　　　B.1　　　　　　C. -1　　　　D. 以上都不对

   (3) A 和 B 是两个任意的随机事件,如果 A 和 B 又是相互独立的,则下列关系哪个是成立的?　（　　）

   　A.$P(AB) = P(A)P(B)$　　　　　B.$P(AB) = P(A) + P(B)$

   　C.$P(AB) = P(A) - P(B)$　　　　D.$P(AB) = P(A)/P(B)$

   (4) 下列哪个概率分布不是离散性随机变量的概率分布?　（　　）

   　A. 二项分布　　B. 泊松分布　　C. 正态分布　　D. 几何分布

   (5) 某校期末考试,语文平均成绩为80分,标准差为4分;数学平均成绩为90分,标准差为10分。某同学语文得82分,数学得94分,问:相对来看,该同学哪门课成绩考得好?　（　　）

   　A. 数学　　　　B. 语文　　　　C. 一样好　　　D. 无法比较

8. 一堆表格中有100张各式常用申请表格,其中混入了3张申请行政复议的表格,现在从这堆表格中采用不放回的方式抽取两次,每次抽一张,请问第一次抽到非行政复议申请表格,第二次抽到行政复议申请表格的概率。

9. 某机关年底开始统计本单位下一年度报刊征订情况,经统计发现各科室中订阅 A 报纸的有45%,订阅 B 杂志的有35%,而订阅 C 报纸的有30%,同时订阅 A 和 B 的有10%,同时订阅 A 和 C 的有8%,同时订阅 B 和 C 的有5%,而同时订阅三种报刊杂志的有 3%,请计算该机关中不订阅任何报纸的概率。

10. 某单位新购买了一箱 50 张包装的办公用纸,其中优质纸张有 45 张,若某职员随机地取用纸张,则当他使用 3 张时,求其中有次优纸张的概率。

11. 已知一堆球中有红蓝两色,其中红球占总体的 70%,而新的红球又占红球总体的 95%,新的蓝球占蓝球总体的 80%,若现在从这堆球中随机抽取一个球,抽中新的红球的概率是多少?

12. 某单位为举行乒乓球比赛购置了 5 副不同的球拍,但是包装时却混装在一个盒子中,若现在从中任取 4 支球拍派发给其职员的话,请问至少有 2 支球拍恰好原先是一幅的概率。

13. 根据一段时间观察发现某单位的社会公众热线的来电次数,在上午 9 点到 10 点这段时间内,每 10 分钟的来电平均次数是 5 次,又知电话次数服从泊松分布。问在一般情况下,每 10 分钟内热线电话的来电次数分别是 0,1,2,3,4 的概率是多少?

14. 经测试,某公共服务部门增加人员的要求因公共支出扩大引起的概率为 0.35;因社会对服务内容增加引起的概率为 0.55;因公众对服务质量要求提高引起的概率为 0.50;因公众对服务效率要求提高引起的概率为 0.30。现知道明年公共支出扩大的发生率为 0.35;社会对服务内容增加的发生率为 0.30;社会对服务内容增加的发生率为 0.10;公众对服务效率要求提高的概率为 0.25。计算明年该部门增加人员的概率。

15. 已知公交车站在上下班高峰期,发生拥挤的概率为 0.35;计算上下班高峰期全市 20 个公交车站中:(1)恰有 5~8 个车站在发生拥挤的概率;(2)发生拥挤的车站数超过 18 个的概率。

16. 已知员工在一年中请病假的概率为 0.05,计算 600 名员工在一年中请病假的人数不超过 25 人的概率。

17. 某大型批发市场有数千个档口,已知每年发生档主与顾客交易纠纷的档口数量(1)服从正态分布 $N(500,64)$,估算今年发生档主与顾客交易纠纷的档口数量在 450 户与 550 户之间的概率;(2)服从泊松分布 $P(300,17.5)$,估算今年发生档主与顾客交易纠纷的档口数量在 260 户与 340 户之间的概率。

18. 某市有一批高新技术企业,按照该市扶持高新技术企业政策规定,过去几年中每户高新技术企业每年向政府科技管理部门申请的科技项目支持费平均为 180 万元,方差为 30 万元。假定未来几年内高新技术企业增加为 250 家,每户高新技术企业每年向政府科技管理部门申请的科技项目支持费平均为 220 万元,方差为 50 万元。估算未来几年中该市科技项目年度支持费总额不超过 5.2 亿元的概率。

19. 某地有 500 处公共服务场所,已知每个公共服务场所在一年的 12 个月中平均需要免费派发宣传资料 170 份,其标准差为 30 份。计算该地所有公共服务场所全年需要免费派发宣传资料超过 87 000 份的概率。

20. 某部门对区域规划设计进行公示,在公示期内经调查发现公众对该规划设计方案持反对意见的概念为 0.15,求在 1 000 名调查者中有 80 名反对者的概率。

第五章 抽样调查

第一节 抽样调查概述

一、什么叫抽样

抽样调查是科学研究方法中的一种重要技术,它从所要研究的具有特定现象的母群体中,依一定的规则,抽取一部分子群体作为样本(sample),以此研究母群体(population)的特征。

抽样调查(sampling Survey)涉及抽样和调查两个基本概念。所谓抽样就是依据一定的理论指导,按照一定的程序从总体中抽取样本。所谓调查则是从测量对象获取测量信息的一种手段(或技术)。

抽样调查法结果的准确性取决于三个环节:抽样、对样本的测量、统计推断。因此,与直接测量相比,抽样调查法是一种间接测量,是通过对样本的分析而把握其总体信息的一种方法。抽样调查法是一种非全面调查,它大大减少了直接调查的工作量,具有调查费用较低、调查速度较快的特点。特别,在测试方法具有破坏性(如检查罐头质量时,往往要将罐头打开)时,抽样调查法在把握测量对象总体的情况时具有独特的作用。

二、相关概念

(一)总体与个体

把研究对象的全体称为总体,而把组成总体的各个元素称为个体或总体单位。

(二)样本与样本容量

从总体中抽取若干个个体的过程称为抽样,抽样的结果称为样本,样本中所含个体的数量称为样本容量。

辨误:假定我们从 1 000 名成员中抽取了 80 名进行分析,有的同学往往会说:"我们抽取了 80 个样本做调查"。正确的说法应该是,我们抽取了 1 个样本,该样本的容量为 80。从 1 000 人中随机抽取一个容量为 80 的样本,利用组合公式计算,共可抽得 $C_{1\,000}^{80}$ 个不同的样本。

从总体中抽取样本必须满足:

(1)随机性:为使样本具有充分的代表性,抽样必须是随机的,应使总体中的每一个个体都有同等的机会被抽取到。

(2)独立性:各次抽样必须是相互独立的,即每次抽样的结果既不影响其他各次抽样的结果,也不受其他各次抽样结果的影响。

(三)普　查

普查是专门组织的、一般用来调查属于一定时点上社会经济数量现象的一种调查方式。普查是一种不连续调查,其工作范围广,工作量大,耗费人力、物力多,组织工作复杂。

(四)抽样调查

抽样调查是一种非全面调查,是按照一定方法从总体中抽取部分调查单位进行观察用以推算总体数量特征的一种调查方式。随机性原则就是总体中的调查单位完全由随机因素来决定,单位中选或不中选不受主观因素的影响,保证总体中每一个单位都有同等的中选可能性。

(五)抽样框

抽样框是指在具体抽样操作中按一定规则进行的包括全部抽样单位的纸上抽样实施方案(框架)。抽样框的意义——实施抽样的基础,影响抽样的随机性和抽样效果。抽样框的主要形式:①名单抽样框(将总体中全部个体的名单或对每一个体的编码一一列出来);②区域抽样框(按地理区域位置,列出总体的所有个体,如列出被调查总体中每一个体的门牌号);③时间表抽样框(即按时间顺序排列总体的个体单位)。抽样框的要求:一个理想的抽样框应该与目标总体一致,即应包括全部总体单位,既不重复也不遗漏;尽可能利用与所研究变量相关的辅助变量的信息。

资料 5-1　山东省统计局《关于规范限额以下批零贸易餐饮业各阶抽样框的通知》(2002)

　　各市统计局贸易外经科(处):

　　根据鲁统办函[2002]38 号文件的要求,各市县、乡、村和市场抽样框的编制工作已经完成。但是,个别抽样单位的资料不够规范和统一,甚至存在错误。为保证下一步数据处理的顺利进行和数据质量,需对各阶抽样框进行统一和规范。现对规范抽样框具体要求如下:

　　一、总要求

　　1. 抽样单位的行政区划代码和属性代码必须符合《编码工作细则》的规定和

要求。

2. 抽样单位的名称必须使用规范汉字,不得包含空格、标点符号、运算符号以及其他非法字符。

3. 未经省局贸易外经处批准,不得修改抽样框数据库的结构。

4. 各阶抽样框数据库中不得含有空记录。

5. 所有资料必须通过省局贸易外经处前阶段所发审核程序的审核。

二、县级抽样框

1. 名称中不得含有省级和市级行政区划名称。

2. 名称必须以县、市或区结尾,长度为 2 ~ 4 个汉字。

3. 数据库中所有字段内容必须填报完整。

三、乡级抽样框

1. 名称中不得含有省级、市级和县级行政区划名称。

2. 名称必须以乡、镇或办事处结尾。

3. 数据库中所有字段内容必须填报完整。

四、村级抽样框

1. 名称中不得含有省级、市级、县级和乡级行政区划名称。

2. 数据库中,除 tkind1,tkind2,tkind10 和 tkind20 外,其他字段内容必须填报完整。

五、市场抽样框

1. 名称中不得含有各级行政区划名称。

2. 对没有零售额发生的批发市场、拆迁过程中的市场及其他无任何成交额发生的市场,应从市场抽样框中剔除。

3. 数据库中所有字段内容必须填报完整,且格式符合规定的要求。

各市要按照上述要求,认真审查各自的所有抽样框资料,并将规范后的各阶抽样框资料于 10 月 28 日 12:00 前通过电子邮件上报省局贸易外经处,前阶段编制的抽样框已完全符合上述要求的市,在报经省局贸易外经处认可后方可免报。

二〇〇二年十月二十二日

(六)抽样误差、系统误差

由于人与人之间存在个体差异,即使从同一总体用同样方法随机抽取容量相同的一些样本,各样本算得的某种指标,如平均数(或率),通常也参差不齐,存在一定的差异。这种差异即由于抽样而带来的样本与总体间的误差,统计上叫抽样波动或抽样误差。

抽样误差和系统误差不一样。关于系统误差,当人们一旦发现它之后,是可能找到产生的原因而采取一定措施加以纠正的,而抽样误差则无法避免。因为客观上既然存在个体差异,那么刚巧这一样本中多抽到几例数值大些的,所求样本均数就会稍大,另一样本多抽到几例数值小些,该样本均数就会稍小,这是不言而喻的。

　　抽样误差是指由于随机抽样的偶然因素使样本各单位的信息对总体各单位信息的代表性发生差别而引起的抽样指标等方面与总体的差异。因而,抽样误差是抽样所特有的误差。凡进行抽样就一定会产生抽样误差,这种误差虽然是不可避免的,但可以控制,所以又称为可控制误差。抽样误差与另外两种误差不同。一种是调查误差,即在调查过程中,由于观察测量、登记、计算上的差错所引起的误差;另一种是系统偏误(又称系统性误差),即由于违反随机原则,有意地选择较好或较差单位进行调查,造成样本代表性不足所引起的误差。这两种误差是可以防止和避免的。

　　抽样误差既是样本指标与总体指标之间的误差,那么抽样误差小就表示从样本算得的平均数或比率与总体的较接近,由样本代表总体来说明其特征的可靠性亦大。但是,通常总体均数或总体率我们并不知道,所以抽样误差的数量大小,不能直观地加以说明,只能通过抽样实验来了解抽样误差的规律性。

　　影响抽样误差大小的因素主要有:

　　(1)总体单位的标志值的差异程度愈大则抽样误差愈大,反之则愈小。

　　(2)在其他条件相同的情况下,样本单位数愈多,则抽样误差愈小。

　　(3)抽样方法不同,抽样误差也不相同,一般说,重复抽样比不重复抽样误差要大些。

　　(4)抽样调查的组织形式不同,其抽样误差也不相同,而且同一组织形式的合理程度也会影响抽样误差。

第二节　抽样调查的基本方法与技术

一、简单随机抽样(随机抽样)

　　简单随机抽样是按随机原则直接从总体的 n 个单位中抽取 m 个单位作为样本。简单随机抽样,也叫纯随机抽样,是其他抽样方法的基础。它是从总体中不加任何分组、划类、排队等,而完全随机地抽取调查单位。特点是:每个样本单位被抽中的概率相等,样本的每个单位完全独立,彼此间无一定的关联性和排斥性。简单随机抽样是其他各种抽样形式的基础。通常只是在总体单位之间差异程度较小和数目较少时才采用这种方法。

　　简单随机抽样还可以进一步分为有放回随机抽样(由 n 个个体构成的总体,其样本容量 m 的样本有 C_n^m 个,如果每个样本容量 m 的样本被抽到的概率是相等的,则称这种抽样为简单随机抽样,所得的样本称为简单随机样本)和无放回随机抽样(由 n 个个体构成的总体,从这个总体中无放回地抽取 m 个个体作样本,如果从抽取第一个个体开始到抽取第 m 个个体止,在每次抽取构成样本的个体时,每个没有被抽出的个体当下被抽到的概率均相等,称这样的抽样为简单随机抽样)。

简单随机抽样可以通过抽签法和随机数表方法来实现。先确定或搜集一个抽样框,将抽样框中的每个元素都编上号。

抽签法:把所有抽签抽中的号码的元素或随机数字对应的号码的元素作为样本进行调查。

随机数表法:利用随机数表抽选样本是最常用的一种随机抽样法。随机数表又称乱数表,它是将0~9的10个自然数,按编码位数的要求(如两位一组、三位一组,五位甚至十位一组),利用电脑随机数码软件或机械式摇码机生成。根据一定的规则,将得到的随机数汇集成《随机数表》(《随机数表》可由上述方法随意生成,故不同的资料中往往有不同的《随机数表》)。例如某《随机数表》的一个片段如下:

列 行	00—04	05—09	10—14	15—19	20—24	25—29	30—34	35—39	40—44	45—49
25	68089	01122	51111	72373	06902	74373	96199	97017	41273	21546
26	20411	67081	89950	16944	93054	87687	96693	87236	77054	33848
27	58212	13160	06468	15718	82627	76999	05999	58680	96739	63700
28	70577	42866	24969	61210	76046	67699	42054	12696	93758	03283
29	94522	74358	71659	62038	79643	79169	44741	05437	39038	13163
30	42626	86819	85651	88578	17401	03252	99547	32404	17918	62880
31	16051	33763	57194	16752	54450	19031	58580	47629	54132	60631
32	08244	27647	33851	44705	94211	46716	11738	55784	95374	72655
33	59497	04392	09419	89964	51211	04894	72882	17805	21896	83864
34	97155	13428	40293	09985	58434	01412	69124	82171	59058	82859
35	98409	66162	95763	47420	20792	61527	20441	39435	11859	41567
36	45476	84882	65109	96597	25930	66790	65760	61203	53634	22557
37	89300	69700	50741	30329	11658	23166	05400	66669	48708	03887
38	50051	95137	91631	66315	91428	12275	24816	68091	71710	33258
39	31753	85178	31310	89642	98364	02306	24617	09609	83942	22716
40	79152	53829	77250	20190	56535	18760	69942	77448	33728	48805
41	44560	38750	83636	56540	64900	42912	13953	79149	18710	68618
42	68328	83378	63369	71381	39564	05615	42451	64559	97501	65747
43	46939	38689	58625	08312	30459	85863	20781	09284	26333	91777
44	83544	86141	15707	96256	23068	13782	08467	89469	93842	55349
45	91621	00881	04900	54224	46177	55309	17852	27491	89415	23466
46	91896	67126	04151	03795	59077	11848	12630	98375	52068	60142
47	55751	62515	21108	80830	02263	29303	37204	96926	30506	00808
48	85156	87689	95493	88842	00661	55017	55539	17771	69443	87530
49	07521	56898	12236	60277	39103	62315	12239	07105	11844	01117

图 5-1　随机数表片段示例

使用随机数表时,数字选择不受任何限制,可以从任意数字开始,然后从左至右、或从上至下、或沿一定的对角线……选取随机数号码。但在一次使用时应按照一种固定的规则选取随机数。例如:我们事先确定的抽样框中每一个总体单位编号是3位数字,按要求,样本容量是80(即需抽取80个总体单位)。我们可以利用《随机数表》按一定的规则选取80个3位数。假如我们从第39行第3个数字开始选择3位数,沿着行轨,连续选取 3 位数:得到的第一个 3 位数是 753;第二个 3 位数是 851;然后是 783,131⋯,选完第 39 行,我们又可以选第 40 行,直至选到 80 个 3 位数。如果在《随机数表》中选取到的数字在抽样框中没有对应的编号(比如总体共有 820 个单位,抽样框中每一个体的编号从 001—820。而我们在《随机数表》中得到一个 3 位数 896,那么就出现抽样框中的编号与所选取的数码不匹配的情况),这时我们可以跳过这个数字,继续在《随机数表》中选取新的数码。采用单纯随机抽样法,在调查对象不明,难以划分组类,或总体内单位间差异小时效果更好。如果调查总体范围广,内部各子群体之间差异大,一般不直接采用此法,而是与其他方法结合进行抽样。

二、等距抽样

等距抽样,也叫做机械抽样或系统抽样。是将总体各单位按一定标志或次序排列成为图形或一览表式(也就是通常所说的排队),然后按相等的距离或间隔抽取样本单位。特点是:抽出的单位在总体中是均匀分布的,且抽取的样本可少于纯随机抽样。等距抽样既可以用同调查项目相关的标志排队,也可以用同调查项目无关的标志排队。等距抽样是实际工作中应用较多的方法,目前我国城乡居民收支等调查,都是采用这种方式。

等距抽样是在抽样框中由 n 个一级单元构成的总体中抽取 m 个一级单元构成样本。把这个总体的 n 个一级单元按照某一顺序编上 $1,2\cdots,n$ 的号码;如果 n/m 是整数 k,则在总体的前 k 个一级单元中任意抽出一个,不妨记抽出的这个一级单元的编号为 m_1(显然,$1 \leqslant m_1 \leqslant k$),再按照由前向后的顺序,即

$$m_i = m_1 + ki \qquad (i = 1,2,\cdots,m-1)$$

来抽取其他 $m-1$ 个一级单元,称这样构成样本的方法为等距抽样。

在等距抽样时,如果 $\dfrac{n}{m}$ 不是整数,那么可以将这 n 个一级单元排成一个圆圈,从中任意取一个后,按照 $\dfrac{n}{m}$ 最接近整数的倍数依次抽出第 2 个、第 3 个⋯⋯第 m 个一级单元作为样本的构成单元。

三、分层(分类)随机抽样

分层抽样又称类型抽样,是先将总体的所有单位按某些重要特性分成若干互不重叠的子总体(或层),然后在各个子总体(或层)中采用简单随机抽样或等距抽样方式抽取样本单位的一种抽样方法。

分层抽样的优点:①由于总体中常有少数特殊单元,用简单随机抽样得到的样本中,这些特殊单元所占的比例容易过高或过低,而影响估计量的精度,分层抽样可以将这些特殊单元作为一层,从而避免上述情况,使样本更具代表性;②可以根据需要对各层的特性加以比较;③从管理和实施上看,比简单随机抽样便利得多。

　　分层随机抽样的实施:把总体按一定标准进行分类或分层,然后按类层所占不同对象数量比例,抽取样本。这种抽样法可使样本中各类、层人数构成与总体中的人数构成的比例相当,从而保证样本的代表性。尤其当估计到某些因素可能影响研究结果时,为分析或消除这些因素的影响,均应采用分层抽样法。

　　从实践的观点看,平均分配和按比例分配用得最为普遍,而按比例分配经常受到偏爱,主要是因它具有自我权重的特征。在实际抽样中,往往把平均分配和按比例分配两种方法搭配使用。

四、整群随机抽样

　　从总体中成群成组地抽取调查单位,而不是一个一个地抽取调查样本。它将总体分为许多群,然后在这些群中随机地抽选若干个群作为样本,把它作为总体的一个代表。其特点是:调查单位比较集中,调查工作的组织和进行比较方便。但调查单位在总体中的分布均匀性和准确性要差些。因此,在群间差异性不大或者不适宜单个地抽选调查样本的情况下,可采用这种方式。例如:全国大学生健康状况调查,可以在全国范围内抽取几个大学,然后对所抽取的几个大学的全体学生进行调查。而不是将全国的在校大学生编制成一个抽样框,再在其中来实施抽样。

五、多阶段抽样

　　先通过抽取若干级中间组合单位,再抽取基本调查单位的抽样组织形式。在总体太大,而样本只占很小比例时采用。例如,做全国性人员的某项调查时,可按照:①抽取一定的区域,如省、市、区;②在所抽中的区域中各进一步抽取次区域,如地区或县、市;③在所抽中的地区(县、市)抽取机关、企事业单位;④在所抽中的机关、企事业单位中抽取人员。

　　多级抽样法与分层抽样法的不同之处:它只借助一级级的抽取作为最后抽取的过渡,以便最后决定从哪里抽取;而分层抽样则是从各层类中均要抽取一定比例的样本数。一般来说,多级抽样法与分层抽样法是经常配合使用的。

六、非随机抽样

(一)偶遇抽样

　　偶遇抽样是指研究者将其在一定时间内、一定环境里所能遇见或接触到的人均选入样本的方法。常见的未经许可的街头随访或拦截式访问、邮寄式调查、杂志内问卷调查等都属于偶遇抽样的方式。偶遇抽样是所有抽样技术中花费最小的(经费和时间)。抽样单元是可以接近的、容易测量的、并且是合作的。但尽管有许多优点,这种形式的抽样还是有严重的局限性。这种抽样不能代表总体和推断总体。因此,当我们在进行街头访问或邮寄调查时,一定要谨慎对待调查结果。

（二）主观抽样

主观抽样又称判断抽样或立意抽样。即研究者依据主观判断选取可以代表总体的个体作为样本，如果判断准，这种方法有可能取得具有较好代表性的样本，但这种方法受主观因素影响较大。

（三）定额抽样

定额抽样又称配额抽样。它与分层随机抽样相似，也是按照调查对象的某种属性或特征将总体中所有个体分成若干类或层，然后在各层中抽样的方法。它与分层随机抽样的区别：①定额抽样要保证样本与总体在结构比例表面上一致，分层抽样则包括比例分层和非比例分层；②定额抽样中各层样本是非随机抽取的，而分层抽样中各层样本是随机抽取的。

（四）滚雪球抽样

先从几个适合的样本开始，然后通过它们得到更多的样本，一步步扩大样本范围。滚雪球抽样是先选择一组调查对象，通常是随机地选取的。访问这些调查对象之后，再请他们提供另外一些属于所研究的目标总体的调查对象，根据所提供的线索，选择此后的调查对象。这一过程会继续下去，形成一种滚雪球的效果。例如，在一项关于电子政务的调查中，鉴于电子政务是一个专业性和行业性比较强的领域，一些地区性公司往往业务发展良好，但却并不为大众所熟知，在调查过程中我们通过各企业介绍他们的同行，获得了一份质量较高的企业名录。这就是滚雪球抽样方法的具体运用。

第三节　样本大小（容量）的确定

样本容量的大小对统计推断非常重要。样本容量过小，会影响样本的代表性，使抽样误差增大而降低统计推断的精确性；而样本容量过大，虽然减小了抽样误差，但可能增大过失误差，而且无意义地增大经费开支。另外，样本容量与抽样误差之间并不存在直线关系，随着样本容量的增大，抽样误差减小的速度越来越慢。

样本容量的确定，是一项技术性的工作，不同的总体特征、不同的抽样方法，对应有不同的样本容量确定方法。一些社会调查、抽样调查的专著，会较系统地介绍样本容量的确定方法与技术，这里仅介绍几种简单情况下样本容量的确定方法。

一、有关概念

（一）置信区间、置信度

设总体 X 统计数据的分布函数为 $F(x, \theta)$，其中 θ 是未知参数，$x_1, x_2, \cdots, x_n$ 为 X

的样本,给定任意一个小正数 $0 < \alpha < 1$,如果存在统计量 $\underline{\theta} = \underline{\theta}(x_1, x_2, \cdots, x_n)$ 和 $\overline{\theta} = \overline{\theta}(x_1, x_2, \cdots, x_n)$,满足:

$$P\{\underline{\theta} < \theta < \overline{\theta}\} = 1 - \alpha$$

即 θ 落在区间 $(\underline{\theta}, \overline{\theta})$ 的概率是 $1 - \alpha$,则称随机区间 $(\underline{\theta}, \overline{\theta})$ 是 θ 的置信水平为 $1 - \alpha$ 的置信区间,$\underline{\theta}$ 和 $\overline{\theta}$ 分别称为置信下限和置信上限,$1 - \alpha$ 称为置信水平或置信度。

(二)显著性水平

置信水平的定义式已经在上面给出,其定义式中的 α 是一个预先指定的小正数(在假设检验中又被称为检验水平)又称显著性水平,它是指对总体参数估计不准确的概率,通常被给定为 $\alpha = 5\%$、$\alpha = 1\%$、$\alpha = 5‰$、$\alpha = 1‰$ 等。对应地,置信水平 $1 - \alpha$ 就是指对总体参数估计正确的概率,其值往往被给定为 95%,99%,$995‰(99.5\%)$,$999‰(99.9\%)$ 等。

二、有关样本容量的基本关系

样本容量 n 与总体方差、允许误差、可靠性系数有以下关系:

(1)总体方差越大,必要样本容量 n 越大,即必要样本容量 n 与总体方差成正比。

(2)必要样本容量 n 与允许误差 Δ^2 成反比。即在给定的置信水平下,允许误差越大,样本容量就可以越小;允许误差越小,样本容量就必须加大。

(3)样本容量 n 与可靠性系数成正比。也就是说,我们要求的可靠程度越高,样本容量就应越大;我们要求的可靠程度越低,样本容量就可以越小。

可见,要确定样本容量,应该知道总体方差、给定允许误差、给定显著性水平。但总体是我们需要研究的对象,我们事先往往不知道总体的各种特性(包括总体方差)。这时,可以通过小样本预调查,获得样本方差(或修正样本方差),用样本的方差(或修正样本方差)等数字特征去估计总体相应的数字特征。这是推断统计所要解决的问题。

三、用样本数字特征估计总体数字特征

统计学已经证明,样本的某些数字特征与总体的相应数字特征之间有着特定的统计关系。利用样本的数字特征与估计总体的相应数字特征,是抽样调查的重要方法与技术。在本书中,仅列出推断统计中的有关结论,供我们使用。

(一)评价估计量优劣常用的三个标准

对总体参数进行估计的相应的样本统计量(指样本观察值的函数)称为估计量。在对总体参数做出估计时,并非所有的估计量都是优良的,因此,需要评价所构造的估计量是否优良。

(1)无偏性。如果样本统计量的期望值等于该统计量所估计的总体参数,则这个

估计量就叫做无偏估计量。数学表达式为:

$$E(\hat{\theta}) = \theta$$

式中　θ——被估计的总体参数;

　　　$\hat{\theta}$——θ 的估计量。

（2）一致性。当样本容量 n 增大时,如果估计量越来越接近总体参数的真值时,称这个估计量为一致估计量。估计量的一致性是从极限意义上讲的,它适用于大样本的情况,如果一个估计量是一致估计量,则采用大样本就更加可靠。

（3）有效性。指估计量的离散程度。如果两个估计量都是无偏的,其中方差较小的(对给定的样本容量而言)相对来说是更有效的。

以上三个标准并不是孤立的,应该联系起来看。如果一个估计满足这三个标准,这个估计量就是一个好的估计量。

（二）样本数字特征与总体数字特征之间的特殊关系

数理统计已证明:

（1）用样本平均数来估计总体平均数,是无偏的、一致的和有效的;

（2）用样本比率来估计总体比率时,是无偏的、一致的和有效的;

（3）修正样本方差 s^{*2} 是总体方差 σ^2 的无偏估计量,样本方差及修正样本方差均为总体方差的一致估计量,在实际运用中,我们可以用修正样本方差去作为总体方差的估计量。

注:我们知道,样本中各数据 $X_1, X_2, \cdots, X_n$ 与样本的平均数 $\bar{x}$ 的差的平方的平均数叫做样本方差,样本方差的计算公式:

$$s^2 = \frac{1}{n}\left[(x_1 - \bar{x})^2 + (x_2 - \bar{x})^2 + \cdots + (x_n - \bar{x})^2\right]$$

修正样本方差与样本方差的数量关系为:

$$s^{*2} = \frac{n}{n-1}s^2$$

（三）样本方差 s^2 的获得

在利用公式计算样本容量时,我们往往面临一个悖论:在抽样之前,(我们未得到样本,当然就不知道样本方差 s^2),我们须先确定样本容量;而样本容量大小的计算公式中又须代入样本方差 s^2 的值。

下面是我们在抽样调查之前三种估计 s^2 的方法:

（1）用两步抽样:由第一步抽取的部分单位,得到的 s^2 的估计值(通常利用修正的样本方差 s^{*2} 代替 s^2),将此值代入公式,确定样本容量 n ;再抽取第二步所需要的其余单位数。

（2）用试点调查或事先检验的结果估计 s^2。

（3）根据以往的资料估计 s^2。

四、确定样本容量的基本方法

样本容量的确定方法,需要利用参数估计和假设检验的一些知识,本书将这些知识从略,有兴趣的读者可以自行选择有关资料阅读。

（一）置信区间的确定

在总体均值的区间估计里,置信区间是由下式确定的(一般假定总体服从正态分布):

$$\bar{x} \mp \mu_{\frac{\alpha}{2}} \cdot \frac{\sigma}{\sqrt{n}}$$

设样本均值为 $\bar{x}$, μ 是总体均值,两者间有一定偏差。现给定允许误差 Δ,要求 $|\bar{x} - \mu| < \Delta$ 的概率较大,比如达到 $1 - \alpha$,即 $P(|\bar{x} - \mu| < \Delta) = 1 - \alpha$。换言之, $\bar{x}$ 落在区间 $(\mu - \Delta, \mu + \Delta)$ 之外的概率为 α。由正态性假设, $\bar{x}$ 落在区间 $(-\infty, \mu - \Delta)$ 或 $(\mu + \Delta, +\infty)$ 中之任一个区间的概率就是 $\frac{\alpha}{2}$,于是样本容量 n 可由下面公式近似给出:

$$n = \left(\frac{\mu_{\frac{\alpha}{2}} \cdot \sigma}{\Delta} \right)^2$$

上式反映了允许误差 Δ、可靠性系数 $\mu_{\frac{\alpha}{2}}$、总体标准差 σ（或修正样本标准差）与样本容量 n 之间的相互制约关系。只要这 4 个因素中的任意 3 个因素确定后,另一个因素也就确定了。

对于一次具体的抽样调查,知道了总体标准差 σ（可以通过小规模预抽样,得到修正样本标准差去估计、替代之）;给定了我们所希望的"可靠程度":置信水平 $1 - \alpha$ 和允许误差 Δ,通过查标准正态分布表得到可靠性系数 $\mu_{\frac{\alpha}{2}}$,样本容量 n 也就被确定了。

需要注意的是,由于假定总体服从正态分布,样本统计量 μ 在区间 $(-\mu_{\frac{\alpha}{2}}, \mu_{\frac{\alpha}{2}})$ 中是均匀分布的,所以应查 $\mu_{\frac{\alpha}{2}}$ 所对应的正态分布函数表(具体地讲,此处应反查正态分布函数表)。例如:

（1）当显著性水平 $\alpha = 0.05$ 时,由 $P(|\mu| < \mu_{\frac{\alpha}{2}}) = 1 - \alpha = 0.95$,利用前面关于正态分布的关系,有 $0.95 = 2\Phi_0(\mu_{\frac{\alpha}{2}}) - 1$, $\Phi_0(\mu_{\frac{\alpha}{2}}) = 0.975$,这是一个已知 $\Phi_0(X_0) = 0.975$,求 X_0 的问题。反查标准正态分布函数表,即在表中找到 0.975,对应的主值是 1.9,修正值是 0.06,于是可以得到 $\mu_{\frac{\alpha}{2}} = 1.96$。

（2）若显著性水平 $\alpha = 0.01$,则 $P(|\mu| < \mu_{\frac{\alpha}{2}}) = 1 - \alpha = 0.99$,

$0.99 = 2\Phi_0(\mu_{\frac{\alpha}{2}}) - 1$, $\Phi_0(\mu_{\frac{\alpha}{2}}) = 0.995$,

反查表,得到 $\mu_{\frac{\alpha}{2}} = 2.58$。

（3）若显著性水平 $\alpha = 5‰$,则 $1 - \alpha = 0.995$,由 $0.995 = 2\Phi_0(\mu_{\frac{\alpha}{2}}) - 1$,

$\Phi_0(\mu_{\frac{\alpha}{2}}) = 0.9975$，反查表，得到 $\mu_{\frac{\alpha}{2}} = 2.81$。

（4）若显著性水平 $\alpha = 1‰$，则 $1 - \alpha = 0.999$，由 $0.999 = 2\Phi_0(\mu_{\frac{\alpha}{2}}) - 1$，

$\Phi_0(\mu_{\frac{\alpha}{2}}) = 0.9995$，反查表，得到 $\mu_{\frac{\alpha}{2}} = 3.30$。

例 5-1　某地政府税务管理部门欲调查个体户平均应税收入的情况，作为有关税收政策调整的依据。经过小范围预调查，知道若干家个体户每月应税收入的修正样本标准差的平方约为 16 000。如置信度取 0.95，并要使对总体平均值的估计处在实际总体平均值附近 30 元的范围内，应取多大的样本进行抽样调查？

解　由已知：$\sigma^{*2} = 16\,000$，$\alpha = 0.05$，$\mu_{\frac{\alpha}{2}} = 1.96$

于是：
$$n = \frac{\mu_{\frac{\alpha}{2}}^2 \cdot \sigma^{*2}}{\Delta^2} = \frac{1.96^2 \times 16\,000}{30^2} = 68$$

故应抽选 68 家个体户做调查。

问：本例中若显著性水平 α 取 0.01，或置信度水平 $(1 - \alpha)$ 取 0.99，应取多大的样本进行抽样调查？

（二）涉及总体数量参数（N）时样本容量的确定

通常，选择样本容量的方法是首先规定所需要的精度，然后确定满足精度的最小的样本容量。这里，精度涉及近似置信区间的大小，较小的置信区间可以提供较高的精度。因此，近似置信区间的大小依赖于允许误差 Δ，即选择精度水平相当于选择 Δ 的值。下面我们介绍估计总体均值时，选择所必需的样本容量的方法。

统计学中，总体均值的标准误差估计的一个公式为：

$$S_{\bar{x}} = \sqrt{\frac{N - n}{N - 1}\left(\frac{s}{\sqrt{n}}\right)}$$

允许误差为：

$$\Delta = \mu_{\frac{\alpha}{2}} \cdot \sqrt{\frac{N - n}{N - 1}} \cdot \frac{s}{\sqrt{n}}$$

于是：

$$n = \frac{Ns^2}{N\left(\dfrac{\Delta^2}{\mu_{\frac{\alpha}{2}}^2}\right) + s^2}$$

由此，如果给出了总体中个体的数量 N、所需要的精度水平（通过选择 Δ 的值来实现）、样本方差 s^2（或修正样本方差），根据此公式，便可确定 n 值。

例 5-2　某市欲通过抽样调查知道 20 万名公众关于地铁梅园——湖滨线收费方案期望值的意见，给定置信度 $1 - \alpha = 99\%$，给定精确度 $\Delta = 0.5$，通过小样本的预调查，得到修正样本方差 $s^{*2} = 6.5$，试确定抽样调查的样本容量 n。

解　由置信度 $1-\alpha=99\%$,得到 $\mu_{\frac{\alpha}{2}}=2.58$,而 $\Delta=0.5$,

在公式中,用近似 s^{*2} 代替 s^2,有:

$$\Delta=\mu_{\frac{\alpha}{2}}\times\sqrt{\frac{N-n}{N-1}}\left(\frac{s}{\sqrt{n}}\right)\Rightarrow n=\frac{Ns^2}{N\left(\frac{\Delta^2}{\mu_{\frac{\alpha}{2}}^2}\right)+s^2},$$

$$n=\frac{Ns^{*2}}{N\left(\frac{\Delta^2}{\mu_{\frac{\alpha}{2}}^2}\right)+s^{*2}}$$

$$=\frac{200\,000\times6.5}{200\,000\left(\frac{0.5^2}{2.58^2}\right)+6.5}=172.9$$

故需要的样本容量为 173 人。

可见,对于总体单位数量较大,给定较高的置信度和较小的允许误差,只要修正样本方差较小,抽样调查中的样本容量其实不必很大。

第四节　问卷设计方法与技术

一、问卷概述

社会经济调查的形式有很多,如:问卷调查、全面调查(普查)、访问调查、电话调查、新闻媒介调查、置留调查、日记调查、文案调查、重点调查、典型调查、个案调查等。问卷调查是其中广泛采用的一种调查方法。

问卷是社会调查中用来收集资料的一种工具,在形式上是一份精心设计的问题表格。就是根据调查目的,制订调查问卷,由被调查者按调查问卷所提的问题并给予回答的一种调查形式。问卷调查是一种常用的社会调查手段,是国际通行的一种社会调查形式。用来测量人们的行为、态度和社会特征等方面的信息,收集有关社会现象和人们社会行为的各种资料。

问卷的主要功能是搜集以下三种类型的信息:

(1)人们的行为,包括对被调查者本人的行为或通过被调查者了解他人的行为。如对消费者的消费行为进行专项调查,就要调查消费者的具体消费行为。

(2)人们的行为后果。如对开征利息税社会效应专项调查,就要调查对被调查者开征利息税后对其实际收入的影响、开征利息税后将如何处置在银行的存款等。

(3)人们的态度、意见、感觉、偏好等。如进行下岗职工再就业意向专项调查,就要调查目前是否有就业愿望、不愿再就业的原因、未能就业的原因、现在寻找工作的方式、希望从事哪些新工作、对政府及有关部门实施的再就业工程的要求或建议等。

采用问卷调查的方式主要有以下的优势:

（1）通俗易懂，实施方便。采用问卷形式进行社会调查，由于将调查的问题和可供选择的答案均提供给被调查者，供其选择，因此，容易被调查者所接受。

（2）适用范围广。问卷调查既适用于对社会政治经济现象进行专项调查，也适用于对社会广大群众关心的问题进行专项调查，还适用于对其他关心的问题进行专项调查。

（3）节省调查时间，获得标准化信息。进行全面的普查，只是在有特定必要的时候，才会采取，但普查费时、费力。在我国进行一次人口普查，需要耗费各级资金总额逾百亿（人民币），耗时（包括各种项目汇总成册）约 1 年多。社会经济发展过程中需要进行十分广泛的大量各种各样的社会经济调查，我们不可能事事都采用普查。通过合理的设计，可以得到标准化的回答信息，为科学处理和利用统计学方法分析问题提供不可多得的调查资料。实践证明，抽样调查中的问卷调查，是节省时间、加快调查进度、获得标准化信息的行之有效的调查方法。

二、问卷设计要点

（一）对问卷的整体性把握

1. 明确调查目的和内容

在问卷设计中，最重要的一点，就是必须明确调查目的和内容，这不仅是问卷设计的前提，也是它的基础。

2. 明确调查针对群体

本书第一章曾介绍到对同一问题，不同的社会群体的看法会呈现出差异性（甚至巨大的差异性），因此，问卷设计应针对不同的社会群体，对语言措辞选择得当。设计中还应考虑针对不同的群体而设计不同的备选答案。问卷题目设计必须有针对性，对于不同层次的人群，应该在题目的选择上有的放矢，必须充分考虑受调人群的文化水平、年龄层次和协调合作可能性，除了在题目的难度和题目性质的选择上应该考虑上述因素外，在语言措辞上同样需要注意这点，因为在面对不同的受调人群的时候，他们的综合素质和水平存在差异。

3. 数据统计和分析易于操作

问卷设计中往往容易忽视的一个问题就是数据的统计和分析，因为这两个环节的工作基本上是人员分离的，所以在整合和衔接上就容易出现偏差。为了更好地进行调查工作，除了在正确的目的指导下进行严格规范的操作，还必须在问卷设计的时候就充分考虑后续的数据统计和分析工作。具体来说包括题目的设计必须是容易录入的，并且可以进行具体的数据分析的，即使是主观性的题目在进行文本规范的时候也要具有很强的总结性，这样才能使整个环节更好地衔接起来。

4. 问题的数量合理化、逻辑化、规范化

问题的形式和内容固然重要,但是问题的数量同样是保证一份问卷调查是否成功的很关键的因素。由于时间和配合度的关系,人们往往不愿意接受一份繁杂冗长的问卷,即使风度地接受,也不可能认真地完成,这样就不能保证问卷答案的真实性。同时在问题设计的时候也要注意逻辑性的问题,不能产生矛盾的现象,并且应该尽量避免假设性问题,保证调查的真实性。为了使受调人员能够更容易回答问题,可以对相关类别的题目进行列框,受调人员一目了然,在填写的时候自然就会比较愉快地进行配合。另外,主观性的题目应该尽量避免,或者换成客观题目的形式,如果确实有必要的话,应该放在最后面,让有时间和能配合的受调人员进行一定的文字说明。实际经验告诉我们,社会调查问卷的问题数量设置一般以多数被访者能在 15~30 分钟内完成为宜。

(二)问卷设计的基本步骤

1. 准备阶段

(1)确定研究主题并理解相关理论;
(2)决定调查目的;
(3)决定调查访问方法;
(4)搜集相关研究文献。

2. 设计阶段

(1)建立变量群及分析架构图;
(2)编拟问卷初稿。

3. 评估与修订阶段

(1)邀请专家学者修订问卷初稿;
(2)试测问卷;
(3)检测量表之信度与效度;
(4)问卷定稿并写清楚使用说明。

(三)问卷设计的原则

(1)题意清楚、明确、易懂之原则;
(2)口语化原则;
(3)避免一题两问;
(4)避免诱导的原则(包括前言式诱导、问题陈述偏袒某方面、结构性诱导);
(5)公正客观;
(6)逻辑一致性;

（7）完整性（包括问题的完整性、备选答案的完整性）；

（8）不要用否定形式提问；

（9）不要直接询问敏感性问题（当问及某些个人隐私或人们对顶头上司的看法这样一些问题时，人们往往具有一种本能的自我防卫心理。因此，如果直接提问，则将会引起很高的拒答率。所以对这些问题最好采取某种间接询问的形式，并且语言要特别委婉）。

（四）问卷的结构

关于问卷的结构，有不同说法。

1. 四结构说

（1）标题。问卷的名称应简明扼要，概括专项调查的主题，以使被调查者一眼就能大致明白主要的调查内容和调查目的，这是得到被调查者友善合作态度的重要的一步。对于国家确定的调查问卷，还应在表头的右上方标明"表号、制表机关和文号"字样。

（2）指导语（前言）。通常包括：①调查的目的和意义；②问题及备选答案的必要解释、调查须知及其他事项说明等；③如涉及需为被调查者保密的内容，必须申明予以保密，不对外提供等，以消除被调查者的顾虑。

（3）主体内容。问卷的主体内容是调查问卷中的核心部分，应主要是根据调查目的，提出调查的问题和备选答案。设计问卷的主体内容应注意以下两点：①内容不宜过多、过繁，应根据需要而确定；②上述三项内容并非每个专项调查问卷中都要设置，而应根据调查的需要而决定。

（4）结束语。结束语是问卷的最后部分，通常包括两部分内容：一部分是提出几个开放式问题让研究对象深入地自由回答，在量化的基础上进行质的分析，加深对问题的认识，或让被调查者提出对本研究的建设性意见；另一部分内容是表示对被调查者合作的感谢。结束语可根据问卷的需要设置，也可以不要。

2. 六结构说

认为问卷除了上述构成部分外，还应包括：

（1）被调查者的基本信息。所谓被调查者的基本信息，主要是指被调查者的一些主要特征。如被调查者的年龄、性别、文化程度、职业、籍贯、政治面貌等。往往根据调查的目的合理选取。搜集这些信息，一是为了满足对调查资料进行分组研究的需要；二是以便进一步了解被调查者情况；三是查询核实问卷内容的需要。

（2）作业证明的记载。所谓作业证明的记载，是指要在调查问卷的最后注明调查员的姓名、访问日期、访问时间等。如果有必要，还需注明被调查者的姓名、单位或家庭住址、电话等，以便于审核和进一步追踪调查。当然对于涉及被调查者隐私的问卷，则视情况可以考虑上述内容是否不列入。

(五)问卷的形式

问卷的形式主要有:开放式、封闭式、半开放式、混合式、图画式等五种形式。

(1)开放式调查问卷,是指对问题的回答不提供任何具体的答案,而由被调查人自由回答的调查问卷。使用开放式问卷的优点在于可以使调查得到比较符合被调查者实际的答案、获得某些特殊意义的答案,缺点是有时意见比较分散,难以归纳、综合。

(2)封闭式调查问卷,备选答案已经固定,由调查者从各备选答案中做选择的调查问卷。封闭式调查问卷的优点是便于综合、便于上机汇总进行科学化的统计分析,缺点是有时答案可能包括不全、被调查者的思路受问卷约束。开放式问卷与封闭式问卷特征对比如表5-1。

表5-1   开放式问卷与封闭式问卷特征的比较

开放式问卷		封闭式问卷	
优点	缺点	优点	缺点
探索性意外结果,创造性回答、深入获得"质"的信息,适用于小样本	非标准化,难以量化、比较,混入无关信息,回答麻烦、易被拒绝,回收率低	标准化、易于统计分析、对比,回答具体、可信度高,易回答,回收率高,适用于大样本	受限定,无新发现,容易混答、不答

(3)半开放问卷,是指给出部分答案(通常是主要的),而将未给出的答案或用其他一栏表示,或留以空格,由被调查者自行填写。

(4)混合式问卷,是指将上述几种形式有机结合地使用在同一问卷中。

(5)图画式。设计一些通俗易懂的图案来表达问卷的某些意思。对于文化层次较低的人,可采用图画式。

三、问题(及备选答案)的设计

(一)设计问题时应注意的问题

(1)要处理好题目设计中的一对基本矛盾:一方面题目要应覆盖课题研究的全部范围,另一方面题目的数量要尽可能精简。

(2)题目的排列顺序是随机的,或按难易程度排列。难度系数小的题目放在前面,难度系数大的题目放在后面。

(3)题目语句简明扼要、明晰,不产生歧义。比如,你近来经常去市立图书馆吗?经常、不常、较少。对于不同的被访者,对"经常"二字的理解往往会有很大的偏差,有的人一年中去了3次,认为自己是经常去;有的人过去天天去图书馆,但今年一共才去了5次,他(她)可能回答不常去。为了明确,备选答案应给出频率测量区间,如:每天去(节、假日可除外)、每周至少去一次、每月至少去一次、每年去数次、基本不去。

（4）备选答案的平衡性。对于每一个问题所给出的备选答案,要符合平衡性(对称性)原则,即肯定面的、否定面的备选答案应保持平衡。例如,您对市场秩序的看法是:很好、较好、一般、较差。备选答案中肯定面的有两个,否定面的只有一个。这样得到的调查结果就会产生较大的偏颇,有失公允。如果将备选答案修改为:很好、较好、一般、较差、很差,就保持了备选答案的平衡性(对称性)。

(二)问题(及备选答案)的常用方式

(1)是否式。备选答案常用是、否、能、不能。如:

　　您认为是否应继续扩大高等教育招生规模

　　是( )　　　　否( )

(2)选择式。又分为类别型、条件型、等距(线段)型。

①类别型。如:

您认为我国实行省直接管理县及行政区域的优点是:

减少行政层级( )　　　激发县域经济的创新活力( )　　　符合市场经济的要求( )　　　利于区域公平竞争与合作( )　　　利于精简机构( )　　　其他( )

请具体写出_____

②条件型。如:

a.您是否是高等学校学生?　　是( )　　　否( )

如果是,请回答第二题;如果不是请回答第三题。

b.您在什么学校学习?

综合性大学( )　　地方院校( )　　成人高校( )　　其他( )

③等距型。每个备选答案在含义上有大致相等的差距。如:

社区内的公共服务适合您的需要吗?

适合( )　　基本适合( )　　基本不适合( )　　不适合( )

④量表型。在备选答案旁辅助设计测量的等级数字,表示不同备选答案含义方面的定距差异。如:

您对这次基层选举的结果满意吗?

很满意　　基本满意　　较满意　　较不满意　　基本不满意　　很不满意

　5　　　　4　　　　3　　　　2　　　　1　　　　0

(根据需要,也可以利用负数作为度量值)

⑤表格型。如:

	很满意	满意	不满意	很不满意
您对本市治安状况是否满意				
您对本市环境状况是否满意				
您对本市就业状况是否满意				
您对本市教育发展是否满意				
……				

⑥排序(列)型。如:

您认为影响我国城市环境质量的主要因素是(请用1,2,3等数字对因素的位序作排列)

汽车尾气( ) 人们的消费习惯( ) 工业污物排放( ) 环境治理机制不完善( ) 有关法规不配套( ) 其他( )请具体写出_____

⑦矩阵型。当提出一系列小问题都属于相同性质与范畴,数量又较多时(五个以上至几十个),且每个问题的答案都能用相同的等级(程度、级差、变量)进行选择回答时(只选一种),则可将这样的小问题和相应的等级答案设计为一个矩阵排列,供调查对象对比选择回答,也多用于对某类问题的态度、情感、观点的调查。它的优点是节省空间,减少重复提问的内容,答卷者能较快的完成问题;还有利于同一矩阵中各个小问题的答案比较,便于统计处理结果。但如运用不当,会将特殊问题硬套在矩阵中,从而影响调查结果的可靠性;还容易使答卷人一目十行的对所有问题填同一答案。如:

请您对我国高等学校继续扩招发表意见,并根据表中相应的五种态度,在每题的任选一项符合您的观点的态度,在空格内画√。

序　号	题目内容	2	1	0	−1	−2
1	……	非常 同意	同 意	中 立	反 对	非常 反对

①提高全民族文化素质的需要;

②社会主义教育规律的体现;

③社会"特殊品"向"必需品"转变的体现;

④为了满足更多人"大学生"自我意象的需要;

⑤为了提高青年自主创业能力;

⑥降低了高等教育的质量;

⑦增加了毕业生就业的难度;

⑧将导致文凭的"贬值";

……

⑧还可以将问题(及备选答案)分为:填空式、二项选择式、多项单选式、多项限选式、多项排序式、多项任选式等。

思考练习

1. 什么是抽样误差? 影响抽样误差大小的因素主要有哪些?

2. 什么是简单随机抽样? 其实施的方式有哪几种?

3. 请详细论述应用随机数字表进行简单随机抽样的步骤。

4. 什么是等距抽样? 请论述应用等距抽样进行样本选取的步骤。

5. 分层抽样的优势主要有哪几点?

6. 请详细论述应用分层抽样法进行抽样的步骤。

7. 多级抽样与分层抽样的不同之处主要有哪些?

8. 非随机抽样主要有哪几种具体的抽样方式?

9. 请分析比较定额抽样与分层抽样的异同。

10. 问卷调查现在已成为社会科学研究中的常用研究方式,请列举问卷调查的优势有哪些?

11. 请详细论述问卷设计的基本步骤。

12. 我们在进行问卷设计工作时应注意哪些基本的原则事项?

13. 试判断以下说法是否正确,正确的请在括号里记"√",错误的记"×"。

(1) 普查就是对研究总体中的每一个对象都进行调查,而抽查则是调查部分研究对象。　　　　　　　　　　　　　　　　　　　　　　　　　　　( )

(2) 抽样调查中样本的选取遵循的是随机性原则。　　　　　　　　( )

(3) 抽样误差就其实质而言同系统误差是一样的。　　　　　　　　( )

(4) 只要进行抽样就一定会产生抽样误差,因此抽样误差是不可控制的。( )

(5) 在其他条件相同的情况下,样本单位越多,则抽样误差越小。　( )

(6) 因为整群抽样遵循的是随机原则,所以在群间差异性很大的情况下仍然可以使用。　　　　　　　　　　　　　　　　　　　　　　　　　( )

(7) 一般而言,多阶段抽样的不同阶段需要编制不同的抽样框。　( )

(8) 记者经常采用的在街头拦截路人的采访方式遵循了随机原则。　( )

(9) 通常分层抽样中各层样本是非随机抽取的,而定额抽样中各层样本是随机抽取的。　　　　　　　　　　　　　　　　　　　　　　　　　( )

(10) 显著性水平越小,则置信度越大。　　　　　　　　　　　　( )

14. 有人认为抽样调查中常用的调查问卷在使用中会受到研究者或问卷设计者的主观预设的影响从而妨碍资料及其研究的真实可靠性,你是如何看待此观点的?

15. 某研究团队准备就某市的低保政策的实际效果进行调查,请就此拟定一份相关的调查提纲,提纲的内容要包括:

(1) 调查目的;

(2) 调查对象;

(3) 调查方法;

(4) 设计一份初步的调查问卷(提示:请根据调查对象来设计制订)。

16. 如果有一个学者计划对劳动保障部门的服务状况进行调查,假设他准备对到该部门办事的人员进行问卷调查,根据你的理解请尝试编制一份调查问卷,在编制过程中请注意问卷编制的基本原则和注意事项。

17. 已知某省级机构的下属单位共有20家,现按照单位分工和单位工作人数规模将它们列于下表:

部门/人数	特大型	大型	中型	小型	微型
行政部门	888	600	550	400	100
后勤部门	564	500	450	350	200
外联部门	600	400	380	300	150
监督部门	200	150	130	100	70

现在该机构要进行两项问卷调查,请根据调查要求给出抽样方法(包括采用的具体抽样方法及抽样步骤)。

(1)抽选出 10 个单位调查员工的工作满意度;

(2)抽选出 1 000 个员工调查他们的工资状况。

18. 某市准备就公用水的价格进行听证会,在此之前进行了一个试调查,试调查的结果显示水价的修正样本标准差的平方约为 25,置信度取 0.95,并要求对总体平均值的估计位于真实总体平均值附近 15 元的范围内,应取多大的样本进行正式的抽样调查?

第六章　线性回归分析

第一节　线性回归分析

一、回归概念

（一）从变量间关系类型看回归

现实生活中的许多现象之间存在着相互依赖、相互制约的关系，这些关系在量上主要有两种类型：

（1）确定性关系，即我们所熟悉的变量之间的函数关系，如牛顿第二定律：物体所受合外力 F 与物体的质量 M、物体得到的加速度 a 之间的数量关系：$F = Ma$。

（2）非确定性关系，即变量之间虽然有密切的关系，但这种关系却无法用确定的函数关系表达，如人的年龄与血压之间有密切的关系，但却找不到一个函数能准确地表示它们之间的关系，变量之间的这种非确定性关系，称为相关关系。

值得注意的是，即使是具有确定性关系的变量，由于测量误差的影响，其表现形式也具有某种程度的不确定性。

具有相关关系的变量间虽然不具有确定的函数关系，但是通过大量的观测数据，可以发现它们之间存在一定的统计规律，数理统计中研究这些统计规律或者说研究变量之间相关关系的方法就是所谓的回归分析。

（二）回归分析的初步分类

回归分析可以分为线性回归分析和非线性回归分析。所谓线性回归分析，就是当因变量与自变量之间具有线性关系时，即在直角坐标系中，因变量与自变量之间的散点图大致呈直线的性状。在回归分析中，线性回归分析所适用的方法与非线性回归分析所适用的方法是不同的，线性回归分析是基础，掌握了线性回归分析，我们就可以逐步掌握非线性回归分析。

线性回归分析分为简单(一元)线性回归分析和多元线性回归分析。

1. 简单线性回归分析

如果发现因变量 Y 和自变量 X 之间存在高度的正相关,就可以确定一条直线的方程,使得所有的数据点尽可能接近这条拟合的直线。简单回归分析的模型可以用以下方程表示:

$$Y = a + bX$$

式中　Y——因变量;

　　　a——截距;

　　　b——相关(回归)系数;

　　　X——自变量。

2. 多元线性回归分析

多元线性回归是简单线性回归的推广,指的是多个因变量对多个自变量的回归。其中最常用的是只限于一个因变量但有多个自变量的情况,也叫多重回归。多元回归的一般形式如下:

$$Y = a + b_1X_1 + b_2X_2 + b_3X_3 + \cdots + b_kX_k$$

式中　Y——因变量;

　　　a——截距;

　　　$b_1, b_2, b_3, \cdots, b_k$——回归系数;

　　　$X_1, X_2, X_3, \cdots, X_k$——自变量。

(三)回归分析的基本任务

回归分析的基本任务就是在一定的假设条件下(后面将有介绍),用科学的方法,找出自变量与因变量之间的回归系数,并对结果进行有关合理性检验。在绝大多数文献中,这个科学方法,就是"最小二乘法"。

二、最小二乘法

(一)基本思路

最小二乘法是由德国数学家高斯(Gauss Carl Friedrich)所创立的,它被发展为一种数字优化技术,它通过最小化误差的平方和找到一组数据的最佳函数匹配。最小二乘法通常用于曲线拟和。设随机变量 η 关于变量 ξ 的回归方程为 $\hat{y} = \mu(x; \hat{a}_1, \hat{a}_2, \cdots, \hat{a}_k)$,用最小二乘法估计参数 $a_1, a_2, \cdots, a_k$,就是要选择参数 $a_1, a_2, \cdots, a_k$,使 η 的观测值 y_i 与相应函数值 $\mu(x_i; a_1, a_2, \cdots, a_k)(i = 1, 2, \cdots, n)$ 的离差平方和达到最小。

下面我们利用最简单的回归分析——单变量线性回归方程(所谓线性关系,就是指自变量与因变量之间在数轴上呈现大致的直线图形,或者说自变量与因变量之间呈比例变化)的建立,来说明最小二乘法的基本原理。从总体中抽取一个(容量为 N 的)样本,通过样本值,作样本的散布图(图 6-1),再由散布图估计出总体回归直线的系数 a 和 b 值,即建立直线回归方程。

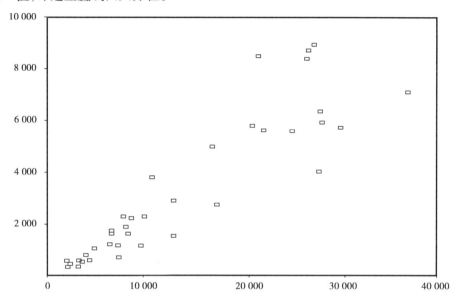

图 6-1　样本的自变量与因变量之间的对应关系

设从一个自变量、一个因变量构成的总体中抽取一个(容量为 N 的)样本的观测值,即我们得到 N 个观察数据对:$(x_1, y_1), (x_2, y_2), \cdots, (x_n, y_n)$。

现在围绕这 n 个观测点,画一条直线:

$$y = a + bx$$

设点 i 的观察值为 (x_i, y_i),把 x_i 代入待定的假设直线关系式有:

$$\hat{y}_i = \hat{a} + \hat{b}x_i$$

实际观测值 y_i 到待定直线的铅直距离为 y_i 减去 $\hat{y}_i$

$$e_i = y_i - \hat{y}_i = y_i - (\hat{a} + \hat{b}x_i)$$

回顾前面所言"用最小二乘法估计参数 $a_1, a_2, \cdots, a_k$,就是要选择参数 $\hat{a}_1, \hat{a}_2, \cdots, \hat{a}_k$,使 η 的观测值 y_i 与相应函数值 $\mu(x_i; a_1, a_2, \cdots, a_k)$ $(i = 1, 2, \cdots, n)$ 的离差平方和达到最小。"N 个点的铅直距离(也即离差)平方和为

$$Q(a, b) = \sum_{i=1}^{n} \left[y_i - (\hat{a} + \hat{b}x_i) \right]^2$$

显然,Q 值是 a, b 的函数。可以想象,当 a, b 取不同值时,可以得到无数条直线,在这些直线中,哪一条是这 n 个样本点的最佳拟合直线呢? 一个很自然的想法,应该

是到各点都比较接近的那条直线为最佳。根据最小二乘法的原理,就是从许多可能的 a,b 值中确定一对 $\hat{a},\hat{b}$,使其 $Q(a,b)$ 达到最小值。

(二)回归系数的确定

假定变量 X_i 与 Y_i 之间存在线性关系(实际上,许多时候,这两个变量之间只有近似的线性关系),设 Y_i 为实际观察值, $\hat{Y}_i = \hat{a} + \hat{b}X_i$ 为待计算(回归系数 a,b)的回归方程,则 Y_i 与 $\hat{Y}_i$ 的离差为 $e_i(i=1,2,\cdots,n)$,即

$$e_i = Y_i - \hat{Y}_i = Y_i - (\hat{a} + \hat{b}X_i) = Y_i - \hat{a} - \hat{b}X_i$$

$$e_i^2 = (Y_i - \hat{Y}_i)^2 = (Y_i - \hat{a} - \hat{b}X_i)^2$$

令

$$Q = \sum_{i=1}^{n} e_i^2 = \sum_{i=1}^{n} (Y_i - \hat{Y}_i)^2 = \sum_{i=1}^{n} (Y_i - \hat{a} - \hat{b}X_i)^2$$

利用微积分方法,要使 Q 取得最小值,则对方程中两个待定系数(变量) $\hat{a},\hat{b}$ 的一阶偏导数必须等于零,即

$$\frac{\partial Q}{\partial \hat{a}} = -2 \sum_{i=1}^{n} (Y_i - \hat{a} - \hat{b}X_i) = 0$$

$$\frac{\partial Q}{\partial \hat{b}} = -2 \sum_{i=1}^{n} (Y_i - \hat{a} - \hat{b}X_i)X_i = 0$$

则

$$\hat{b} = \frac{n \sum (X_i Y_i) - \sum X_i \sum Y_i}{n \sum X_i^2 - (\sum X_i)^2}$$

$$\hat{a} = \frac{\sum Y_i - \hat{b} \sum X_i}{n}$$

这就是根据一组观察值计算回归系数 $\hat{a},\hat{b}$ 的公式。这里对回归系数的估算公式,引进了一些中间符号,显得较烦琐,在某些实际的具体计算中,可将公式变形为:

$$\begin{cases} \hat{b} = \dfrac{\sum_{i=1}^{n} X_i Y_i - \left(\sum_{i=1}^{n} X_i \cdot \dfrac{\sum_{i=1}^{n} Y_i}{N} \right)}{\sum_{i=1}^{n} X_i^2 - \left(\dfrac{\left(\sum_{i=1}^{n} X_i \right)^2}{N} \right)} \\ \hat{a} = \overline{Y} - b\overline{X} \end{cases}$$

这个公式表面看起来更复杂,其实它比较利于手工计算。

例 6-1　某省 10 个地区发展水平测定指标 X_i 与社会发展水平测定指标数据 Y_i 如下表,试确定这两个指标数据之间的回归方程。

变量	数 据										和
Y_i	5	4	6	6	7	3	6	7	8	9	61
X_i	6	3	5	5	8	2	6	6	5	8	54
X_i^2	36	9	25	25	64	4	36	36	25	64	324
$X_i \cdot Y_i$	30	12	30	30	56	6	36	42	40	72	354

解 将表中计算的中间结果代入公式有:

$$\hat{b} = \frac{354 - 54 \times \dfrac{61}{10}}{324 - \dfrac{54^2}{10}} = \frac{24.6}{32.4} \doteq 0.76 \quad \hat{a} = 6.1 - 0.76 \times 5.4 \doteq 2.0$$

因此,回归方程为 $\hat{y} = 2.0 + 0.76x$。

如果上面的数据是一个地区经济发展水平指标与社会发展指标的一个时间序列,得到这个回归方程后,就可以对未来情况作一定的预测。假定未来某年经济发展水平 x_i 指标可能是 8.5,利用这个公式,将 $x = 8.5$ 代入,可以得到对应的 $\hat{y}$ 值为:

$$\hat{y} = 2.0 + 0.76 \times 8.5 = 8.46$$

当然,根据这里的回归方程所得的 $\hat{y}$ 只是所有可能 y 值的一个平均估计。

由样本观察值得出的回归方程是否真正反映两个变量之间的线性关系,用它来预测或估计的有效程度如何,是应用回归方程时必须回答的问题,因此建立回归方程之后,还要对它进行检验和评价。

在实际工作中,一般不需要我们手工计算回归系数,可以利用有关统计分析软件,方便快捷地计算回归系数。

三、线性回归方程的前提假设

在前面我们看到,利用最小二乘法,计算回归系数,是一种有效的方法,它甚至可以不管自变量与因变量之间有无联系或自变量与因变量之间有什么联系。"用最小二乘法估计参数 $a_1, a_2, \cdots, a_k$,就是要选择参数 $\hat{a}_1, \hat{a}_2, \cdots, \hat{a}_k$,使 η 的观测值 y_i 与相应函数值 $\mu(x_i; a_1, a_2, \cdots, a_k)(i = 1, 2, \cdots, n)$ 的离差平方和达到最小",求出参数 $\hat{a}_1, \hat{a}_2, \cdots, \hat{a}_k$。为解决这一问题,在实际线性回归分析中,采用的路径是:①作出经典线性回归分析的几点假设;②在计算回归系数后,再利用已知数据去检验回归方程是否满足这几点假设;③建立一定的判定准则,根据该准则确定所计算出的回归方程是否在可以接受的范围内;④作出是否采纳该回归方程的决策。

经典线性回归分析的几点假设:

(1)自变量 x 与因变量 y 之间存在线性关系。

(2)正态性:随机误差(即残差)e_i 服从均值为零,方差为 σ^2 的正态分布。

(3)等方差:对于所有的自变量 x,残差 e_i 的条件方差为 σ^2,且 σ 为常数。

（4）独立性:在给定自变量 x 的条件下,残差 e_i 的条件期望值为零(本假设又称零均值假设)。

（5）无自相关性:各随机误差项 e_i 互不相关。

第二节　多元线性回归方程与非线性回归方程

一、多元线性回归方程

多元线性回归考虑的是因变量 Y 与多个自变量 $X_1,X_2,\cdots,X_n$ 之间的线性关系:

$$Y = b_0 + b_1X_1 + b_2X_2 + \cdots + b_mX_m + \varepsilon$$

其中,$b_0,b_1,b_2,\cdots,b_m$ 是未知参数,$X_1,X_2,\cdots,X_m$ 是 m 个可以精确测量并可控制的一般变量,ε 是随机误差。通常我们假定:

$$E(\varepsilon) = 0, Var(\varepsilon) = \sigma^2$$

在一些情况下,我们还可以进一步假定:

$$\varepsilon \sim N(0,\sigma^2)$$

为了估计回归系数 $b_0,b_1,\cdots,b_m$,我们对变量进行了 n 次观察,得到 n 组观察资料 $(Y_i,X_{i1},X_{i2},\cdots,X_{im})$,$i=1,2,\cdots,n$。一般要求 $n>m$。于是回归关系可写为:

$$\begin{cases} Y_1 = b_0 + b_1X_{11} + b_2X_{12} + \cdots + b_mX_{1m} + \varepsilon_1 \\ Y_2 = b_0 + b_1X_{21} + b_2X_{22} + \cdots + b_mX_{2m} + \varepsilon_2 \\ \quad\quad\quad\quad\quad\quad\quad \vdots \\ Y_n = b_0 + b_1X_{n1} + b_2X_{n2} + \cdots + b_mX_{nm} + \varepsilon_n \end{cases}$$

其中 $\varepsilon_1,\varepsilon_2,\cdots,\varepsilon_n$ 独立同分布。

我们进一步用矩阵形式来表示上述关系。令

$$\boldsymbol{Y} = \begin{bmatrix} y_1 \\ y_2 \\ \vdots \\ y_n \end{bmatrix}, \quad \boldsymbol{X} = \begin{bmatrix} 1 & X_{11} & X_{12} & \cdots & X_{1m} \\ 1 & X_{21} & X_{22} & \cdots & X_{2m} \\ \vdots & \vdots & \vdots & & \vdots \\ 1 & X_{n1} & X_{n2} & \cdots & X_{nm} \end{bmatrix},$$

$$\boldsymbol{\beta} = \begin{bmatrix} b_0 \\ b_1 \\ \vdots \\ b_n \end{bmatrix}, \quad \boldsymbol{\varepsilon} = \begin{bmatrix} \varepsilon_1 \\ \varepsilon_2 \\ \vdots \\ \varepsilon_n \end{bmatrix}$$

则多元线性回归模型可写为:

$$Y = X\boldsymbol{\beta} + \boldsymbol{\varepsilon}$$

其中 $n \times (m+1)$ 矩阵 X 称为回归设计矩阵,一般情况下假定 X 列满秩(参见《高等代数》,多元线性方程组部分关于"满秩"的概念),即 $rk(X) = m+1$。

　　与一元线性回归分析相同,基本思想是根据最小二乘原理,求解 $b_0, b_1, \cdots, b_n$,使全部观测值 y_i 与回归值 $\hat{y}_i$ 的残差平方和达到最小值。根据极值原理,当 Q 取得极值时,$b_0, b_1, \cdots, b_n$ 应满足:

$$\frac{\partial Q}{\partial b_j} = 0 \quad (j = 0, 1, 2, \cdots, n)$$

即满足:

$$\begin{cases} \sum_{i=1}^{n} \left[y_i - (b_0 + b_1 x_{i1} + b_2 x_{i2} + \cdots + b_p x_{ip}) \right] = 0 \\ \sum_{i=1}^{n} \left[y_i - (b_0 + b_1 x_{i1} + b_2 x_{i2} + \cdots + b_p x_{ip}) \right] x_{i1} = 0 \\ \qquad\qquad\qquad\qquad\qquad\qquad \vdots \\ \sum_{i=1}^{n} \left[y_i - (b_0 + b_1 x_{i1} + b_2 x_{i2} + \cdots + b_p x_{ip}) \right] x_{ij} = 0 \\ \qquad\qquad\qquad\qquad\qquad\qquad \vdots \\ \sum_{i=1}^{n} \left[y_i - (b_0 + b_1 x_{i1} + b_2 x_{i2} + \cdots + b_p x_{ip}) \right] x_{ip} = 0 \end{cases}$$

由此联立方程中解得 $b_0, b_1, \cdots, b_n$。

二、非线性回归方程(可线性化的非线性回归)

　　对有些数学模型,如:

$$y = \beta_0 + \beta_1 e^x,$$
$$y = \beta_0 + \beta_1 \ln x,$$
$$y = \beta_0 + \beta_1 x^2,$$
$$\cdots$$

　　y 对自变量 x 都不是线性的,但 y 对参数 β_0 和 β_1 而言是线性的,在这种情况下,我们只需把 $e^x, \ln x, x^2$ 等视作变量,用简单的代换就可将上述模型化为线性模型

$$y' = \beta_0 + \beta_1 x'$$

其中,x' 可分别为 $e^x, \ln x$ 和 x^2 等。

　　对于另外一些模型,如

$$y = \frac{1}{\beta_0 + \beta_1 x},$$

$$y = \beta_0 + e^{\beta_1 x},$$

$$y = \beta_0 x^{\beta_1},$$

$$\cdots$$

虽然 y 对 x 和参数 β_0, β_1 都不是线性的,但也可通过适当变换化为线性模型。对于上述这些可化为线性模型的回归问题,一般先将其化为线性模型,然后再用最小二乘法求出参数的估计值,最后再经过适当的变换,得到所求回归曲线。

在熟练掌握最小二乘法的情况下,解决上述问题的关键是确定曲线类型和怎样将其转化为线性模型。确定曲线类型一般从两个方面考虑:一是根据专业知识,从理论上推导或凭经验推测,二是在专业知识无能为力的情况下,通过绘制和观测散点图确定曲线大体类型。

常用的可变换为线性的曲线主要有 6 种,其变换式列于表 6-1,供读者使用时参考。

表 6-1　各种非线性方程的线性化

曲　　线	变　　换	变换后的线性式
幂函数 $y = \alpha x^{\beta}$	$y' = \ln y, x' = \ln x$	$y' = \ln \alpha + \beta x'$
指数函数 $y = \alpha e^{\beta x}$	$y' = \ln y$	$y' = \ln \alpha + \beta x$
双曲函数 $y = \dfrac{x}{\alpha x + \beta}$	$y' = \dfrac{1}{y}, x' = \dfrac{1}{x}$	$y' = \alpha + \beta x'$
对数函数 $y = \alpha + \beta \ln x$	$x' = \ln x$	$y' = \alpha + \beta x$
指数函数 $y = \alpha e^{\frac{\beta}{x}}$	$y' = \ln y, x' = \dfrac{1}{x}$	$y' = \ln \alpha + \beta x'$
S 型曲线 $y = \dfrac{1}{\alpha + \beta e^{-x}}$	$y' = \dfrac{1}{y}, x' = e^{-x}$	$y' = \alpha + \beta x'$

第三节　线性回归方程的检验

根据前面的介绍,线性回归分析是建立在若干假设前提之下的,为此,需要有对回归方程这些假设前提的检验方法,对之进行若干检验。这里主要介绍如下检验:回归方程是否具有线性特性、回归系数的显著性检验、自变量 X 与因变量 Y 之间的相关程度检验、自回归检验。一般情况下,如果一个回归方程通过了这些检验,我们就可以接受这个回归方程。

一、线性特性检验

用最小二乘法求线性回归方程并不需要事先假设随机变量 η 与变量 ξ 之间一定存

在线性相关关系,就最小二乘法本身而言,只要利用 η 与 ξ 的任意试验数据 (x_i, y_i) $(i = 1, 2, \cdots, n)$,都可确定相应的线性方程,当 η 与 ξ 之间确实存在线性相关关系时,用最小二乘法求出的线性回归方程才能近似地表示它们之间的线性相关关系。因此,我们必须检验 η 与 ξ 之间是否存在线性相关关系,即进行线性相关的显著性检验。

(一)一元线性回归

设 η 关于 ξ 的一元线性回归方程为 $\hat{y} = \hat{a} + \hat{b}x$,显然,当且仅当回归系数 $\hat{b} \neq 0$ 时 η 与 ξ 之间存在线性相关关系,因此,为了检验 η 与 ξ 之间线性相关的显著性,应检验假设 $H_0 : \hat{b} = 0, H_1 : \hat{b} \neq 0$,考虑观测值 $y_1, y_2, \cdots, y_n$ 的离差平方和 $S_T = \sum_{i=1}^{n} (y_i - \bar{y})^2$,

$$S_T = \sum_{i=1}^{n} (y_i - \bar{y})^2 = l_{yy},$$

$$S_R = \sum_{i=1}^{n} (\hat{y}_i - \bar{y})^2 = \hat{b}^2 \sum_{i=1}^{n} (x_i - \bar{x})^2 = \frac{l_{xy}^2}{l_{xx}},$$

$$S_e = S_T - S_R = l_{yy} - \frac{l_{xy}^2}{l_{xx}},$$

在原假设 $H_0 (H_0 : \hat{b} = 0; H_1 : \hat{b} \neq 0)$ 条件下,有

$$\frac{S_T}{\sigma^2} \sim \chi^2(n-1); \quad \frac{S_R}{\sigma^2} \sim \chi^2(1); \quad \frac{S_e}{\sigma^2} \sim \chi^2(n-2)$$

且 S_R 与 S_e 相互独立,所以,统计量 $F = \dfrac{S_R}{S_e/(n-2)}$ 服从自由度为 $(1, n-2)$ 的 F 分布。对于给定的显著水平 α,确定临界值 $F_\alpha(1, n-2)$(n 是变量观察值的数据对的数量,也可理解为样本容量,自由度 $n-2$ 表明:一元线性回归方程中有 2 个待定系数,一个是常数项,一个是自变量 x 的系数)。

若统计量 $F > F_\alpha(1, n-2)$,则拒绝原假设 H_0,即认为 η 与 ξ 之间的线性相关关系显著;反之,若 $F \leqslant F_\alpha(1, n-2)$,则接受原假设 H_0,即认为 η 与 ξ 之间的线性相关关系不显著。通常,若 $F > F_{0.01}(1, n-2)$,则认为 η 与 ξ 之间的线性相关关系特别显著。

对于例 6-1,将有关数据代入上面的公式可得方差分析表:

变异来源	平方和	自由度	均方	F 值	$F_{0.05}(1,8)$
回归 SSR	21.258	1	21.258	22.260	5.32
误差 SSe	7.642	8	0.955		
总 SSt	28.90	9			

$F = 22.254 > F_{0.05}(1, 8)$,可见该回归方程是显著的,是有意义的,两变量间确实存在线性关系。

(二)多元线性回归

反映回归效果的指标称为判定系数(coefficient of determination),定义为回归平方和与总平方和之比,这个比值反映了变量 y 的变异中有多少是由变量 x 的变化引起的,也就是说有多少是可以由 x 的变异推测出来,因此它能用来反映回归方程的好坏。这个比值介于 0 与 1 之间,显然这个比值越大回归效果越好。

判定系数用相关系数 r 的平方 r^2 来表征,又叫做决定系数,它的数值越大,表明回归方程 $y = a + bx$ 对观测数据的拟合越好,此时用 x 对 y 用回归方程来预测就会有较好的效果,若 r^2 越小,情况正相反。

在一元线性回归中,判定系数就是两变量之间相关系数的平方,因此判定系数常常用 r^2 来表示,即 $r^2 = \dfrac{SS_R}{SS_t}$ 或 $r^2 = \dfrac{SS_{回}}{SS_{总}} = \dfrac{l_{xy}^2}{l_{xx}l_{yy}}$,由于 $SS_{总} \geqslant SS_{回}$,容易看出,r^2 取值在 0 到 1 之间且无单位,它的数值大小反映了回归贡献的相对程度,也就是在 Y 的总变异中回归关系所能解释的百分比。

判定系数的检验:

(1)计算如下统计量:

回归平方和 $RSS = \sum (\hat{Y}_i - \bar{Y})^2$,残差平方和 $ESS = \sum (Y_i - \hat{Y}_i)^2$

$$F = \frac{\dfrac{RSS}{k}}{\dfrac{ESS}{(n-k-1)}} \sim F(k, n-k-1)$$

或

$$F = \frac{\dfrac{R^2}{k}}{\dfrac{(1-R^2)}{(n-k-1)}}$$

式中 K——自变量个数。

(2)查 F 分布临界值表,得:$F_\alpha(k, n-k-1)$。

(3)若 $F > F_\alpha$,拒绝 H_0,回归方程显著;若 $F < F_\alpha$,接受 H_0,回归方程不显著。

在多元线性回归中,判定系数的平方根,称为复相关系数,记为 $r_{y.1,\cdots,k}$,它表示因变量 y 与 k 个自变量组合之间的相关,显然它与两个变量之间的相关系数(称为单相关)有点不一样,单相关中两个变量处于同等地位,而复相关中,这 $k+1$ 个变量的地位是不一样的,其中一个称为因变量,其余的称为自变量,如果在这 $k+1$ 个变量中另外选择一个因变量,则求得的复相关系数是不同的。在多元回归中也使用测定系数来解释回归模型中自变量的变异在因变量中所占的比率。

但是,判定系数的值随着进入回归方程的自变量的个数 n(或样本容量的大小)的增加而增大。因此,为了消除自变量的个数以及样本容量的大小对判定系数的影响,引进经调整的判定系数(Adjusted R Squre),

$$\overline{R}^2 = 1 - \frac{\dfrac{ESS}{(n-k-1)}}{\dfrac{TSS}{(n-1)}},$$

式中 k——自变量的个数;

n——观测值数目。

二、回归系数的显著性检验(t 检验)

对于回归系数的检验问题,对一元回归模型和多元回归模型的情形,分别采取不同的检验方法。

(一)一元回归模型

提出假设 $H_0: b_k = 0 (k = 1, 2, \cdots, m)$ $H_1: b_k \neq 0 (k = 1, 2, \cdots, m)$

构造并计算统计量 $T_i = \dfrac{\hat{b}_i}{s(\hat{b}_i)}$ $(i = 1, 2, \cdots, m)$

其中:

$$s(b_1) = \sqrt{\frac{MSE}{\sum (X_i - \overline{X})^2}}, MSE = \frac{SSE}{n-2}, SSE = \sum_{i=1}^{n} (y_i - \hat{y}_i)^2,$$

查 t 分布表,得 $t_{\frac{\alpha}{2}}(n - k - 1)$,

比较:若 $|T_i| < t_{\frac{\alpha}{2}}$,接受 H_0,

若 $|T_i| > t_{\frac{\alpha}{2}}$,拒绝 H_0,

其中,K 表示自变量个数,t 分布的自由度为((n - 1) - 自变量个数)。

对于一元线性回归:

$K = 1$,因此:

查 t 分布临界值表,得临界值 $t_{\frac{\alpha}{2}}(n - 2)$,

若 $|t| < t_{\frac{\alpha}{2}}(n - 2)$,接受 H_0;

若 $|t| > t_{\frac{\alpha}{2}}(n - 2)$,拒绝 H_0。

(二)多元回归模型

在多元回归方程中,我们并不满足于线性回归方程是显著的结论,因为回归方程显著并不意味着每个变量对因变量的影响都是重要的,而我们总想从回归方程中剔除那些次要的、可有可无的变量,重新建立更为简单的线性回归方程,这就需要对每个变量进行考察。

多元回归系数的显著性检验过程:k 元回归分析,需要对 k 个自变量的系数一一作回归系数检验。其基本思路与一元回归分析相似,构造回归系数检验统计量(F 或 T),

根据给定的置信水平 α,数据的长度 n,自变量数 m,查表得到临界值

$$F_\alpha(k, n-k-1) \text{ 或 } T_\alpha(n-k-1)$$

如果第 i 个自变量 X_i 的回归系数 b_i 对应的统计量(F_i 或 T_i)>临界值,即认为第 i 个自变量的回归系数 b_i 具有回归显著性,接受 b_i;反之,认为 X_i 的回归系数 b_i 不具有回归显著性,于是在回归方程中应剔除自变量 X_i。

(1)采用 F 统计量:

$$F = \frac{\dfrac{(b_i - \beta_i)^2}{C_{ii}}}{\dfrac{Q}{(n-k-1)}}$$

式中 C_{ii}——相关矩阵 $\boldsymbol{C} = \boldsymbol{A}^{-1}$ 的对角线上的元素。

$$\begin{aligned} Q &= \sum \left(y_j - \hat{y}_j \right)^2 \\ &= \sum \left[y_j - \left(\beta_0 + \beta_1 x_{1j} + \cdots + \beta_m x_{mj} \right) \right]^2 \end{aligned}$$

对于给定的置信水平 α,由于此时是针对回归系数 b_i 做显著性检验,F 分布中的第一自由度不是 m,而是 1。查 F 分布表得 $F_\alpha(1, n-m-1)$,若计算值 $F_i \geqslant F_\alpha$,则拒绝原假设,即认为 x_i 是重要变量,反之,则认为 x_i 变量可以剔除。

(2)利用 T 统计量。显然,如果某个变量对 y 的作用不显著,那么在多元线性回归模型中,它前面的系数就可以取值为零。先考察如下统计量:

$$S = \sqrt{\frac{S_{\text{余}}}{N - p - 1}}$$

计算其剩余标准差:
其中:

$$S_{\text{余}} = l_{00} - S_{\text{回}}$$

$$l_{00} = \sum_{i=1}^{N} (y_i - \bar{y})^2$$

然后计算偏回归平方和:

$$p_1 = \alpha^2 \left\{ \sum_{i=1}^{N} (k_i - \bar{k})^2 - \frac{\left[\sum_{i=1}^{N} (k_i - \bar{k})(l_i - \bar{l}) \right]^2}{\sum_{i=1}^{N} (l_i - \bar{l})^2} \right\}$$

$$p_2 = \beta^2 \left\{ \sum_{i=1}^{N} (l_i - \bar{l})^2 - \frac{\left[\sum_{i=1}^{N} (k_i - \bar{k})(l_i - \bar{l}) \right]^2}{\sum_{i=1}^{N} (k_i - \bar{k})^2} \right\}$$

若 $p_1 > p_2$,则表明 k 是主要因素,l 是次要因素。

最后计算 T 统计量之值:

$$T_1 = \frac{\sqrt{p_1}}{s}, T_2 = \frac{\sqrt{p_2}}{s}$$

T 统计量的自由度 $f = N - k - 1$。给定显著性水平 α,可查出 $t_\alpha(N - k - 1)$。若 $t_i > t_\alpha(N - k - 1)$ 则可拒绝假设 H_0,即认为变量 i 是高度显著的,否则假设 H_0 是相容的,这时相应的变量 i 就被认为在回归方程中不起什么作用,应从回归方程中剔除,重新建立更为简单的线性回归方程。

通常,根据经验,当 $|t_i| > 1$ 时,第 i 个因素对 y 有一定的影响;当 $|t_i| > 2$时,该因素可看作是重要因素;当 $|t_i| < 1$ 时,则认为该因素对 y 影响不大,可以忽略,不参加回归计算。

应当指出,虽然从数学上看应当从模型中去除某一变量,但是在实际问题分析中必须慎重考虑,这样做在现实意义上是否合理,如果认为不应剔除某一变量,则需要从其他角度分析导致上述结果的原因。

(三)拟合优度检验(R-squared 检验)

在对回归方程的线性特性检验部分,我们看到:

$$\sum (Y_i - \overline{Y})^2 = \sum (Y_i - \hat{Y}_i)^2 + \sum (\hat{Y}_i - \overline{Y})^2$$
$$TSS = RSS + ESS$$

即:总离差平方和 = 残差平方和 + 回归平方和

自由度:$n - 1 = n - k + k - 1$

利用代数变换,有:

$$TSS = RSS + ESS \Rightarrow 1 = \frac{RSS}{TSS} + \frac{ESS}{TSS}$$

$$令\ R^2 = \frac{RSS}{TSS} = 1 - \frac{ESS}{TSS}$$

R^2 的平方根称为复相关系数(R),也称为多重相关系数。它表示因变量 y 与所有自变量全体之间的线性相关程度,实际反映的是本数据与预测数据间的相关程度。

判定系数 R^2 的大小受到自变量 x 的个数 k 的影响。在实际回归分析中随着自变量 x 个数的增加,回归平方和(RSS)增大,使得 R^2 增大。由于增加自变量个数引起的 R^2 增大与拟合好坏无关,因此在自变量数 k 不同的回归方程之间比较拟合程度时,R^2 就不是一个合适的指标,必须加以修正或调整。

调整的方法为:把残差平方和与总离差平方和之比的分子分母分别除以各自的自由度,变成均方差之比,以剔除自变量个数对拟合优度的影响。调整的 R^2 为:

$$\overline{R}^2 = 1 - \frac{\dfrac{ESS}{(n-k-1)}}{\dfrac{TSS}{(n-1)}}$$

$$= 1 - \frac{ESS}{TSS} \cdot \frac{n-1}{n-k-1}$$

$$= 1 - (1-R^2)\frac{n-1}{n-k-1}$$

由上式可以看出,$\overline{R}^2$考虑的是平均的残差平方和,而不是残差平方和,因此,一般在线性回归分析中,$\overline{R}^2$越大越好。

同一元线性回归分析相类似,$0 \leqslant R^2 \leqslant 1$,$R^2$越接近1,回归平面拟合程度越高,自变量对因变量的解释程度越高,自变量引起的变动占总变动的百分比越高,观察点在回归直线附近越密集。反之,R^2越接近0,拟合程度越低。

在实际的回归方程检验分析中,我们可以利用统计分析软件轻松地计算判定系数R^2和调整判定系数$\overline{R}^2$。

三、自相关检验

(一)自相关的概念

如果经典回归的基本假定遭到破坏即$\hat{y}$的取值与它的前一期或前几期的取值相关,则称$\hat{y}$存在序列相关或自相关;若变量$\hat{y}$存在自相关,且它的取值只与它前一期的取值有关,即$\hat{y}_t = f(\hat{y}_{t-1})$,则称$\hat{y}$存在一阶自相关;若$\hat{y}$的取值不仅与它前一期的取值有关,而且与它前几期的取值有关,即$\hat{y}_t = f(\hat{y}_{t-1}, \hat{y}_{t-2}, \cdots)$,则称$\hat{y}$存在高阶自相关。

在经济、社会计量研究中,随机项自相关现象是经常存在的。这是因为在模型的研究中,常常把一些非重要因素归入了误差项,但这些因素往往有时间趋势,从而在误差项中体现了在时间先后上的某种相关性。因此,自相关现象主要也体现在了时间序列之中,不过在横断面数据中有时也可能体现。

(二)产生自相关的原因

(1)许多经济、社会变量往往存在自相关现象,对于含有这种经济、社会变量作解释变量的回归模型,利用时间序列数据作回归分析,一般不能认为随机项是相互独立的,这是产生随机项自相关的一个主要原因。

(2)在计量模型研究中,把那些非重要变量都并入了随机项中,而这些变量中往往有些变量存在自相关,因而引起随机项的自相关。

(3)经济冲击的延续。在时间序列中,某一时期发生的一个随机冲击往往要延续若干时间。例如,发生天灾等偶然事件,不仅对当期经济生活造成影响,而且影响以后几期,这样必然导致随机项的自相关。

(4)模型制定的不正确。例如,x 与 y 之间的关系定为线性关系,而实际上应为曲线关系,这样错误的模型形式对 y 产生的系统影响带进了随机项,导致随机项产生自相关。

(三)检验自相关的方法

由于随机项 u 自相关的存在,在正式进行回归分析之前,必须判明是否存在自相关。目前统计中检验自相关的方法有多种,普遍使用的方法是道宾-沃森(Durbin-Watson)检验法,简称 D-W 检验。

1. D-W 检验的基本思想

对一阶自相关 $y_i = \rho y_{i-1} + u$,显然,当 $\rho = 0$ 时,y 不具有一阶自相关,当 $\rho \neq 0$ 时,y 具有一阶自相关。D-W 检验是通过构造统计量

$$d = \frac{\sum\limits_{t=2}^{n}(\varepsilon_t - \varepsilon_{t-1})^2}{\sum\limits_{t=1}^{n}\varepsilon_t^2}$$

(其中 $\varepsilon_t = \hat{y}t - yt$)来建立 d 与 ρ 的近似关系,从而判断随机项 u 的自相关。

$$\rho = \frac{\sum\limits_{t=2}^{n}\varepsilon_t \varepsilon_{t-1}}{\sum\limits_{t=2}^{n}\varepsilon_{t-1}^2}$$

进而有:$d \approx 2(1-\rho)$,由此可以看出:

如果 $\rho = 0$,则 $d \approx 2$;

如果 $\rho = 1$,则 $d \approx 0$;

如果 $\rho = -1$,则 $d \approx 4$。

因此,得出以下结论:

(1)d 值总是介于 0 与 4 之间;

(2)$d \approx 2$ 表明随机项 u 没有自相关;

(3)$d \approx 0$ 表明随机项有很强的正自相关($\rho = 1$);

(4)$d \approx 4$ 表明随机项 u 有很强的负自相关($\rho = -1$)。

由此可见,我们可以利用统计量 d 来对自相关系数 ρ 进行显著性检验。由于统计量 d 不是由随机项 u 而是由其估计量 ε_t 构成,所以,零假设($H_0: \rho = 0$)成立时,d 的分布是同样本有关的。即对于不同的样本,d 的分布是不一样的,这就给显著性检验带来困难。

但是,道宾-沃森证明了 d 的实际分布介于两个极限分布之间:一个称为下极限分布,其下临界值用 d_L 表示,另一个为上极限分布,其上临界值用 d_U 表示;而下极限分布的上临界值为($4 - d_U$),上极限分布的上临界值为($4 - d_L$),如图 6-2 所示。

对于给定的显著水平,若根据公式计算的 d 值落在 d_L 和 d_U 之间,当真值 d 的分布

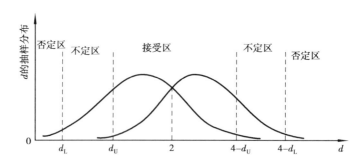

图6-2　D-W检验示意图

位于上极限分布时,则应该否定零假设,而当真值d的分布位于下极限分布时,不能否定零假设:由于真值d的分布确切位置并不知道,因此在这种情况下不能得出明确结论。同样,当根据公式计算的d值落在$(4-d_U)$和$(4-d_L)$之间,也不能得出明确的结论。因此,我们称$(0,d_L)$和$(4-d_L,4)$为否定区;$(d_U,4-d_U)$为接受区;(d_L,d_U)和$(4-d_U,4-d_L)$为不定区。

对于不同样本的d_L和d_U值的确定,可根据道宾-沃森临界值表查出。在道宾-沃森临界值表中,对一定的显著水平(1%或5%),给出对应样本容量为n和模型中自变量个数为k的d临界值d_L和d_U。

2. D-W 检验的步骤

综合上述分析过程,Durbin-Warson 检验的过程可归纳如下:

(1)建立零假设H_0:$\rho=0$;备择假设H_1:$\rho\neq0$;

(2)根据公式计算统计量d的现实值(实际分析中,我们可以借助统计分析软件来完成这个步骤);

(3)根据样本容量n,自变量个数和显著水平0.05(或0.01)从 D-W 检验临界值与临界值表上查得d_L和d_U。

(4)将d的现实值与临界值进行比较:

①若$d<d_L$,则否定H_0,即u存在一阶正自相关;

②若$d>4-d_L$,则否定H_0,即u存在一阶负自相关;

③若$d_U<d<4-d_U$,则不否定H_0,即u不存在自相关;

④若$d_L\leqslant d\leqslant d_U$或$4-d_U\leqslant d\leqslant4-d_L$则不能作结论。

或:

若$0<d<d_L$,则否定H_0,即U存在一阶正自相关;

$d_L<d<d_U$,不能确定;

$d_U<d<4-d_U$,无自相关;

$4-d_U<d<4-d_L$,不能确定;

$4-d_L<d<4$,存在负自相关。

3. 应用 D-W 检验应注意的问题

（1）D-W 检验法不适用自回归模型。因为在 D-W 表制作中假定了 U 是正态、同方差的，并且认为 x 确实是外生变量的情况下求出的，如果解释变量中有内生变量的滞后值，D-W 检验就不适用了。

（2）D-W 检验只适用于一阶线性自相关，对于高阶自相关或非线性自相关皆不适用。

（3）一般要求样本容量至少为 15，否则很难对自相关的存在性得出明确的结论。

（4）若出现 d 值落入不定区域，则不能得出结论。这时可以扩大样本容量或改用别的检验方法。

（5）如果样本容量 n 不太大，则可采用公式

$$\rho = \frac{\left(1 - \dfrac{d}{2}\right) + \left(\dfrac{k+1}{n}\right)^2}{1 - \left(\dfrac{k+1}{n}\right)^2},$$

来计算 ρ，式中 k 是模型中自变量的个数。此公式可以使 ρ 原偏倚程度减少。

在实际运算中，不需要我们自己去计算 d 值，有许多统计软件可以完成这个工作（参见本书第 8 章"统计分析软件 SPSS 的运用"）。

下面，我们将上述对回归方程的四项检验概括成表 6-2。

表 6-2　回归方程的检验

检验内容	检验程序一	检验程序二[1]	检验程序三（作判断）
回归方程的线性特性	计算 F 统计量（可利用统计软件）	查 F 分布表，得到具体问题的 F 临界值 $F_\alpha(k, n-k-1)$（k 表示自变量个数）	如果计算出的统计量 $F > F_\alpha(k, n-k-1)$ 则肯定方程的线性特性；反之，否定方程的线性特性
回归系数的显著特性	计算 T 统计量（可利用统计软件）	（一）一元回归[2]：查 t 分布表，得到具体问题的 t 临界值：$t_{\frac{\alpha}{2}}(n-2)$；（二）多元回归：查表得到临界值：$T_\alpha(n-k-1)$ 或 $F_\alpha(k, n-k-1)$	（一）一元回归：若 $|t| > t_{\frac{\alpha}{2}}(n-2)$，认为回归系数显著；反之，否定；（二）多元回归：若 $|t_i| > t_{\frac{\alpha}{2}}(n-k-1)$，或：$F_i \geqslant F_\alpha(k, n-k-1)$ 则认为回归系数 b_i 具有回归显著性；反之则反

续表

检验内容	检验程序一	检验程序二[1]	检验程序三(作判断)
回归方程的拟合优度检验	考察判定系数 R^2 或:调整的判定系数 $\bar{R}^2$	(一)直接判定; (二)查相关系数检验表(自由度为 $n-k-1$)	(一)愈接近于1,拟合优度愈好;愈接近于0,拟合优度愈差; (二)若 R^2 或 $\bar{R}^2$ >临界值的平方,拟合优度好;反之则反
自相关性检验	D-W 统计检验量 d	查 D-W 统计量 d 的临界值表,得到下界 d_L 和上界 d_U	将 d 的计算值与临界值进行比较,若: $0<d<d_L$,则否定 H_0,即 u 存在一阶正自相关; $d_L<d<d_U$,不能确定; $d_U<d<4-d_U$,无自相关(接受区); $4-d_U<d<4-d_L$,不能确定; $4-d_L<d<4$,存在负自相关

注:[1]大多数统计学的教材都有 F 分布表。$F_\alpha(k,n-k-1)$ 符号中,α 是预先给定的显著水平,代表所做的检验不准确的概率。α 值越小,预示着检验不准确的概率越小,从而检验准确的概率也就越大。α 通常取值为 $\alpha=0.10$、$\alpha=0.05$、$\alpha=0.01$ 等;n 是观察数据的长度;1 表示第一自由度即待验变量的个数(在许多 F 分布表中,第一自由度又可用 k_1 表示);$n-k-1$ 称为第二自由度(在许多 F 分布表中,第二自由度用又可 k_2 表示)。

[2]在一元回归中,F 检验与 T 检验可以互相替代。即一般情况下,只需要做其中一种检验。在多数统计学教材中都有 t 分布表。

思考练习

1. 相关关系同回归分析有什么关系?
2. 请详细论述最小二乘法的原理。
3. 一般的线性回归分析有哪些需要遵守的前提假设?
4. 如何进行拟合优度检验? 它所主要依赖的判断指标是什么?
5. 什么叫做自相关? 产生自相关的原因主要有哪些?
6. 试判断以下说法是否正确,正确的请在括号里记"√",错误的记"×"。

(1)非确定性关系就是相关关系,而确定性关系就是函数关系。（　　）

(2)抽样调查中样本的选取遵循的是随机性原则。（　　）

(3)由于我们是根据样本资料计算得出的回归方程,为了保证它的有效性,我们必须在回归分析中进行检验。（　　）

(4)线性回归分析中的独立性假设是指因变量 Y 同误差项没有关系。（　　）

(5)多元线性回归分析中的无自相关性假设是指自变量之间不能有相关关系。（　　）

(6)某些非线性回归方程可以通过转化成线性方程的形式进行求解。（　　）

（7）判定系数越大,回归方程的拟合效果一定越好。　　　　　　　　（　　）

（8）当增加自变量的个数时,判定系数的数值则会随之减小。　　　　（　　）

（9）在对回归方程进行自相关检验时,常用的 D-W 检验法也可用于自回归模型。

　　　　　　　　　　　　　　　　　　　　　　　　　　　　　　　（　　）

（10）在进行简单线性回归的回归系数显著性检验时,F 检验的效果同 t 检验的效果一样。　　　　　　　　　　　　　　　　　　　　　　　　　（　　）

7. 有学者认为公务员用于自我学习的时间受到其可自由支配的时间的影响,并且二者之间有线性关系,为了验证其想法收集了下列数据,请根据该数据写出回归方程,并对回归系数进行检验(提示:请先确定自变量和因变量)。

编号	1	2	3	4	5	6	7	8	9	10	11	12	13	14	15
自由时间	102	96	97	102	91	158	54	83	123	106	129	138	81	92	64
学习时间	27	26	25	28	27	36	19	26	31	31	34	38	27	28	20

8. 某营销部门有 5 个职员,其领导认为职员每个月的营销业绩同其上个月的业绩有关,为了验证他的想法,他收集了这 5 名员工两个月的业绩数据如下表,请根据该数据拟合出线性回归方程,并检验回归方程的显著性。(提示:请根据发生的时间先后确定自变量和因变量,建议读者自行增加数据列的长度)

职员编号	1	2	3	4	5
本月业绩	45	52.5	55	62.5	70
上月业绩	8	16	20	34	54

9. 已知某单位前五个月每个月的工作量(单位:小时)列于下表(建议读者自行增加数据列的长度):

月　份	1	2	3	4	5
工作量	3 500	3 000	4 500	4 800	4 600

（1）首先画出该散点图;

（2）求出回归直线方程。

10. 某研究者通过研究发现人力资源的数量同区域经济产出(GDP)之间存在一定的统计关系,请应用下表中的数据进行回归分析,并对结果作出说明(建议读者自行增加数据列的长度)。

年 份	2001	2002	2003	2004	2005	2006
人才数量/万人	45.8	46.7	47.6	48.2	50.3	52.5
GDP/千万元	900	1 000	1 200	1 250	1 220	1 300

11. 用上题中得到的回归直线方程计算该区域 2002 年的经济产出(GDP)与真实值(表中值)之间的差异。

12. 某单位通过自检发现其经费支出同人员数量及人员的工作量有关,为了进一步确定这种统计关系,请应用下表中的数据建立二元回归方程(建议读者自行增加数据列)。

年 份	2001	2002	2003	2004	2005
人员数量/人	200	220	230	240	250
工作量/周	40	42	45	44	50
支出/万元	900	1 000	1 200	1 250	1 220

13. 某学者经研究发现收入频数的分布(y)同收入的多少(x)之间成指数关系,为了描述这种关系请用下表中的数据进行指数方程的拟合(建议读者自行增加数据列)。

编 号	1	2	3	4	5
收入/元	1 000	1 500	2 000	2 500	3 000
频数/个	200	150	120	100	50

14. 某市的税务部门发现其年度的税收同其辖区内的工商业户的数量有关,为了验证这种线性关系,他们整理了近十年的相关数据进行分析。请你根据下表中的数据完成题目要求(建议读者自行增加数据列)。

年 份	1	2	3	4	5	6	7	8	9	10
业户数量	200	340	470	500	540	600	540	830	730	700
税收	27	32	52	60	62	68	65	78	70	75

(1) 画出上述数据的散点图;
(2) 拟合出回归直线;
(3) 对回归直线的拟合效果进行检验。

15. 有学者通过对某省 6 个地市的办公经费和办公人员规模的研究发现二者之间是线性的关系,为了验证这种关系的成立,请用下表中的数据拟合出回归直线,并判断回归分析的效果如何(建议读者自行增加数据列)。

地市编号	1	2	3	4	5	6
人员规模/人	3 000	1 500	2 000	1 500	2 500	3 000
办公经费/万元	2 000	5 000	8 000	4 000	6 000	10 000

第七章　预测分析方法介绍

第一节　预测学概述

一、预测的适用场合

我们在第二章中给大家介绍了客观事物之间相互联系的形式,一般可以分为两大类:函数关系和相关关系。我们还可以按另一种标准将客观事物分为:

(1)自变量与因变量之间具有十分确定的联系,将其称为确定性事物、现象(可以利用公式准确计算结果的事物、现象——如:物理学、工程学中的大量现象);

(2)非确定性的事物、现象。这类事物、现象又可以再进一步分为两个亚类:①自变量与因变量之间无固定变化规律可言。如:时间、地点为自变量,因变量分别为如下事件:某一矿井发生矿难;某一地方发生恐怖袭击或其他突发性危急事件等,很难有一个确定的答案。②自变量与因变量之间虽无确定联系,但它们之间的联系具有一定的规律性。

可以说,上述(1)类别的事物,其发展变化不存在"预测"的需要,只存在"计算"的需要,如对一物体施加的合外力确定、物体的质量确定,该物体获得的加速度就是一个固定值(通过计算得到)。对于上述(2)中①亚类的事物,目前尚无方法去预测它们会何时在何地发生。而上述(2)中②亚类的事物,就是预测学所研究的基本对象。这类事物、现象一方面具有"不定"的特点,另一方面它们又有一定的规律性,它们的发展、变化不能用公式去准确计算,但其发展、变化遵从一定的规律。通过一定的方法,可以预言这类事物未来发展、变化可能的结果,这正是预测学的"用武之地"。

二、预测的概念

对于什么叫预测,这个问题有许多不同的回答。预测是预测者根据有关的历史资料、数据,运用适当的理论和方法,对预测对象的未来状态进行分析、估计和推断,并对预测结果进行评价和应用的过程。

预测是运用各种知识和科学手段,分析研究历史资料和调研资料,对事物发展趋势或可能的结果进行事先的推测和估计。预测是由过去和现在推测未来,从已知推测未知。人们对未来进行预测是为了探索预测对象发展的客观规律的特点,揭示其发展方向和趋势,分析其发展的途径和条件,为研究制订最佳方案服务。

我们认为:预测是对研究对象的未来状态进行预计和推测;是指预测者根据有关历史资料和新情报,运用恰当的方法和技巧(技术)对研究对象的未来状态进行科学的分析、估算和推测,并对预测结果验证、评价和应用的活动过程。

为了使预测有其科学的根据和成为现实的最大可能性,必须运用各种科学的预测方法。预测方法多达百余种,但大体可归纳为三类,即类比法、归纳法和演绎法。类比法的特点是,根据事物的相同和相似性来进行类比,常用的有时间序列预测法。归纳法的特点是,通过分析归纳,从各个方面对同一预测对象的意见得出一致的结论,常用的有德尔菲(Delphi)法。演绎法的特点是,根据公认的原理进行推理和数学演算来预见未来的发展,常用的有回归分析预测法。

三、预测的基本原理

(1)惯性原理。惯性原理是伽利略在 1632 年出版的《关于托勒密和哥白尼两大世界体系的对话》书中发表的,这个原理阐明物体只要不受到外力的作用,就会保持其原来的静止状态或匀速运动状态不变(维基百科)。预测学中引申惯性原理的精髓,认为一些事物、现象在一定条件下,具有大致按照原来的运动轨迹发展、变化的趋势(惯性),进而为我们利用恰当的方法去分析事物、现象的发展、变化规律提供理论依据。

(2)因果原理。任何现象都会引起其他现象的产生,任何现象的产生都是由其他现象引起的,这种原因和结果的关系,即是因果关系,对事物现象之间因果关系的综合、概括就是因果原理。因果原理可以帮助我们分析事物、现象之间先行后续的联系。无论是定性预测,还是定量预测,都需要进行自变量与因变量以及自变量与其他因素之间的因果分析。

(3)类比原理。类比就是在若干个事物之间进行比较,这若干个事物可以是同类,也可以不是同类,甚至差别很大。通过比较,找出不同事物的类似之处,然后再据此推出它们在其他地方的类似处。类比法的核心是从异中求同,或同中见异,从而产生新的知识,得到创造性成果。例如美国著名学者库兹涅茨、钱纳里、塞尔昆等人从若干国家经济、社会发展的统计资料中总结出了一系列的共同规律,这包括城市化与人均 GDP 之间的联系,三次产业转移与人均 GDP 之间的联系等,这些规律为我们进行同类事物(现象)的国际比较提供了重要的参照标杆。又如,我们在预测广东的人才发展趋势时,可以利用韩国、北京、上海等地人才的发展趋势做类比,从而丰富我们对广东人才发展趋势的认识。

(4)相关原理。所谓相关就是指事物、现象之间的相互关系。在事物、现象之间,往往存在着一定的关系,一事物的变化,常引起另一事物也发生变化,或者许多事物因受某种因素的影响,同时都在变化。比如,教育发展与经济发展存在着一定的关系;公共管理的质量与公共管理的资源投入有一定的关系;在一定条件下,政府规模大小与第三部门的发育程度有一定的数量关系等。

(5)统计推断原理。统计推断是从未知总体中获得已知的随机样本,对其进行分析和科学推断,去推测诸如总体的分布形式,总体的参数取值等问题,从而认识该总体。我们对一个事物、现象做预测,往往得到的是该事物、现象的局部信息,以此局部信息为"样本"去推测我们拟预测的事物、现象。在统计学中,还有一些成熟的推断方法与技术。例如,利用样本信息求出回归方程,然后利用回归方程对事物、现象的发展趋势做预测。

四、预测的基本程序

(1)根据研究的需要确定预测目标——预测对象,预测目的,预测的时间区间等。

(2)搜集、整理有关资料——资料内容:分析与预测目标相关的因素;社会调查、资料搜集与整理。

(3)选择预测方法——预测的具体方法十分丰富,要根据研究对象的特点选择恰当的预测方法;此外预测方法还受到人、财、物的限制。

(4)建立预测模型——主要是数学模型。

(5)评价预测模型——从内外环境分析、从逻辑上、数学理论上进行分析、检验。检验后方可用于预测。

(6)预测的实施——输入数据,进行计算。

(7)分析、评价预测结果——通常可以通过修订参数值,得到若干个预测结果(方案),预测者应对不同的预测方案予以评价。如果根据经验判断预测结果可信,就采用之。否则,寻找原因,改进预测。也可用多种预测方法验证预测结果。

五、预测的特点

(1)科学性。由于预测是以科学原理为依据,其过程是建立在一系列规范的操作程序上的,因此,预测具有较高的科学性。预测的方法在经济、社会发展趋势分析中得到十分广泛的运用,预测的结果得到社会的广泛认同。

(2)近似性。由于预测对象是规律性运动体与"不定"运动体的合一,我们往往难于得到十分精确的预测结果,一般得到的是近似结果。在现实中,我们预测的结论越是"精确",往往它出错的概率就越高;反之,我们预测的结论相对模糊些,出错的概率就比较低,预测的正确率就较高。例如,我们预测 2005 年中国经济增长(GDP 增长)率为 9.235%,但实际中国经济增长很可能不是这个确定的数(9.235%),而是 8.5%或一个其他的数字。如果我们预测 2005 年中国经济增长率为 7%~9%,我们"命中"

的概率就十分高。

（3）局限性。由于预测对象的"不定"性，特别是公共管理领域中的许多事物、现象，其变化的影响因素繁多（参见本书第一章第一、二节），因此，预测结果难免具有局限性。认为预测应该有100％的准确性，是强加给预测学的"高、大、全"，是对预测的曲解。

例如：马克思、恩格斯生活在自由竞争的资本主义社会，他们曾预言，无产阶级社会革命将在先进的资本主义国家同时发生，同时取得胜利。并预言，未来社会主义社会将彻底消灭私有制和商品生产，实行由全体成员共同占有全部生产资料的公有制。但后来，历史条件发生了变化，马克思、恩格斯当时的这个预言没有得到实现。

预测的局限性特征不是要我们抛弃预测方法，而是对预测方法、结果要保持清醒的头脑，不要神化预测结果。

（4）较强的技术性。预测过程的组织、实施、方法与参数的选择、确定，均包含若干技术细节。

六、预测基本方法分类

预测的基本方法，总的可以分为定量预测方法与定性预测方法两种。

（一）定量预测方法

根据已有的比较完备的资料，运用一定的数学方法进行科学的加工处理，借以充分揭示有关变量之间的规律性联系，作为预测的依据。定量预测方法又可大致分为两个亚类：趋势预测法、因果预测法。

1. 趋势预测法

基本原理：趋势预测法是把一个指标本身过去的变化趋势作为预测的依据，又称为"趋势外推"，是把未来视为"过去历史的延伸"，其利用的是惯性原理与推断原理。

主要假定：趋势预测法假定以往对有关指标起影响作用的诸因素在现在和将来依然起作用。根据这种作用的延续作为预测未来的主要依据。

主要特点：根据时间的系列作机械的推测，或者说从数学函数的角度看一个事物或现象可以时间为自变量来推测事物或现象的未来。

不足：许多社会经济事物、现象，影响因素众多，其未来的发展变化未必完全依循过去的路径，随着预测期的延长，预测的结论不一定可靠，原因在于影响的因素有变动的可能。对此有人夸张地比喻：完全依赖汽车的倒后镜做判断来驾驶汽车往前行，我们时刻都将冒极大的风险。

2. 因果预测法

基本原理：因果预测法是从一个指标与其他指标的相互联系中进行分析，根据它们之间的规律性的因果联系建立数学模型或逻辑分析定性模型,据以进行预测。与趋势预测法相比,因果预测法显得较有理论的根据。

(二)定性预测方法

定性预测方法也称非数量预测方法。这种方法依据对事物(现象)的综合判断,得出事物(现象)未来的发展、变化趋势。也可以由熟悉情况和业务的专家根据经验进行分析、判断,提出预测意见,然后再通过一定的形式(如函询征集意见)进行综合,作为预测未来的主要依据。有时也称为"集合意见法"(opinion polling)。

适应性:定性预测方法主要是在缺乏完备的资料,或主要因素难以定量分析的情况下应用的。例如,列宁曾根据社会时代特征的变化预言无产阶级可以在处于资本主义薄弱环节的国家首先发生和首先取得胜利。又如,列宁曾预言:"在东方那些人口无比众多、社会情况无比复杂的国家里,今后的革命无疑会比俄国的革命带有更多的特殊性。"历史的发展果然如列宁所料,中国的社会主义革命和建设就"带有更多的特殊性",以至用"中国特色"来命名。这些都是定性的预测。

定性预测方法主要有调查研究法和德尔菲法。

(1)调查研究法。调查研究法就是有计划、有系统地收集、整理和分析有关的影响因素。比如政府或企业的政策改变,社会中出现新的情况及出现过去资料中没有反映的重要情况。预测是在广泛调查取得有关资料的基础上进行的。

(2)德尔菲法(Delphi Method)(具体内容参见本章第二节)。又称专家判断法,具体做法是邀请有关专家参加预测,依靠专家的判断来预测未来的状态。因此,这种方法预测结果的准确性取决于所请专家的知识和经验的广度和深度。

(三)定量方法与定性结合法

定量方法与定性方法的分类不是绝对的,定性的方法中不排斥某些方面的分析运用定量方法的分析基础上的判断;定量方法中也不排斥对某个参数征求专家定性的判断。在实际工作中,二者需要结合起来,扬二者之长,避二者之短,才能取得较好的效果。

七、预测的三要素

(1)信息(有关历史资料、情报、文字、数据、语言、图表、符号、指令等)。由于预测的对象具有"不定"的特性,对其信息掌握是否充分,就成为我们能否较准确地预测的基础,一般而言,有关事物、现象预测的信息资料"多多益善"。

(2)预测技术(预测的方法和手段)。预测的具体方法、模型很多,据不完全统计,常用的经济具体预测模型就有160多种。预测技术关键是把握、寻找研究对象的特性和发展变化的规律,然后从繁多的具体预测方法中选择恰当的模型去进行预测;预测技术还在于采用恰当的方法确定具体预测模型中的若干参数。

（3）预测分析。在一次预测中,虽可以选择一些方法、模型去计算出某种结果,但我们不能以为预测就此已万事大吉。由于预测的"不定性",计算的结果往往只能为我们提供一个具有重要参考价值的结果,而不一定成为最终的预测结果。根据有关理论进行定性的分析,将定性分析与根据预测模型计算的定量结果有机地结合起来,是预测过程中十分重要的环节。可以说,这个环节贯穿于预测活动的整个过程。曾经有学生做预测学的作业,通篇都是详细的预测公式、参数、计算结果,以为这样就是一个完整的预测学作业。但实际上他只完成了预测的一个部分,还有一个十分重要的部分被他遗漏了:预测分析。他必须对数据来源、预测模型的选择、模型参数的若干组不同取值、对不同预测结果的认识、分析做较详细的讨论,在若干不同预测结果中,把自己认为最可能的预测结果及其原因等做详细的说明。

第二节　若干具体预测方法介绍

预测的具体方法非常多,我们不可能将其全部介绍给大家。在此选择了一些具体的预测方法及其具体处理技术作一介绍,希望大家可以利用"举一反三"的悟性,根据自己的需要去掌握无穷的具体预测方法。

一、预测前期资料处理

预测前期的资料处理包括数据的调查和搜集以及数据的整理和预处理。这里只介绍数据的整理和预处理。

（1）可先将数据分为纵断面数据和横断面数据。纵断面数据是历史时间序列数据,简称时间序列;横断面数据是指在同一时间,不同调查单位、不同指标的数据,如2005 年全国各地行政管理费用占当地财政支出的比重。

（2）异常数据的分析鉴别。我们搜集各种数据、资料时难免会遇到异常数据。所谓异常数据,就是非正常数据,这是一个不言自明的概念。异常数据的判断主要依据逻辑判别法、经验判别法。

（3）异常数据的预处理。①剔除法。这是一种简单可行的处理方法。例如,一些由多人裁定结果的综合过程,我们常采用"去掉一个最高分,去掉一个最低分,最后的平均得分是……"。②还原法。

数据还原:

$$y_t' = \frac{y_{t-1} + y_{t+1}}{2} \quad （如果数据是近似线性的）$$

$$y_t' = \sqrt{y_{t-1} \cdot y_{t+1}} \quad （如果数据是非线性的）$$

对因果关系模型断面数据,设 y 为因变量,x 为自变量,y_t 为异常数据,可采用下面

方法对 y_t 还原:

$$y_t' = \frac{y_{t-1} \cdot x_{t-1} + y_{t+1} \cdot x_{t+1}}{2x_t} \quad (x, y \text{ 之间是线性关系})$$

$$y_t' = \frac{\sqrt{y_{t-1} \cdot x_{t-1} + y_{t+1} \cdot x_{t+1}}}{x_t} \quad (x, y \text{ 之间是非线性关系})$$

式中　y_t'——y_t 的还原值;

　　　x_{t-1}——x_t 的前环自变量;

　　　x_{t+1}——x_t 的后环自变量。

加减法还原(能估计出异常超过正常的幅度时):

$$y_k' = y_k \pm C$$

例 7-1　(加减法还原法)某地政府 2005 年 1 月开设一站式服务窗口,每月处理业务量逐月递增,5 月电子政务系统投入运行,使月均处理业务量增加 60 件以上。

月　份	1	2	3	4	5	6	7	8	9	10
业务/件	51	56	62	55	118	123	128	132	138	142

为了利用整个 1~10 月数据预测今后的业务处理量发展趋势,将 5 月份以前数据均加上 60 件。

上面数据表变成:

月　份	1	2	3	4	5	6	7	8	9	10
业务/件	111	116	122	115	118	123	128	132	138	142

利用这个处理后的表来计算月处理业务量增长率等,可使预测结果更好地反映过去业务增长及今后变化趋势。

二、基本预测方法介绍

(一)合成预测法

根据预测目标,制订《预测意见调查表》,精心选择不同类别的意见人士,让他们对同一事物发展的趋势在《预测意见调查表》中作判断,然后收回《预测意见调查表》,进行恰当的数据处理,得到一个合成的预测结果。如表 7-1 所示,某市发展改革委员会对明年市区商品房新建数量进行的预测。

步骤:对不同调查对象发放调查表,回收并作数据处理。

表 7-1 某市发展改革委员会对明年市区商品房新建数量预测表(填答结果)

预测者		新开工建筑面积/万 m²		(判断)概率	数量×概率
基层人员	甲	最高数	100	0.3	30
		最可能数	80	0.5	40
		最低数	40	0.2	8
		期望值			78
	乙	最高数	120	0.2	24
		最可能数	90	0.5	45
		最低数	60	0.3	18
		期望值			87
	丙	最高数	100	0.2	20
		最可能数	80	0.6	48
		最低数	60	0.2	12
		期望值			80
主管负责人	甲	最高数	140	0.2	28
		最可能数	100	0.6	60
		最低数	80	0.2	16
		期望值			104
	乙	最高数	120	0.2	24
		最可能数	100	0.5	50
		最低数	80	0.3	24
		期望值			98

对数据的处理:基层人员直接接触大量实际具体事务,对于商品房发展趋势有较丰富的经验和一定的直觉判断能力;主管负责人的观点具有"登高望远"的特点,对有关综合信息(包括政策法规等)有更好掌握。最后在处理中,对基层人员的判断赋予权重 0.35;对主管人员的判断赋予权重0.65。进一步可得到处理结果:

$$0.35 \times (78 + 87 + 80)/3 \text{ 万 m}^2 + 0.65 \times (104 + 98)/2 \text{ 万 m}^2 = 93.38 \text{ 万 m}^2$$

(二)专家预测法

专家预测法是一种基于定性预测的预测方法,其中又包含许多具体方法。组织专家进行预测,充分利用专家对于预测领域综合知识和有关信息的优势,在定性分析的基础上,以打分、数量评价等方式,将预测推断数量化,预测结果往往用数理统计方法整理和评价。

组织实施,选择专家:专家是指在某个领域中有专门知识和特长的人员,衡量专家的标准:①形式标准:有若干年专业工作经历,有较高学历、学位、专业职称。②实质标准:学术上有建树,有独到见解,有真才实学者。选择时应据两条,侧重后一条选择专家。选择时应由预测项目相关领域的权威及熟悉业务的最高领导层推荐,或从学术刊物上发表论著的作者中物色,等等。

专家的人数应视预测问题的规模而定,人数太少,限制了学科的代表性,人数太多,又难于组织。一般经验表明,专家人数 10~50 人为佳。某些重大问题,专家人数也可扩大到 100 人以上(如三峡工程论证、南水北调工程论证等)。

德尔菲法是专家预测法的一种。德尔菲是古希腊传说中的一座城市,城中有座阿波罗神殿,传说众神每年都要来德尔菲聚会,占卜未来。德尔菲法由此得名。德尔菲法是由美国著名的兰德公司首创并用于预测和决策的方法,该方法是以匿名方式通过几轮函询征求专家的意见,组织预测小组对每一轮的意见进行汇总整理后作为参考再发给各专家,供他们分析判断以提出新的论证。几轮反复后,专家意见渐趋一致,最后供决策者进行决策。

其要点是:向有关领域的专家提出所要预测的问题,请他们书面答复,然后把收到的意见加以集中整理,并请身份类似的专家对这些意见加以评论和说明,最后把这些经过评论与说明的意见再送给前次参与的有关专家。几经以彼此背对背的意见反馈之后,往往可以得到对所要预测的总体渐趋一致的意见。

德尔菲法作为一种广泛适用的方法,既可用于科技预测,也可用于社会、经济预测,既可用于短期预测,也可用于长期预测,特别在长远规划和决策项目中,享有很高威望。近年来的统计表明,专家会议和德尔菲法在各类方法中的比重有所上升。

1. 德尔菲法的基本特征

德尔菲法本质上是一种匿名反馈函询法。其作法是,在对所要预测的问题征得专家的意见之后,进行整理、归纳、统计,再匿名反馈给各专家,再次征求意见,再集中,再反馈,直至得到稳定的意见。其过程如图 7-1 所示。

匿名征求专家意见—归纳、统计—匿名反馈—归纳、统计……若干轮后,停止。

总之,它是一种利用函询形式的匿名思想交流过程。它具有区别于其他专家预测方法的三个明显的特点,即匿名性、多次反馈、小组的统计回答。

(1)匿名性。匿名是德尔菲法的极其重要的特点,从事预测的专家彼此互不知道其他有哪些人参加预测,他们是在完全匿名的情况下交流思想的。

(2)多次有控制的反馈。小组成员的交流是通过回答组织者的问题来实现的。它一般要经过若干轮反馈才能完成预测。

(3)小组的统计回答。以往,一个小组的最典型的预测结果是反映多数人的观点,少数派的观点至多概括地提及一下。但是这并没有表示出小组的不同意见的状况。统计回答报告一个中位数和两个四分位点,其中一半落在两个四分位点内,一半落在两个四分位点之外。这样,每种观点的信息都包括在统计回答中。

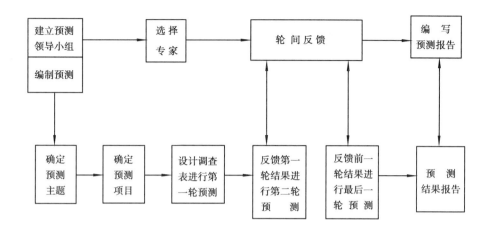

图 7-1　德尔菲法预测示意图

资料来源:李业. 预测学. 广州:华南理工大学出版社,1988.

2.德尔菲法的实施程序

首先应注意,德尔菲法中的调查表与通常的调查表有所不同。通常的调查表只向被调查者提出问题,要求回答。而德尔菲法的调查表不仅提出问题,还兼有向被调查者提供信息的责任。它是专家们交流思想的工具。

在德尔菲法过程中,始终有两方面的人在活动:一是预测的组织者;二是被选出来的专家。德尔菲法的程序是以"轮"来说明的。在每一轮中,组织者与专家都有各自不同的任务。

第一轮:①由组织者发给专家的第一轮调查表是开放式的,不带任何框框,只提出预测问题。请专家围绕预测主题提出预测事件。如果限制太多,会漏掉一些重要事件。②预测组织者要对专家填好的调查表进行汇总整理,归并同类事件,排除次要事件,用准确术语提出一个预测事件一览表,并作为第二轮调查表发给专家。第一轮调查表应有前言,说明预测的目的、任务、调查实施组织计划、安排,如何回答表中的项目。同时,调查表用词要确切,避免使用"普遍"、"广泛"等缺乏定量要领的用语,调查表的回答应采用简练的方式,如填数字、日期、同意(√)、不同意(×)等,还应留有一定余地,让专家阐明有关看法和意见。

第二轮:①专家对第二轮调查表所列的每个事件作出评价。例如,说明事件发生的时间、叙述争论问题和事件或迟或早发生的理由。②预测组织者收到第二轮专家意见后,对专家意见作统计处理,整理出第三张调查表。第三张调查表包括:事件、事件发生的中位数和上下四分位点,以及事件发生时间在四分位点外侧的理由。

第三轮:①把第三张调查表发下去后,请专家做以下事情:重审争论;对上下四分位点外的对立意见作一个评价;给出自己新的评价(尤其是在上下四分位点外的专家,应重述自己的理由);如果修正自己的观点,也请叙述为何改变,原来的理由错在哪里,或者说明哪里不完善。②专家们的新评论和新争论返回到组织者手中后,组织者的工作与第二轮十分类似:统计中位数和上下四分位点;总结专家观点,重点在争论双方的意见。形成第四张调查表。

第四轮:①请专家对第四张调查表再次评价和权衡,作出新的预测。是否要求作出新的论证与评价,取决于组织者的要求。②当第四张调查表返回后,组织者的任务与上一轮的任务相同:计算每个事件的中位数和上下四分位点,归纳总结各种意见的理由以及争论点。

德尔菲法第一轮征询表示例

询问栏	回 答 栏													
	实现的概率	实现日期							出现要求的程序					实现询问所必要的条件
是否可在水深200米以上的大陆架地带经济地开采石油		1975	1971—1978	1979—1981	1982—1984	1985—1987	1988—1990	1991—	不能实现	大	稍大	普通	较小	小	
	90%以上													
	大约30%													
	实现询问时对社会的不利影响及对策								其他					

＊注:该询问课题由日本科学技术省在"科学预测"中提出,征询信由日本三菱综合研究所制订。

资料来源:李业. 预测学. 广州:华南理工大学出版社,1988:133.

并不是所有被预测的事件都要经过四轮,可能有的事件在第二轮就达到统一,而不必在第三轮中出现。在第四轮结束后,专家对各事件的预测也不一定都达到统一。不统一也可以用中位数和上下四分位点来作结论。事实上,总会有许多事件的预测结果都是不统一的。

3. 预测结果的表示

德尔菲法的预测结果可用表格、直观图或文字叙述等形式表示。一般认为,专家意见的概率分布符合或接近正态分布。

(1)对数量和时间答案的处理。当预测结果需要用数量或时间表示时,专家们的回答将是一系列可比较大小的数据或有前后顺序排列的时间。常用中位数和上、下四分位点的方法,处理专家们的答案,求出预测的期望值和区间。

首先,把专家的回答按数值从小到大的顺序排列。如:当有 n 个专家时,共有 n 个(包括重复的)答数排列如下

$$x_1 \leqslant x_2 \leqslant \cdots \leqslant x_{n-1} \leqslant x_n$$

然后利用中位数、上四分位点即 P_{75}、下四分位点即 P_{25}(参见第一章)对回答情况进行统计整理。运用中位数、四分位点描述专家们的预测结果。中位数 M 表示专家

预测的期望值，P_{25}表示预测区间的下限，P_{75}表示预测区间的上限；上、下四分位点之间的范围表示预测区间。由于专家意见趋向于中位数，或者由正态分布的理论得知，有50%以上专家的预测值在预测区间以内。

例 7-2 某大城市采用专家预测法预测该市 2020 年的废水排放量。

16 位专家在最后一轮的预测值分别是（按从小到大的顺序排列）。

1.35，1.38，1.40，1.40，1.40，1.45，1.47，1.50，1.50，1.50，1.50，1.53，1.55，1.60，1.60，1.65（单位：10^8 t）

这里，$n=16$ 是偶数，则 $k=\dfrac{n}{2}=8$，中位数 x 是第 8 个数与第 9 个数的平均值，它们都是 1.50×10^8 t，则预测期望值是

$$\frac{x_8+x_9}{2}=\frac{(1.50+1.50)\times10^8\text{ t}}{2}=1.50\times10^8\text{ t}$$

由于 $k=8$ 是偶数，得 $k\times\dfrac{3}{2}=12$，$\dfrac{3}{2}k+1=13$，则上四分位点 P_{75}（或 $x_{上}$）是第 12 个数与第 13 个数的平均值，即

$$x_{上}=\frac{x_{12}+x_{13}}{2}=\frac{(1.53+1.55)\times10^8\text{ t}}{2}=1.54\times10^8\text{ t}$$

$\dfrac{k}{2}=4$，$\dfrac{k}{2}+1=5$，可知下四分位点 P_{25}（或 $x_{下}$）是第 4 个数与第 5 个数的平均值，即

$$x_{下}=\frac{x_4+x_5}{2}=\frac{(1.40+1.40)\times10^8\text{ t}}{2}=1.40\times10^8\text{ t}$$

因此，预测结果可表示为：预测 2020 年该城市废水排放量为 1.5×10^8 t，有 50%以上的专家认为该市废水排放量为 $1.40\times10^8\sim1.54\times10^8$ t。

（2）对等级比较答案的处理。在征询专家意见时，常常有请专家对某些项目的重要性进行排序的内容。总分比重法是比较各项目重要程度的一种计算方法，其步骤是：

①列出各评价项目，规定重要程度的评分标准。

②按下式计算各项目的总得分，

$$S_i=\sum_{i=1}^{n}B_iN_i,i=1,2,\cdots,n$$

式中 S_i——第 i 个项目的总得分；

n——参加比较的项目个数；

B_i——排在第 i 位的得分；

N_i——赞同某项目排在第 i 位的人数。

③按下式计算各项目的总分比重,

$$k_j = \frac{S_j}{M \cdot \sum_{i=1}^{m} i}, j = 1,2,\cdots,m$$

式中 k_j——第 j 个项目的总分比重;

　　　M——对该问题作出回答的人数;

　　　m——评分的等级数。

由于对某项目评分的总人数为 M,故有

$$\sum_{i=1}^{n} N_i = M$$

④按总分比重从大到小排列各项目的重要程度等级。

例7-3 在预测我国未来行政改革发展趋势时,发给专家们的征询表中第一题是:

您认为在2010年以前下列各项目中哪几项应作为行政改革的主要目标?(请选择其中3项,并按其重要性排序)

a. 推进电子政务;

b. 精简政府机构;

c. 提高公务员素质;

d. 提升中层以上干部决策水平;

e. 改革办事流程;

f. 扶持第三部门。

当要求对 n 个项目排序时,可给被评为第1位的 n 分,第2位给 $n-1$ 分,第 n 位给1分。本例中要求对3个项目排序,则评第1位的给3分,第2位的给2分,第3位的给1分。

对第三轮征询表作出回答的专家人数 $M = 93$;赞成 a 项排第一位的专家有71人(即 $N_1 = 71$),赞成 a 项排第二位的专家有15人($N_2 = 15$),赞成 a 项排第三位的有2人($N_3 = 2$)。由前面的公式及规定得知,$n = 3$,$B_1 = 3$,$B_2 = 2$,$B_3 = 1$,代入公式,得 a 项总分

$$S_a = 3 \times 71 + 2 \times 15 + 1 \times 7 = 250$$

根据前面的公式,得 a 项目的总分比重为

$$k_a = \frac{250}{93 \times (1 + 2 + 3)} = 0.45$$

由专家们对其余5个项目的评分结果(从略),算得的项目总得分及总分比重依次列为

因素　　位次及人数

　　　　(3)(2)(1)

分值	1	2	3		
a:	2	15	71	$S_a = 250$	$k_a = 0.45$
b:	15	19	59	$S_b = 230$	$k_b = 0.41$
c:	10	21	62	$S_c = 238$	$k_c = 0.43$
d:	57	6	30	$S_d = 159$	$k_d = 0.29$
e:	69	2	12	$S_e = 149$	$k_e = 0.27$
f:	41	25	27	$S_f = 172$	$k_f = 0.31$

比较总分比重 k 值的大小,可以看出按重要性排在前三名的项目依次是 a, c, b。即专家们的综合意见是在 2010 年以前,行政改革发展的主要目标是推进电子政务、提高公务员素质、精简政府机构。

（3）对主观概率的统计处理。所谓主观概率,是预测者对某个未来事件发生的可能性大小作出的主观判断预测值。各专家作出的主观判断预测值常常不相等。主观概率的加权平均值（以人数为基础构建权系数）,可以作为专家集体的预测结果。

例 7-4　某德尔菲法的征询表中,要求各专家预测某项改革方案成功的可能性。参加预测共有 10 位专家,对改革方案成功的主观概率估计如下:3 人的主观概率为 0.65,2 人的主观概率为 0.77,4 人的主观概率为 0.58,1 人的主观概率为 0.36。则主观概率的加权平均值为:

$$(3 \times 0.65 + 2 \times 0.77 + 4 \times 0.58 + 1 \times 0.36) \div 10$$
$$= 6.17 \div 10$$
$$= 0.617$$

即 10 位专家的主观概率预测的平均值为 0.617,它表示专家集体预测的结果。这种方法称为主观概率预测法,可单独作为预测方法使用。

（三）趋势分析法

趋势分析法,又称动态分析法,是指从发展的观点分析研究经济、社会活动在时间上的变动情况,揭示其增减变动的特征、方向等。趋势分析法又称之为趋势曲线分析、曲线拟合或曲线回归,是迄今为止研究最多,也最为流行的定量预测方法。它是根据已知的历史资料来拟合一条曲线,使得这条曲线能反映负荷本身的增长趋势,然后按照这个增长趋势曲线,对要求的未来某一点估计出该时刻的负荷预测值。常用的趋势模型有线性趋势模型、多项式趋势模型、对数趋势模型、幂函数趋势模型、指数趋势模型、罗吉斯蒂（Logistic）模型、刚培茨（Gompertz）模型等。寻求趋势模型的过程是比较简单的,这种方法本身是一种确定的外推,在处理历史资料、拟合曲线,得到模拟曲线的过程中,一般不考虑随机误差。采用趋势分析拟合的曲线,其精确度原则上对拟合的全区间都是一致的。在很多情况下,选择合适的趋势曲线,确实也能给出较好的预测结果。但不同的模型给出的结果相差会很大,使用的关键是根据不同的具体情况,选择适当的模型。

趋势分析法的实施过程中对数据信息等的处理:

(1)观察值变动趋势的加权处理。①近期变动趋势(权值较大);②远期变动趋势(权值较小)。

(2)外部影响因素分析。

(3)长期趋势分析。①曲线拟合;②移动平均法。

(四)趋势分析过程中常用的具体方法

1.移动平均法

移动平均法是对应于过滤周期性绕动变化的有效方法。其基本原理如下:设有一组 n 个数据,取第 1 到第 K 个数据点用一条曲线拟合之,由曲线之中点即作为第 $\frac{K+1}{2}$ 个数据的估计值;下一步取第 2 到第 $K+1$ 个数据点用曲线拟合,同样取其中点得第 $\frac{K+1}{2}+1$ 个点的估计值;依次移动拟合点即可获得一系列估计值。移动平均法中最简单的是每次用一条直线进行拟合,此时只要取观察值之算术平均值即可。

移动平均法是用一组最近的实际数据值来预测未来一期或几期内事物、现象变化的一种常用方法。移动平均法适用于即期预测。当事物变化既不快速增长也不快速下降,且存在季节性因素时,移动平均法能有效地消除预测中的随机波动,是非常有用的。移动平均法根据预测时使用的各元素的权重不同,可以分为:简单移动平均和加权移动平均。

假设时间数列有 t 个时期的数值,本期为 t 期,要预测的下一个时期为 $t+1$ 期,t 期的实际数为 X_t,下一期预测 $t+1$,并设 W_t 是时期权数,且 $W_t > W_{t-1} > W_{t-2} > \cdots > W_{t-n+1}$,则有:

(1)简单移动预测模型:

$$\hat{X}_{t+1} = \frac{X_t + X_{t-1} + X_{t-2} + \cdots + X_{t-n+1}}{n}$$

(2)加权移动预测模型:

$$\hat{X}_{t+1} = \frac{X_t W_t + X_{t-1} W_{t-1} + \cdots + X_{t-n+1} W_{t-n+1}}{W_t + W_{t-1} + \cdots + W_{t-n+1}}$$

在操作上,最近的点值可赋予较大的权重。

式中　W_1——第 $t-1$ 期实际事物统计值的权重;

　　　W_2——第 $t-2$ 期实际事物统计值的权重;

　　　W_n——第 $t-n$ 期实际事物统计值的权重;

　　　n——预测的时期数。

$$W_1 + W_2 + \cdots + W_n = 1$$

在运用加权平均法时,权重的选择是一个应该注意的问题。经验法和试算法是选择权重的最简单的方法。一般而言,最近期的数据最能预示未来的情况,因而权重应大些。但是,如果数据是季节性的,则权重也应是季节性的。

2. 多次移动平均预测法

(1)一次移动平均法。

由
$$M_t^{(1)} = \frac{y_t + y_{t-1} + \cdots + y_{t-N+1}}{N}$$

计算移动点列。

式中　t——原值的点序号;

　　　$M_t^{(1)}$——第 t 点的一次移动平均数;

　　　Y_t——第 t 点的原始值;

　　　N——步长。

例 7-5　表 7-2 中第二行是某地机动车辆数量(单位:万辆),计算这组数据的几个滑动平均值。

表 7-2　某地机动车数量变化

点序号 t	1	2	3	4	5	6	7	8	9	10	11	12	13	14	15
原始值 y_t	10	15	8	20	10	16	18	20	22	24	20	26	27	29	29
$M_t^{(1)}$ $N=3$			11.0	14.3	12.7	15.3	14.7	18.0	20.0	22.0	22.0	23.3	24.4	27.3	28.3
$M_t^{(1)}$ $N=5$					12.6	13.8	14.4	16.8	17.2	20.0	20.8	22.4	23.8	25.2	26.2
$N=3$ $M_t^{(2)}$					12.7	14.1	14.2	16.0	17.0	20.0	21.3	22.4	23.3	25.0	26.6

$N=3$ 时:

$$M_3^{(1)} = \frac{y_3 + y_{3-1} + \cdots + y_{3-3+1}}{3} = \frac{y_3 + y_2 + y_1}{3} = \frac{8 + 15 + 10}{3} = 11.0$$

$$M_4^{(1)} = y_4 + y_3 + y_2 = \frac{20 + 8 + 15}{3} = 14.3$$

$N=5$ 时:

$$M_5^{(1)} = \frac{y_5 + y_{5-1} + y_{5-2} + y_{5-3} + y_{5-5+1}}{5} = \frac{10 + 20 + 8 + 15 + 10}{5} = 12.6$$

$$M_6^{(1)} = \frac{y_6 + y_5 + y_4 + y_3 + y_2}{5} = \frac{16 + 10 + 20 + 8 + 15}{5} = 13.8$$

合理选择步长 N 是一个关键, N 过大,滞后偏差越大; N 越小($N = 1$ 时还原到原序列)越接近原序列。通常 N 取 $3 \sim 20$ 。预测值 $y_{16} = M_{15}^{(1)}$,可作为预测模型的一个结果。

（2）二次平均移动法。

在一次平均移动的基础上

$$M_t^{(2)} = (M_t^{(1)} + M_{t-1}^{(1)} + \cdots + M_{t-k+1}^{(1)})/k = 二次移动点列$$

式中　$M_t^{(1)}$ ——第 t 序号对应的一次移动平均数;

　　　$M_t^{(2)}$ ——第 t 序号对应的二次移动平均数;

　　　k ——步长。

预测模型为:

$$y_{t+k} = a_t + b_t \cdot k$$

式中 t 是目前的序号, k 由 t_0 到预测末期 t_n 的时间距离, a_t 是线性模型的截距; b_t 是线性模型的斜率。

$$b_t = \frac{2}{N-1}(M_t^{(1)} - M_t^{(2)}), a_t = 2M_t^{(1)} - M_t^{(2)}$$

例 7-6　预测例 7-5 中数据当 $t = 16, t = 17$ 时的 y_t 值。

$$a_{15} = 2M_{15}^{(1)} - M_{15}^{(2)} = 2 \times 28.3 - 26.6 = 30.0$$

$$b_{15} = \frac{2}{3-1}(M_{15}^{(1)} - M_{15}^{(2)}) = 28.3 - 26.6 = 1.7$$

于是线性预测模型为 $y_{15+T} = a_t + b_t \times T$

$$= 30.0 + 1.7T$$

$$y_{16} = y_{15+1} = a_{15} + b_{15} \times 1 = 31.7$$

$$y_{17} = y_{15+2} = a_{15} + b_{15} \times 2 = 33.4$$

（3）三次移动平均,依上例类推。

3. 指数平滑法

指数平滑法可以分为一次指数平滑和高次指数平滑。

（1）一次指数平滑法的公式如下:

$$S_t^{(1)} = \alpha y_t + \alpha(1-\alpha)y_{t-1} + \alpha(1-\alpha)^2 y_{t-2} + \cdots + \alpha(1-\alpha)^{t-1} y_1$$

式中　$S_t^{(1)}$ ——第 t 序号的一次指数平滑值;

　　　y_t ——第 t 序号的实际值;

　　　α ——平滑系数($0 < \alpha < 1$)。

$$S_t^{(1)} = \alpha y_t + (1-\alpha) S_{t-1}^{(1)}$$

下周期预测值可表示为：

$$y_{t+1} = S_t^{(1)} = \alpha y_t + (1-\alpha) S_{t-1}^{(1)} \quad (\text{一次指数平滑预测模型})$$

当实际数较多（≥50 个）时，初始值的影响将很小，不妨取第一个初始值作 y_1（$y_1 = S_0^{(1)}$）。

一般（数据≤20 个）可取最初 N 个实际值的平均数作 $y_1 = \dfrac{y_1 + y_2 + \cdots + y_N}{N}$，如果序列长期趋势较稳定，应取 α 较小值（0.05 ~ 0.20），如果波动较大，则应取较大 α 值（0.3 ~ 0.7），使时间序列中最近数据的作用能更多地反映在预测值中。

通常预测中可分别取 $\alpha = 0.5, 0.3, 0.1$ 等几个值。

一次指数平滑的公式也可以写成：

$$\hat{y}_{t+1} = \sum_{j=0}^{n-1} \alpha(1-\alpha)^j y_{t-j} = \alpha y_t + (1-\alpha)\hat{y}_t$$

式中　α——平滑系数。

平滑系数确定的原则：

若时间序列较平稳，数据波动较小，α 取值可小一些[一般取 $\alpha \in (0.05, 0.3)$]；

若时间序列数据起伏波动比较大，α 应取较大的值[一般取 $\alpha \in (0.7, 0.95)$]；

具体应用时可通过经验或试算，以误差尽可能小为最好。

（2）二次指数平滑法的预测公式如下：

$$\hat{y}_{t+k} = a_t + b_t T$$

其中：$a_t = 2S_t^{(1)} - S_t^{(2)}$，$b_t = \dfrac{\alpha}{1-\alpha}(S_t^{(1)} - S_t^{(2)})$，

$$S_t^{(1)} = \alpha y_t + (1-\alpha) S_{t-1}^{(1)}, \quad S_t^{(2)} = \alpha S_t^{(1)} + (1-\alpha) S_{t-1}^{(2)},$$

T 代表从基期 t 到预测期的期数。

（3）三次指数平滑法的公式如下：

$$\hat{y}_{t+k} = a_t + b_t T + c_t T^2$$

其中：$c_t = \dfrac{\alpha^2}{2(1-\alpha)^2}[S_t^{(1)} - S_t^{(2)} + S_t^{(3)}]$，$S_t^{(3)} = \alpha S_t^{(2)} + (1-\alpha) S_{t-1}^{(3)}$，

$a_t = 3S_t^{(1)} - S_t^{(2)} + S_t^{(3)}$，

$b_t = \dfrac{\alpha}{2(1-\alpha)^2}[(6-5\alpha)S_t^{(1)} - 2(5-4\alpha)S_t^{(2)} + (4-3\alpha)S_t^{(3)}]$。

三次指数平滑法适用于非线性变化的事物（事件）。

4. 季节指数法

季节指数法是一种能反映季节变动规律的预测方法。季节指数法的基本思想方

法就是要求出各个月(或季,下同)的季节指数,根据各个月的发生值以及相应月份的季节指数来求预测值。所谓季节指数,就是该月的实际发生值与该年中的月平均发生值的比值。如果月平均发生值为 X,第 i 月的发生值为 x_i,则其月季节指数 α_i 为:

$$\alpha_i = \frac{x_i}{X} \times 100\%$$

其计算步骤如下:

①计算历年同月既有数据平均值;②计算各年度的月平均值;③计算各年度的月平均值的平均值;④计算各月份的季节指数;⑤计算预测值。

计算公式为:

预测值 = 参考期各月既有数据之和 ÷ 参考期各月季节指数之和 ×
预测月份的季节指数

即:知道某个月的发生值 x_i 和它的月季节指数 α_i,又知道所要预测的月份 j 的月季节指数 α_j,则可以由下式求出月份 j 的预测值

$$y_j = \frac{\alpha_j}{\alpha_i} \cdot x_i$$

该方法适用于季节周期变动事物的预测,季节周期是指预测对象按一定规则循环变动的整个周期。

思路:①建立描述趋势的数学方程 $y_t = f(t)$

②计算季节指数 $F_t = \hat{y}_t / y_t'$

③季节指数模型 $\hat{y}_t = y_t' \cdot F_t$

式中 y_t——下一周期的相应预测值;

y_t'——反映总体发展趋势的数学方程;

$\hat{y}_t$——实际序列值;

F_t——季节周期中第 t 周期的季节指数。

5. 增长曲线法

常用的增长曲线:

几何增长曲线:$P_t = P_0(1+\gamma)^t$ (复利公式)

指数增长曲线:是用于描述以几何级数递增或递减的现象,即时间数列的观察值按指数变化规律变化,或者说时间数列的逐期观察值按一定的百分比增长或衰退。

一般形式为:

$$\hat{y} = ab^t$$

修正指数曲线:在一般指数曲线的基础上增加一个常数 k,即为修正指数曲线。其一般形式为:

$$\hat{y} = k + ab^t$$

刚培兹（Gompertz）曲线（又译为：戈珀兹曲线）：是以英国统计学家 B. Gompertz 而命名的，曲线方程为：

$$y = ka^{b^t}$$

曲线所描述的现象是：初期增长缓慢，以后逐渐加快，当达到一定程度后，增长率又逐渐下降，最后接近一条水平线，该曲线通常用于描述事物的发展由萌芽、成长到饱和的周期过程。现实中有许多现象符合该曲线，如产品的寿命周期、一定时期内的人口增长等，因而该曲线被广泛应用于现象的趋势研究。

罗吉斯蒂（Logistic）曲线：该曲线所描述的现象的特点与 Gompertz 曲线类似，其曲线方程为

$$\hat{y} = \frac{1}{k + ab^t}$$

式中　k, a, b——常数。

曲线中常数的确定方法与修正指数曲线类似，只是以观察值 y 的倒数作为计算基础。

我们看到，不同的曲线对应不同的事物变化趋势（参见图 7-2）。曲线的方程式中都有参数，在利用这些曲线方程进行预测时，首先要根据资料数据，确定曲线方程中的参数。

（1）复利公式中的参数 r 代表的是历史数据的年均增长率，通常这个参数利用观察值容易得到，或对复利公式两边取对数

$$\ln P_t = t \ln P_0 + t \ln (1 + r)$$

$$r = e^{\frac{\ln \frac{P_t}{P_0}}{t}} - 1$$

或
$$r = \sqrt[n]{\frac{P_1 P_2}{P_0 P_1} \cdots \frac{P_t}{P_{t-1}}}$$

（2）指数增长曲线。通常参数 r 利用观察值容易得到。

（3）修正指数曲线的方程中有 3 个待定系数（参数）a, b, c。可以利用三段求和法求得 a, b, c。

三段求和法的基本思想：将时间序列的观察值等分为 3 部分，每部分有 m 个时期，从而根据趋势值的 3 个局部总和分别等于原数列观察值的 3 个局部总和来确定 3 个参数。设观察值的 3 个局部总和分别为：

$$S_1, S_2, S_3$$

即

$$S_1 = \sum_{x=1}^{m} y_x, S_2 = \sum_{x=m+1}^{2m} y_x, S_3 = \sum_{x=2m+1}^{3m} y_x,$$

于是:

$$b = \left(\frac{S_3 - S_2}{S_2 - S_1}\right)^{\frac{1}{m}}$$

$$a = (S_2 - S_1)\frac{b-1}{(b^m - 1)^2}$$

$$k = \frac{1}{m}\left[S_1 - \frac{ab(b^m - 1)}{b-1}\right]$$

(4)刚培兹(Gompertz)曲线参数求解方法,步骤:

①进行时间编序,第1年$t=0$,第2年$t=1$,第3年$t=2$,依此类推。同时将时间序列数据分为3段,每段n年。

②把各年的Y值变换为对数值。

③把每段中的对数值连加,则分别得到$\sum_1 \lg y = \sum_{i=1}^{n} \lg y_i$, $\sum_2 \lg y = \sum_{i=n+1}^{2n} \lg y_i$, $\sum_3 \lg y = \sum_{i=2n+1}^{3n} \lg y_i$。

④把上述数据代入经验公式,仿照修正指数曲线预测模型估计参数的三段法,按照以下公式计算a,b,k值:

$$b^n = \frac{\sum_3 \lg y - \sum_2 \lg y}{\sum_2 \lg y - \sum_1 \lg y}$$

$$\lg a = \left[\sum_2 \lg y - \sum_1 \lg y \frac{b-1}{(b^n - 1)^2}\right]$$

$$\lg k = \frac{1}{n}\left(\sum_1 \lg y - \frac{b^{n-1}}{b-1}\lg a\right)$$

(5)罗吉斯蒂(Logistic)曲线:$y_t = \dfrac{1}{k + ab^t}$(注:Logistic曲线还可以有其他形式)。

式中　y——因变量;

　　　k——待定参数(极限值);

　　　t——时间序列的时期数;

　　　a,b——待定参数(模型参数)。

求待定参数k,a,b的计算方法如下:

①进行时间编序,第1年$t=1$,第2年$t=2$,第3年$t=3$,依此类推。同时将时间序列数据分为3个相等的段($r=T/3$)。

②计算各时间段内实际数据的倒数之和,分别记作S_1,S_2,S_3。

$$S_1 = \sum_{t=1}^{r} \frac{1}{y_t}, \quad S_2 = \sum_{t=r+1}^{2r} \frac{1}{y_t}, \quad S_3 = \sum_{t=2r+1}^{3r} \frac{1}{y_t}$$

③利用公式计算 k, a, b

$$b = \sqrt[n]{\frac{S_3 - S_2}{S_2 - S_1}},$$

$$a = (S_2 - S_1) \cdot \frac{b-1}{b \cdot (b^n - 1)^2},$$

$$k = \frac{1}{n}\left(S_1 - \frac{a \cdot b \cdot (b^n - 1)}{b - 1}\right),$$

式中 n——各段中的数据个数。

例 7-7 某市财政收入变化情况如表 7-3。假定该市今后一段时期内财政收入增长情况大致是稳定的。请预测到 2010 年该市财政收入是多少？

表 7-3 某市财政收入变化情况

年 份	时间	$y_t(\times 10^7$ 元$)$	$1/y_t$	S_i
1990	1	4.33	0.230 9	
1991	2	5.35	0.186 9	
1992	3	6.67	0.149 9	$S_1 = 0.696\ 2$
1993	4	7.78	0.128 5	
1994	5	8.02	0.124 7	
1995	6	8.66	0.115 5	
1996	7	8.93	0.112 0	$S_2 = 0.455\ 6$
1997	8	9.67	0.103 4	
1998	9	10.02	0.099 8	
1999	10	10.89	0.091 8	
2000	11	11.33	0.088 3	$S_3 = 0.362\ 5$
2001	12	12.10	0.082 6	

注：$n = T/3 = 4$。

$$b = \sqrt[n]{\frac{S_3 - S_2}{S_2 - S_1}} = \sqrt[4]{\frac{0.362\ 5 - 0.455\ 6}{0.455\ 6 - 0.696\ 2}} = 0.788\ 7$$

$$a = (S_2 - S_1) \cdot \frac{b-1}{(b^n - 1)^2} = (0.455\ 6 - 0.696\ 2) \times \frac{0.788\ 7 - 1}{(0.788\ 7^4 - 1)^2}$$

$$= 0.135\ 3$$

$$k = \frac{1}{n}\left(S_1 - a\frac{b^n - 1}{b - 1}\right) = \frac{1}{4}\left(0.696\ 2 - 0.135\ 3 \times \frac{0.788\ 7^4 - 1}{0.788\ 7 - 1}\right)$$

$$= 0.076\ 0$$

于是有：

$$y_{20} = \frac{1}{0.076\ 0 + 0.135\ 3 \times 0.788\ 7^{20}} = 12.958$$

即 2010 年财政收入为 1.296 亿元。

(6)马尔柯夫链的应用:这一方法是根据一个系统当前状况来预测该系统未来变化的一种概率预测方法。它是由俄国数学家马尔柯夫于 1907 年首先提出的。马氏在经过多次试验观测后发现,在一个系统内的某些事件的概率转换过程中,其第 n 次试验结果常决定于其第 $n-1$ 次试验的结果。并进一步指出:此结果在转换过程中,存在一转移概率,且这一转移概率可依据其紧接的前项结果推算出来。

俄国数学家马尔柯夫在研究一种随机过程中,发现随机现象中有一种特别情形:系统在下一时刻 t_{n+1} 的状态,与系统在现在时刻 t_n 的状态有关,而与系统以前时刻 t_{n-1} 的状态无关。即"将来"仅仅依赖于"现在",而与"过去"无关。凡具有这种特点的随机过程,都称为马尔柯夫过程。

如果马氏过程的变化只是在某些时刻发生,而且变化的状态是可以列举出来的(时间、状态的离散化),此时的马氏过程称为马尔柯夫链。

马尔柯夫链中各状态之间彼此相随,以一定的转换概率相联系。下面举一个城市人口扩散的例子来具体考察马尔柯夫链的一些特性。

例7-8   某地有 3 个不同的利益联盟,分别用 A,B,C 表示。按当地的习惯,每年将举行一次公开辩论会。根据多年经验总结,每次辩论会后:A 联盟的支持者中将有 30% 的人转移到 B 联盟,有 10% 的支持者转移到 C 联盟。继续支持 A 联盟的人占 60%;支持 B 联盟的人转而支持 A 联盟可能性是 0.2,转而支持 C 联盟的可能性是 0.3,继续支持 B 联盟的人占 50%;支持 C 联盟的人转而支持 A 联盟的可能性是 0.4,转而支持 B 联盟的可能性是 0.1,继续支持 C 联盟的占 50%。

用 x_1 代表最初支持 A 联盟的人数,x_2 代表最初支持 B 联盟的人数,x_3 代表最初支持 C 联盟的人数。如果需要求两年以内从 A 联盟转移到 B 联盟者的概率,利用概率树可直观、简便地计算,如图 7-2。从概率树可以很明显地得到:

$$0.6 \times 0.3 + 0.3 \times 0.5 + 0.1 \times 0.1 = 0.34$$

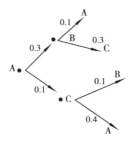

图 7-2   系统内各部分转换概率树形图

概率树的缺点是由于篇幅的限制,只能画出少数几个时间阶段的概率变化分枝。如果阶段继续增多,画起来将相当烦琐。

我们将上述概率情况排成一个矩阵:

$$\boldsymbol{P} = \begin{array}{c} \\ x_1 \\ x_2 \\ x_3 \end{array} \begin{array}{ccc} x_1 & x_2 & x_3 \\ \begin{pmatrix} 0.6 & 0.3 & 0.1 \\ 0.2 & 0.5 & 0.3 \\ 0.4 & 0.1 & 0.5 \end{pmatrix} \end{array}$$

矩阵 $\boldsymbol{P}$ 称为马尔柯夫链的状态转移矩阵,它的一般形式为:

$$\boldsymbol{P} = \begin{array}{c} \\ S_1 \\ S_2 \\ S_3 \\ \vdots \\ S_N \end{array} \begin{array}{ccccc} S_1 & S_2 & S_3 & \cdots & S_N \rightarrow t_{n+1} \\ \begin{pmatrix} P_{11} & P_{12} & P_{13} & \cdots & P_{1N} \\ P_{21} & P_{22} & P_{23} & \cdots & P_{2N} \\ P_{31} & P_{32} & P_{33} & \cdots & P_{3N} \\ \vdots & \vdots & \vdots & & \vdots \\ P_{N1} & P_{N2} & P_{N3} & \cdots & P_{NN} \end{pmatrix} \\ \downarrow \\ t_n \end{array}$$

其竖行的 $S_1, S_2, S_3, \cdots, S_N$ 表示时刻 t_n 时的各种状态,横行的 $S_1, S_2, S_3, \cdots, S_N$ 表示时刻 t_{n+1} 时的各种状态。矩阵中的元素 P_{ij} 表示从状态 i 转移到状态 j 的概率。如第二行第三列交汇处的元素($P_{23} = 0.3$),表示每次从 B 联盟向 C 联盟转移的概率;第一行第一列交汇处的元素($P_{11} = 0.6$),表示每次仍留支持 A 联盟者概率。这样,马尔柯夫链各状态之间就通过转移概率紧紧地联系在一起。

如果要计算两年以后上述各联盟支持者转移情况,只须将矩阵 $\boldsymbol{P}$ 自乘一次即可。

$$\boldsymbol{P}^2 = \begin{pmatrix} 0.46 & 0.34 & 0.20 \\ 0.34 & 0.34 & 0.32 \\ 0.46 & 0.22 & 0.32 \end{pmatrix}$$

其中 P_{12} 处的 0.34 即是上面在概率树中求过的两年后从 A 联盟转移到 B 联盟者的概率。将这个规律推广开来也是正确的。计算 n 年后的概率转移情况,将矩阵 $\boldsymbol{P}$ 自乘 n 次即可。

如果现在 3 个联盟的支持者总数是 100 万人,其中 A 联盟支持者 50 万人,B 联盟支持者 30 万人,C 联盟支持者 20 万人。换算成分配比例为,A 联盟占 0.5,B 联盟占 0.3,C 联盟占 0.2。我们将这个人口分配比例称为初始比例向量,表示为 $S^{(0)} = (0.5, 0.3, 0.2)$。假定该地区为一封闭系统,人口总数不变,试问两年后支持者的分布情况如何?

计算的公式为:

$$S^{(2)} = S^{(0)} \cdot \boldsymbol{P}^2 = (0.5, 0.3, 0.2) \begin{pmatrix} 0.46 & 0.34 & 0.20 \\ 0.34 & 0.34 & 0.32 \\ 0.46 & 0.22 & 0.32 \end{pmatrix}$$

$$= (0.424, 0.316, 0.260)$$

所得出的向量告诉我们:两年后 A 联盟的支持者是 42.4 万人,B 联盟为 31.6 万人,C 联盟为 26 万人。推而广之,n 年之后的支持者分配比例将为:

$$S^{(n)} = S^{(0)} \cdot P^n$$

式中 P——状态转移矩阵。

这个公式表明,如果一个系统内各部分之间有相对稳定的相互转移比例,那么 n 年后系统的状态 $S^{(n)}$ 可以表示为系统的初始状态 $S^{(0)}$ 与状态转移矩阵 P 的 n 次方的乘积(注意:这个乘积是初始状态 $S^{(0)}$ "左乘"状态转移矩阵 P 的 n 次方 P^n。矩阵的乘法不满足交换律,左乘与右乘的结果是不同的)。

资料 7-1   矩阵的乘法

矩阵乘法是线性代数中最常见的运算之一,它在数值计算中有广泛的应用。若 A 和 B 是 2 个 $n \times n$ 的矩阵,则它们的乘积 $C = AB$ 同样是一个 $n \times n$ 的矩阵。A 和 B 的乘积矩阵 C 中的元素 $C[i,j]$ 定义为:

$$C_{ij} = \sum_{k=1}^{n} A_{ik} B_{kj}$$

或表示为

$$\begin{bmatrix} C_{11} & C_{12} \\ C_{21} & C_{22} \end{bmatrix} = \begin{bmatrix} A_{11} & A_{12} \\ A_{21} & A_{22} \end{bmatrix} \begin{bmatrix} B_{11} & B_{12} \\ B_{21} & B_{22} \end{bmatrix}$$

式中 $C_{11} = A_{11} B_{11} + A_{12} B_{21}$,$C_{12} = A_{11} B_{12} + A_{12} B_{22}$,

$C_{21} = A_{21} B_{11} + A_{22} B_{21}$,$C_{22} = A_{21} B_{12} + A_{22} B_{22}$,

矩阵的平方,就是两个相同矩阵的乘积。

如果矩阵 A 乘以 B 得到 C,则必须满足如下规则:

(1)矩阵 A 的列数与矩阵 B 的行数相等;

(2)矩阵 A 的行数等于矩阵 C 的行数;

(3)矩阵 B 的列数等于矩阵 C 的列数。

例如,下面的例子说明两个矩阵是如何相乘的:

$$\begin{bmatrix} 5 & 7 \\ 8 & 3 \\ 7 & 4 \end{bmatrix} \begin{bmatrix} 12 & 3 & 6 \\ 4 & 2 & 7 \end{bmatrix} = \begin{bmatrix} 88 & 29 & 79 \\ 108 & 30 & 69 \\ 100 & 29 & 70 \end{bmatrix}$$

在结果矩阵中,第 1 行第 1 列的元素是 88,它通过下列计算得来:

$$5 \times 12 + 7 \times 4 = 88$$

即若矩阵 A,则:

$$C_{ij} = \sum_{k=1}^{n} a_{ik} \times b_{kj}$$

其中，A_{mn}表示$m \times n$矩阵，C_{ij}是矩阵$\boldsymbol{C}$的第i行j列元素。

例7-9　假定某市有5万个比例单位的公共建设资源，分配给7个部门（分别用A，B，C，D，E，F，G表示）掌握使用，如表7-4。

表7-4　七个部门公共建设资源的数量和比例

部　门	A	B	C	D	E	F	G
资源量	6 400	13 450	11 400	2 750	4 900	5 050	6 050
比例/%	12.8	26.9	22.8	5.5	9.8	10.1	12.1

在城市经营的理念下，每个部门掌握的公共建设资源比例单位可以在7个部门之间相互流转。假定每年公共建设资源单位的相互流转率在7个部门之间总是大致稳定的。7个部门之间在市场与行政合力作用下从时间t_n到t_{n+1}这期间内公共建设资源单位流进、流出的情况（为了下面的计算简便，不妨假定这个时间间隔是5年）如表7-5。

表7-5　七部门之间公共建设资源相互流动情况

流出 / 流入	A	B	C	D	E	F	G	合　计
A	179	62	39	7	18	10	5	320
B	116	359	103	31	32	12	18	671
C	64	95	337	13	22	19	8	568
D	11	23	12	66	7	9	13	138
E	27	40	25	15	96	18	23	244
F	10	24	19	12	23	146	17	251
G	6	25	21	9	20	15	207	303
合计	413	628	556	153	218	236	291	2 495

有了表7-5的调查资料，我们即可求得7个部门之间公共建设资源流动的转移概率。用每一流出部门的合计数值去除以流往某部门的数值，所得结果即为该流出部门流往某流入部门的转移概率。如，$P_{11} = 179/320 = 0.559$，表示每5年由A部门公共建设资源仍保留在A部门的"转移概率"为0.559；$P_{43} = 12/138 = 0.087$表示每5年由D部门转移到C部门的公共建设资源的"转移概率"为0.087……

这样，我们根据表7-5的资料计算得到状态转移矩阵$\boldsymbol{P}$。

$$
P = \begin{array}{c} \\ A \\ B \\ C \\ D \\ E \\ F \\ G \end{array}
\begin{array}{ccccccc}
\quad A & \quad B & \quad C & \quad D & \quad E & \quad F & \quad G \\
\begin{pmatrix} 0.559 & 0.194 & 0.122 & 0.022 & 0.056 & 0.031 & 0.016 \\
0.173 & 0.534 & 0.154 & 0.046 & 0.048 & 0.018 & 0.027 \\
0.113 & 0.167 & 0.596 & 0.023 & 0.039 & 0.051 & 0.014 \\
0.080 & 0.167 & 0.087 & 0.478 & 0.051 & 0.043 & 0.094 \\
0.111 & 0.164 & 0.102 & 0.061 & 0.394 & 0.074 & 0.094 \\
0.040 & 0.095 & 0.076 & 0.048 & 0.092 & 0.581 & 0.068 \\
0.020 & 0.083 & 0.069 & 0.030 & 0.066 & 0.050 & 0.682 \end{pmatrix}
\end{array}
$$

观察这个转移矩阵,发现有个特点:矩阵内所有元素全是非负的、比 1 小的数。这种矩阵称为正规转移矩阵。利用这个状态转移矩阵,我们可以对 7 个部门公共建设资源移动作出一定的预测。

根据公式:

$$ S^{(n)} = S^{(0)} \cdot P^n $$

求出 5 年后($n = 1$)、10 年后($n = 2$)、15 年后($n = 3$)……7 个部门公共建设资源单位的分布情况。表 7-6 中列出了 40 年间这 7 个部门公共建设资源单位配置比例的变化情况。

表 7-6　七个部门 40 年间公共建设资源单位配置比例分配情况(%)

比例分配 时　期 ＼ 镇　名	A	B	C	D	E	F	G
5 年后	12.8	26.9	22.8	5.5	9.8	10.1	12.1
10 年后	16.5	25.2	22.3	6.1	8.7	9.5	11.7
15 年后	18.2	24.7	22.1	6.3	8.4	9.1	11.2
20 年后	19.0	24.8	22.0	6.3	8.2	8.9	10.9
25 年后	19.3	24.7	22.0	6.3	8.2	8.8	10.7
30 年后	19.5	24.8	22.0	6.3	8.2	8.7	10.5
35 年后	19.7	24.8	22.0	6.3	8.2	8.6	10.4
40 年后	19.7	24.9	22.0	6.3	8.1	8.6	10.4

思考练习

1. 什么是确定性现象和非确定性现象?

2. 预测学中所指的预测其具体含义是什么?

3. 常用的预测方法有哪几种类型? 其各自的主要特点是什么?

4. 我们进行预测时所依据的主要原理有哪些?

5. 请简要论述预测的基本程序。

6. 定量预测方法主要包括哪两类?其各自的预测原理是怎样的?

7. 什么是定性预测方法?

8. 什么是德尔菲法?其基本特征有哪些?

9. 德尔菲法的操作实施步骤是怎样的?

10. 试判断以下说法是否正确,正确的请在括号里记"√",错误的记"×"。

(1)虽然自变量与因变量之间没有确定联系,但是只要这种联系具有一定的规律性就可以进行预测。 （　　）

(2)统计推断是从未知总体中获得已知的随机样本,对其进行分析和科学推断,去推测诸如总体的分布形式、总体参数值等问题。 （　　）

(3)由于预测具有科学性的特点,所以预测的结论越精确,其出错的可能性就越小。 （　　）

(4)因果预测法只能应用于能够建立起数学模型的因果联系。 （　　）

(5)在公共管理领域中,由于预测科学技术的发展及计算机统计分析技术的完善,因此,我们可以对某事物进行完全精准的预测。 （　　）

(6)定性预测方法主要在缺乏完备的资料,或主要因素难以在定量分析的情况下应用。 （　　）

(7)趋势预测法假定以往对有关指标起影响作用的诸多因素在现在和将来依然起作用。 （　　）

(8)德尔菲法中的匿名性原则是指预测的组织者不知道从事预测的专家的姓名。 （　　）

(9)如果想在预测中忽略周期波动的影响,可以采用趋势分析中的移动平均法。 （　　）

(10)在应用指数平滑法进行预测时,为了有效抵消波动的影响,如果波动较小平滑系数可以适当放大。 （　　）

11. 某部门应用德尔菲法就某项即将实施的政策向有关专家进行咨询,其主要的目的是想收集各专家预测该政策成功的可能性。参加预测的共有 20 位专家,而他们对政策成功的主观概率预测如下:3 人的主观概率为 0.65,2 人的主观概率为 0.77,4 人的主观概率为 0.58,5 人的主观概率为 0.45,6 人的主观概率为 0.75,请问这 20 位专家的预测结果是怎样的?

12. 某劳动保障部门就下一年劳动仲裁发生数量向该领域专家进行咨询预测。共有 10 位专家获邀进行匿名预测,在最后一轮预测中,这 10 名专家的预测结果是:1.1,1.5,1.6,2.0,2.2,2.5,3.3,3.4,4.5,4.8(单位:千件)。请问综合这 10 位专家的意见最后得到的预测结果是什么?

13. 某市随着财政收入逐渐提高,因而其教育支出也逐年提高。假定该市今后一段时期内财政收入增长状况较为稳定,请预测 2010 年该市的教育支出是多少?（单位:

千万元)

年　份	1990	1991	1992	1993	1994	1995	1996	1997	1998	1999	2000	2001
教育支出	4.33	5.35	6.67	7.78	8.02	8.66	8.95	8.96	9.10	9.30	9.40	9.48

14. 某地区的社会劳动保障部门记录了前 20 个月的登记失业率,数据如下表所示,请回答下列问题:

月份编码	1	2	3	4	5	6	7	8	9	10
失业率	4.2	4.3	4.2	4.4	4.5	5.5	4.7	4.8	3.2	4.5
月份编码	11	12	13	14	15	16	17	18	19	20
失业率	4.3	4.7	5.0	4.7	4.8	4.9	4.3	5.0	4.2	4.3

(1)这个数列是哪一种动态数列?请给出理由;

(2)计算 $N=5$ 和 $N=10$ 的一次移动平均数列;

(3)计算平滑指数,并由第 19、20 月的登记失业率对第 21 月的登记失业率作出预测。

15. 某城市原本有一系列的有关制造业的发展规划,设想了针对经济发展良好时期、一般时期、经济危机时期三种情况下的资金投入,下表是具体的设想方案,请问最好的方案是哪一个?

设想方案	不同经济发展时期的投资/万元		
	良好时期	一般时期	危机时期
追加投入	5 000	2 500	1 000
维持投入	3 500	2 000	500
减少投入	2 500	1 500	400

16. 某城市规划部门准备在该市某个地块修建一个城市中心公园,可供选择的地块有甲、乙、丙三个,请根据下列条件选择一个最佳修建地点并作出简要说明。其中选择条件涉及三个因素:征收土地的花费、建立灌溉系统的费用、人工花费。

相关费用	选择地块		
	甲	乙	丙
征地花费/万元	20	50	40
灌溉花费/万元	5	15	10
人工花费/万元	3	1	5

第八章 统计分析软件SPSS 使用介绍

本章主要介绍利用 SPSS 输入数据、作基本图形,以及进行相关分析、回归分析等几项内容。需要较详细、较完整学习 SPSS 的读者,应该使用专门的 SPSS。

第一节　SPSS 简介

SPSS(Statistical Package for the Social Science,社会科学统计软件)是社会科学中常用的三大统计分析软件之一。具有完整的数据输入、编辑、统计分析、报表、图形制作等功能。自带 11 种类型和 136 个函数。SPSS 提供了从简单的统计描述到复杂的多因素统计分析方法,如数据的探索性分析、统计描述、列联表分析、二维相关、秩相关、偏相关、方差分析、非参数检验、多元回归、生存分析、协方差分析、判别分析、因子分析、聚类分析、非线性回归、Logistic 回归等。与 SAS(Statistical Analysis System,统计分析系统)、BMDP(Biomedical Programs,生物医学程序)等软件相比,SPSS 是非统计学专业人士的首选。

一、SPSS 的主窗口

在安装有 SPSS 统计软件的电脑中,如果桌面上有 SPSS 快捷键,双击之,便可打开 SPSS 主窗口。

如果没有建立 SPSS 快捷键,可单击电脑桌面左下角"开始"菜单,在弹出的窗口中单击"所有程序",然后单击"SPSS for Windows",再单击"SPSS 11.5 for Windows"(图 8-1),即可打开 SPSS 主窗口。

SPSS 的主窗口如图 8-2 所示。主窗口设有菜单栏、工具栏。

二、菜单栏

菜单栏共有 9 个选项:

(1)File:文件管理菜单,有关文件的调入、存储、显示和打印等。

(2)Edit:编辑菜单,有关文本内容的选择、拷贝、剪贴、寻找和替换等。

(3)Data:数据管理菜单,有关数据变量定义、数据格式选定、观察对象的选择、排序、加权、数据文件的转换、连接、汇总等。

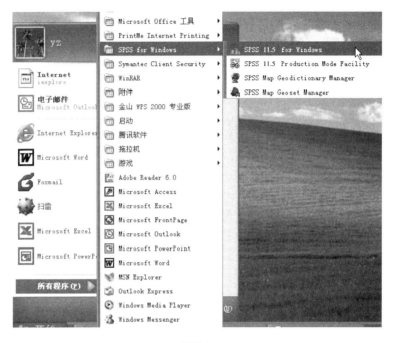

图 8-1

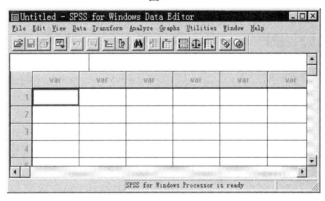

图 8-2

（4）Transform:数据转换处理菜单,有关数值的计算、重新赋值、缺失值替代等。

（5）Analyze(Statistics):统计菜单,有关一系列统计方法的应用。

（6）Graphs:作图菜单,有关统计图的制作。

（7）Utilities:用户选项菜单,有关命令解释、字体选择、文件信息、定义输出标题、窗口设计等。

（8）Window:窗口管理菜单,有关窗口的排列、选择、显示等。

（9）Help:求助菜单,有关帮助文件的调用、查寻、显示等。其使用方法与 Window 相似。

三、工具栏

工具栏采用图形标识设计,通常显示一些常用按钮。对各种不同按钮,可根据用

户的个人偏好做增加或删减,其步骤为:

(1)在菜单栏中单击"View"→在下拉菜单中单击"Toolbars"(图8-3)。

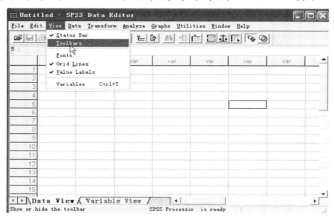

图 8-3

(2)在弹出的下拉窗口"Show Toolbars"中,单击"Customize"键(图8-4),弹出
"Customize Toolbar"窗口,在其"Categories"子窗口中单击"Edit",于是在"Items"子窗
口中就展现出各备选图形标识(图8-5)。

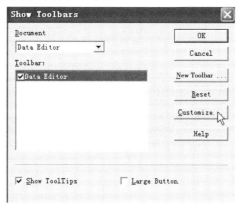

图 8-4

图 8-5

（3）在"Items"子窗口中选择自己需要的图形标识（例如"剪刀"图形），利用"手"形游标（图8-6），将其拖拽到"Customize Toolbar"窗口下方的"Customizing Toolbar：Data Editor"横栏中，然后单击"OK"键，即完成（图8-7）。

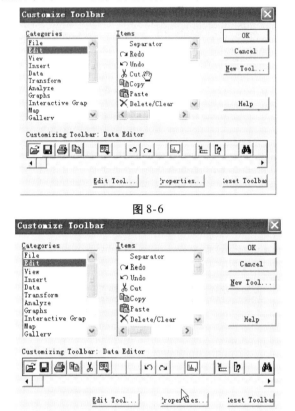

图 8-6

图 8-7

如果要删除某图形标识，只需直接利用箭头在"Customizing Toolbar：Data Editor"横栏中将所选图形标识（例如"剪刀"图形）拖拽到"Items"子窗口中，再单击"OK"键，即完成（图8-8）。

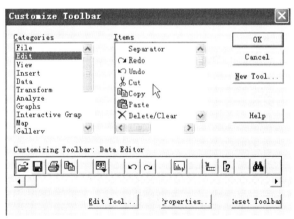

图 8-8

第二节 变量的定义与设置、数据录入

变量定义包括:变量名称定义、变量类型定义、变量长度定义(小数点后的位数)、变量标签定义、变量格式定义。

完成上述任务须先进入变量定义窗口。变量定义窗口与主窗口之间可以很方便地相互切换。如果当前窗口是主窗口,只需单击主窗口下方的"Variable View"(图8-9),当前窗口即切换为变量定义窗口(图8-10)。单击变量定义窗口下方的"Date View"即切换回 SPSS 主窗口。

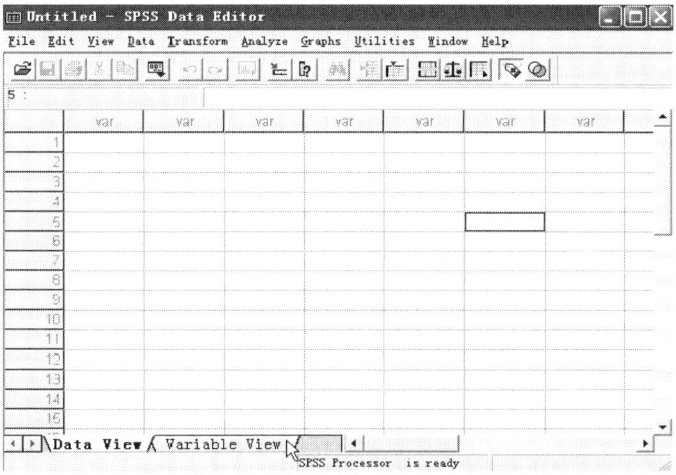

图 8-9

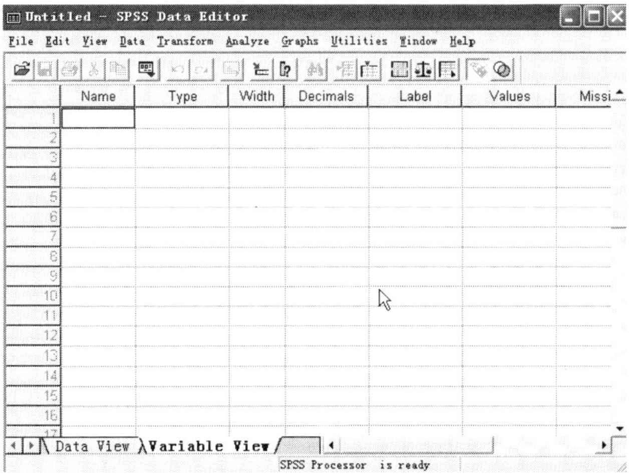

图 8-10

变量定义窗口工具栏下的横栏是变量信息栏,它包括:Name(变量名)、Type(变量类型)、Width(变量长度)、Decimal(小数位数)、Label(变量标签)、Values(变量值标签)、Missing(缺省值)、Columns(变量显示宽度)、Align(对齐方式)、Measure(测量尺度)等。在实际使用中,我们尽量使用 SPSS 对变量的默认功能,不需要对这些信息都去手动设置一番。通常需要手动设置或输入的信息内容包括:

一、Name(变量名)

点击"Name"下的空格,直接利用 Word 的文字输入功能,输入变量名称,例如:可分别输入编号、部门、经费预算、工资总额等项目(图 8-11)。

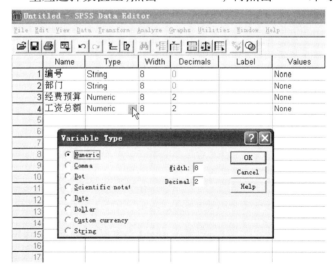

图 8-11

二、Type(变量类型)与 Width(变量长度)

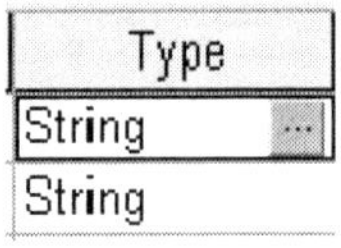

图 8-12

点击 Type 下方的空格,即可看见该空格右端出现一个小灰块(图8-12),点击小灰块,即弹出"Variable Type"下拉菜单(图8-13)。

该"Variable Type"菜单共有 8 个选项:

(1)Numeric(数值型),本例"经费预算"、"工资总额"两个变量应选择数值型,点击"Numeric",再点击"OK"即可。

图 8-13

　　"Numeric"按钮有两个子选项:①Width(定义数值的宽度),其默认宽度为 8 位,并采用整数 + 小数点 + 小数部分的格式。②小数位数(Decimal),默认的小数位数是 2 位。本例"经费预算"、"工资总额"两个变量可采用 Width 和(Decimal)默认格式,或根据自己的需要选择。

　　(2)Comma (显逗号的数值型),即整数部分每隔 3 位加一逗号。可根据自己的需要选择。

　　(3)Dot(3 位加点数值型),即无论数值大小,均以整数形式显示,每 3 位加一小圆点,小数点则用逗号表示。可根据自己的需要选择。

　　(4)Scientific notation(科学记数型),同时需定义数值宽度(Width)和小数位数(Decimal)。

　　(5)Date(日期型变量)。在"Variable Type"菜单中点击"Date",立即显现右弹菜单,其中内容为 dd-mmm-yyyy (日-月-年)、mm/dd/yyyy (月/日/年)等多种日期格式(图 8-14),用户可根据自己的需要选择。

　　(6)Dollar(货币型),同时需要自己定义数值宽度、小数位数。数值型变量前均加显"＄"符号。

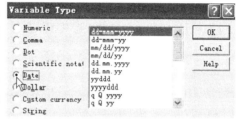

图 8-14

　　(7)Custom currency(用户自定义型)。

　　(8)String(字符型)。前例中的"编号"可设置为数值型(但 Decimal 应设置为零,否则在默认格式下,编号数字后面将带二位小数),也可设置为字符型。通常编号的数值不会太大,其 Width(变量长度)设置为 2(个字符)即可。

　　"部门"变量,应设置为字符型(String)变量(参见图 8-13)。考虑到有的部门名称可能较长,例如:广州市发展改革委员会社会处,共有 13 个汉字,将占据 26 个字符,因此,字符型名称变量的"Width"应根据需要设置恰当的长度,如果最长的名称有 15 个汉字,"Width"就应至少设置为 30(参见图 8-13)。

　　在 SPSS 主窗口,变量的默认显示宽度是 8 个字符,如果需要将超过 8 个字符(4 个汉字)的变量名称完整地显示出来,就需要调整个别变量名称的显示宽度:将鼠标箭头移动到两个不同变量(集合)名称交界处附近,鼠标箭头变成了黑十字架(图 8-15),向右拉动黑十字架,直至变量(单元)名称完整显示出来为止(图 8-16)。

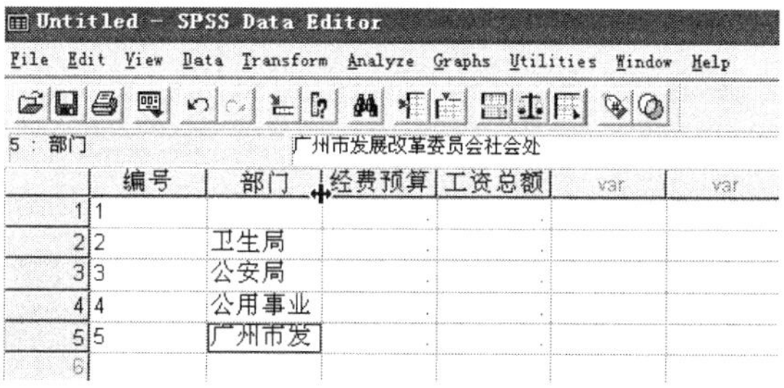

图 8-15

图 8-16

三、Label(变量标签)、Values(变量值标签)

Label(变量标签)是对变量的进一步说明,可输入 120 个字符(60 个汉字)的长度。

Values(变量值标签)在统计整理或问卷量表设计与汇总等场合使用较多。例如,在量表设计中,我们可以用数字 5,4,3,2,1(或 2,1,0,-1,-2)分别代表"很好"、"较好"、"一般"、"较差"、"很差"等含义。设置过程:点击 Values 的相应单元,弹出"Value Labels"子窗口,可见上、下排列的两个 Value 填空框(图 8-17),在上面一个框中输入数字 5,在下面一个框中输入文字"很好",单击"Add";然后继续填 4 和"较好",单击"Add";⋯⋯,全部填完后,点击"OK"。

图 8-17

四、Missing(缺省值)、Column(变量显示宽度)、Align(变量对齐方式)、Measure(变量的测量尺度)

(1)Missing:对于暂缺的数据或调查中一些被访者不愿回答的内容等,我们都可以将其定义为缺省值,被定义为缺省值的变量取值特别标号和被特别处理。

(2)Column:默认的变量显示宽度为 8 个字符(注:变量的显示宽度不等于变量的设置长度)。

(3)Align:在 SPSS 中,对齐方式有 Left(左对齐)、Right(右对齐)、Center(居中对齐),默认的对齐方式是 Right(右对齐)。

(4)Measure:测量尺度的选择有 Nominal(定类变量)、Ordinal(定序变量)、Interval(定距变量)和 Ratio(定比变量)。

五、数据录入

SPSS 的数据录入与在 Word 文档表格中的数据录入是相似的。在数据录入之前，最好在变量定义窗口中做好变量的有关设置，然后切换回到 SPSS 主窗口。这时我们可以直接向 SPSS 主窗口的统计表格输入数据；也可以在 Word 文档表格中输入数据，然后 Copy 数据表格到 SPSS 主窗口的统计表格中；还可以将 Excel 表格中的数据 Copy 到 SPSS 主窗口表格中，等等。

（1）从其他文档 Copy 数据到 SPSS 主窗口：例如，在 Excel 表格中，选定 Copy 范围（图 8-18），点击 图标 → 在打开的 SPSS 主窗口中预做好变量的定义设置、选定粘贴范围：25 行×3 列（图 8-19）→点击鼠标右键，在弹出的小窗口中点击"paste"（图 8-20），数据就从 Excel 表格进入到了 SPSS 主窗口统计表格（图 8-21）。从其他文档（包括 Word 文档）Copy 数据到 SPSS 主窗口的步骤与此相同。

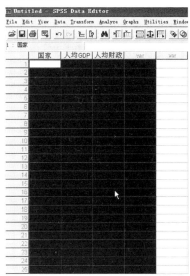

图 8-18　　　　　　　　　　图 8-19

图 8-20

（2）从其他文档调入完整的数据表格到 SPSS 主窗口统计表格（以 Excel 表格为

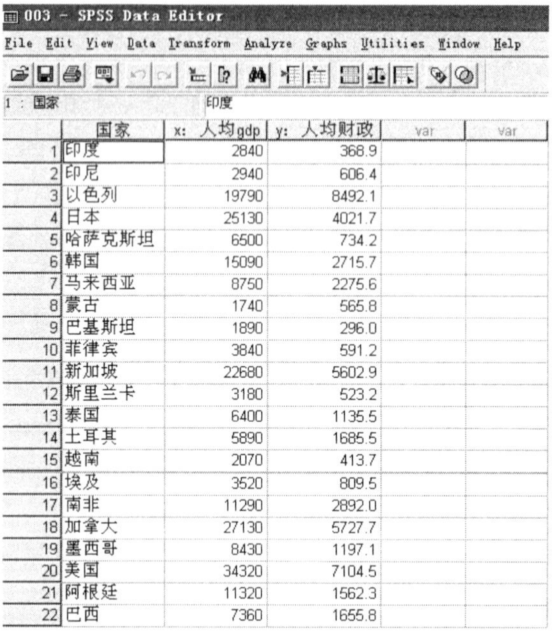

	国家	x: 人均gdp	y: 人均财政	var	var
1	印度	2840	368.9		
2	印尼	2940	606.4		
3	以色列	19790	8492.1		
4	日本	25130	4021.7		
5	哈萨克斯坦	6500	734.2		
6	韩国	15090	2715.7		
7	马来西亚	8750	2275.6		
8	蒙古	1740	565.8		
9	巴基斯坦	1890	296.0		
10	菲律宾	3840	591.2		
11	新加坡	22680	5602.9		
12	斯里兰卡	3180	523.2		
13	泰国	6400	1135.5		
14	土耳其	5890	1685.5		
15	越南	2070	413.7		
16	埃及	3520	809.5		
17	南非	11290	2892.0		
18	加拿大	27130	5727.7		
19	墨西哥	8430	1197.1		
20	美国	34320	7104.5		
21	阿根廷	11320	1562.3		
22	巴西	7360	1655.8		

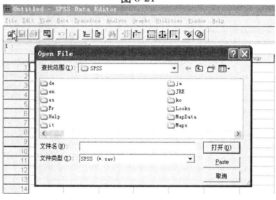

图 8-21

图 8-22

例):打开需要调入数据的 SPSS 主窗口,点击左上方的图标,弹出“Open File”窗口(图 8-22),→ 点击“文件类型”栏右侧的 ▾ 图标,弹出文件类型下拉窗口(图 8-23),该下拉窗口显示了 SPSS 可以与之相互交换数据表的软件名单。这些软件是:

SPSS:SPSS for WINDOWS 版本的数据文件,后缀为. sav;

SPSS/PC + :SPSS for DOS 版本的数据文件,后缀为. sys;

SPSS portable:SPSS 的 ASCII 格式的机器码,可用于网络传输,后缀为. por;

Excel:微软公司电子表格的数据文件,后缀为. xls;

Lotus:莲花公司电子表格的数据文件,后缀为. w * ;

SYLK:扩展格式电子表格的 ASCII 格式,后缀为. slk;

dBASE:数据库的数据文件,后缀为. dbf;

Tab-delimited:以空格为分隔的 ASCII 格式的数据文件,后缀为. dat。

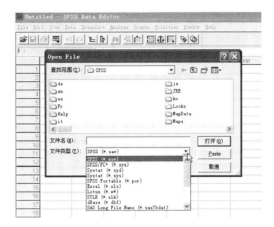

图 8-23

接下来,选择"Excel (∗.xls)"(图 8-24),→点击"Open File"窗口"查找范围"栏的 ▼ 图标,在弹出的下拉列表(图 8-25)中沿着与 Word 文档中查找文件同样的路径,找到 Excel 文档 Book2,点击 Book2,使之变成深色(图 8-26)→点击"打开"按钮→在弹出的"Opening Excel Data Source"窗口(图 8-27)中点击"OK",该 Excel 文档 Book2 中的全部数据就进入到 SPSS 主窗口统计表格(图 8-28)。

图 8-24

图 8-25

图 8-26

图 8-27

	国家	x: 人均gdp	y: 人均财政	var	var
1	印度	2840	368.9		
2	印尼	2940	606.4		
3	以色列	19790	8492.1		
4	日本	25130	4021.7		
5	哈萨克斯坦	6500	734.2		
6	韩国	15090	2715.7		
7	马来西亚	8750	2275.6		
8	蒙古	1740	565.8		
9	巴基斯坦	1890	296.0		
10	菲律宾	3840	591.2		
11	新加坡	22680	5602.9		
12	斯里兰卡	3180	523.2		
13	泰国	6400	1135.5		
14	土耳其	5890	1685.5		
15	越南	2070	413.7		
16	埃及	3520	809.5		
17	南非	11290	2892.0		
18	加拿大	27130	5727.7		
19	墨西哥	8430	1197.1		
20	美国	34320	7104.5		
21	阿根廷	11320	1562.3		
22	巴西	7360	1655.8		
23	委内瑞拉	5670	1211.9		
24	白俄罗斯	7620	2202.6		
25	保加利亚	6890	2281.8		

图 8-28

六、增加(删减)行、列

点击某行(列)之头格,该行(列)即被选中(变为黑色),单击鼠标右键,弹出快捷菜单→点击"cut"键,则选中的行(列)被删除;点击"Insert Variables"键,则在选中行

（列）的左（上）侧，增加一个空白行（列）。

第三节　利用 SPSS 作图

SPSS 提供了条状图、线图、面积图、圆图、高低图、帕累托图、控制图、箱图、误差条图、散点图、直方图、序列图、时间序列图等多种类图形来进行数据的可视化处理，作图时可根据数据的特点和研究的需求来进行选择。根据不同的需要，这些图形可以做成二维图和三维图。

一、图形窗口 Graphs

在数据输入完成的前提下，利用 SPSS 的图形窗口 Graphs 可以制作各式各样的统计图形和地理图形。点击 SPSS 主窗口的"Graphs"窗口，弹出下拉菜单（图 8-29），内容包括：

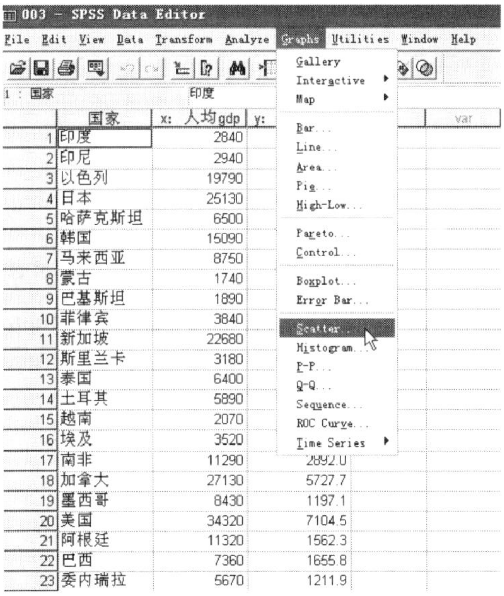

图 8-29

Gallery：图例介绍（参见图 8-30）；

Interactive：生成交叉图；

Map：生成地图；

Bar：生成简单条形图、分组条形图和分段条形图；

Line：生成单线图、多结图和垂线图；

Area：生成简单面积图和堆栈面积图；

Pie：生成单圆图；

High-Low：生成高-低-收盘图、极差图和距限图；

Pareto：生成排列图或 Pareto（帕累托）图；

Control:生成最常见的工序控制图;

Boxplot:生成探查数据的箱线图;

Error Bar:生成探查数据的误差条图;

Scatter:生成简单散点图、重叠散点图、矩阵散点图和三维散点图;

Histogram:生成直方图;

Normal P-P:生成变量分布的分位数对正态分布的分位数的图形;

Normal Q-Q:生成变量分布的分位数对正态分布的分位数的图形;

Sequence:生成变量分布分位数对正态分布分位数的图形;

Time Series:生成自相关图、偏相关图和互相关图。

下面我们通过少量图形的制作,介绍用 SPSS 作图的基本操作。大家完全可以举一反三,自己学会作大量的其他图形。

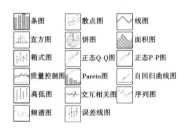

图 8-30

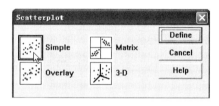

图 8-31

二、制作散点图

在 SPSS 主菜单的菜单栏单击 Graphs,弹出下拉菜单(图 8-29),单击"Scatter",弹出"Scatterplot"窗口(图 8-31),→单击 按钮,弹出"Simple Scatterplot"窗口。该窗口划分为几个小窗口,左边一个小窗口显示 SPSS 数据表中已经输入的各变量数据;右边并排着 4 个栏目(图 8-32)。点击 X 变量,→点击 X Axis 旁的 ▶ 图标,将 X 变量输入到 X 栏目中,仿此,将 Y 变量输入到 Y 栏目中。然后点击"OK",几秒钟后即得到 Y 随 X 变化的散点图(图 8-33)。

图 8-32

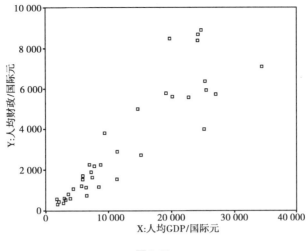

图 8-33

三、制作直方图

步骤如下：

（1）在 SPSS 数据统计表中点击"Graphs"，→在弹出的下拉菜单中点击"Histogram"，在弹出的"Histogram"窗口中，单击 Y 变量，→单击 ▶ 图标，将 Y 变量输入到"Variable"框中，单击"OK"。几秒钟后得到 Y 变量的直方图。该图形旁边同时显示出该组统计数据的标准差（Std. Dev）、平均值（Mean）。

（2）双击得到的直方图形，弹出"SPSS Chart Editor"窗口（图 8-34）。这个窗口的功能是编辑图形，得到该图形的一些基本统计参数。单击"SPSS Chart Editor"窗口的"Chart"菜单"Title"选项（图 8-34），可以输入图形的主标题（Title 1）、副标题（Title 2）以及标题的排列方式（居右、居中、居左）。

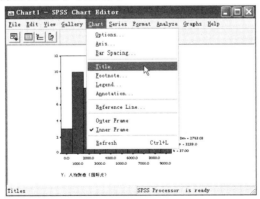

图 8-34

单击"SPSS Chart Editor"窗口的"Chart"菜单"Footnote"选项，可以输入图形的脚注（包括：脚注 1、脚注 2）以及脚注的排列方式（图 8-35）。

"SPSS Chart Editor"窗口菜单栏的各项，以及各项对应下拉菜单的每个选项的功能，读者可通过自行实践逐一认识之，本节就不一一赘述了。

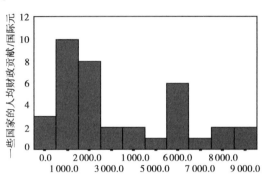

Y: 人均财政/国际元

资料来源:《国际统计年鉴》(2000)。

图 8-35

第 四 节   基 本 统 计 分 析

一、Analyze(Statistics)统计菜单介绍

SPSS 的基本统计分析是通过 Analyze(Statistics)统计菜单来完成的。在 SPSS 主窗口,点击"Analyze",弹出下拉菜单,展现若干选项:

· 统计报表(Reports)

· 常用报表(Custom Tables)

· 描述性统计(Descriptive Statistics)

· 均数比较分析(Compare Means)

· 一般(广义)线性模型(General Linear Model)

· 相关分析(Correlation)

· 回归分析(Regression)

· 分类(聚类)分析(Classify)

· 数据简化(降维)分析(Data Reduction)

· 尺度(量表)分析(Scale)

· 非参数检验(Nonparametric Tests)

· 时间序列分析(Time Series)

· 生存分析(Survival)

· 多重反应分析(Multiple Response)

· 缺省值分析(Missing Value Analysis)

上述每一个选项又可以展开一个子菜单(Missing Value Analysis 除外),参见表8-1。

每个子菜单又有若干选项,总合起来,将产生天文数字的组合操作路径,我们没有必要去熟悉全部的操作路径,只需熟悉自己经常需要的操作路径即可。

下面仅选择其中个别选项,介绍其操作方法。其他选项可通过读者自己的大量实际操作实践,逐步熟悉掌握。

表8-1 Analyze 之下拉各选项对应的子菜单(以 SPSS 11.5 版本为例)

选 项	子 菜 单
Reports 统计报表	OLAP Clubes 在线分析处理
	Case Summarres 个案简明统计报表
	Report Summarres in Rows 行形式报表
	Report Summarres in Columns 列形式报表
Descriptive Statistics 描述分析	Statistics 统计数
	Frequencies 频数
	Descriptives 描述统计
	Explore 探索性分析
	Crosstabes 交叉表(列联表)
	Ratio 比率分析
Tables 制表	Basic Tables 基本表
	General Tables 汇总表
	Mutiple Response Tables 复合表
	Tables of Frequencies 频数表
Summarize 数值分析	Frequencies 单变量的频数分布统计
	Descriptives 单变量的描述统计
	Explore 指定变量的综合描述统计
	Crosstabs 双变量或多变量的各水平组合的频数分布统计
Compare Mean 均值比较分析	Means 单变量的综合描述统计
	Independent Sample T Test 独立样本的 t 检验
	Paired Sample T Test 配对样本的 t 检验
	One-Way ANOVA 一维方差分析(单变量方差分析)

续表

选 项	子菜单
ANOVA Models 多元方差分析	Simple Factorial 因子设计的方差分析
	General Factorial 一般方差分析
	Multivariate 双因变量或多因变量的方差分析
	Repeated Factorial 因变量均值校验
Correlate 相关分析	Bivariate 非参数相关分析、两两相关分析(可进一步选择:Pearson 积矩相关、Kendall、Spearman)
	Partial 双变量相关分析
	Distance 相似性、非相似性分析
Regression 回归分析	Liner 线性回归分析
	Curve Estimation 曲线回归分析
	Binary Logistic 二元逻辑回归分析
	Multinomial Logistic 多变量逻辑回归分析
	(注:逻辑回归分析是针对定性变量的回归分析)
	Probit 概率回归分析
	Nonlinear 非线性回归分析
	Weight Estimation 不同权数的线性回归分析
	2-stage Least Squares 二阶最小平方回归分析
	Optimal Scaling 最优标度(尺度)回归分析
Loglinear 对数线性回归分析	General 一般对数线性回归分析
	Hierarchical 多维交叉变量对数回归分析
	Logit 单因变量多自变量回归分析
Classify 聚类和判别分析	Twostep Cluster 二步回归分析
	K-means Cluster 指定分类数聚类分析
	Hierarchical Cluster 未知分类数聚类分析
	Discriminent 聚类判别函数分析
Data Reduction 降维、数据简化	Factor 因子分析
	Correspondence Analysis 对应表(交叉表)分析
	Homogeneity Analysis 多重对应分析
	Nonlinear Components 非线性成分分析
	OVERALS 非线性典则相关分析
Scale 尺度、刻度	Reliability Ananlysis 加性等级的项目分析
	Multidimensional Scaling 多维等级分析

续表

选 项	子菜单
Nonparametric Tests 非参数检验	Chi-Square 相对比例假设检验
	Binomial 特定时间发生概率检验
	Runs 随机序列检验
	1-Sample Kolmogorov Smirnov 样本分布检验
	2-Independent Samples 双不相关组分布分析
	K Independent Samples 多不相关组分布分析
	2 Related Samples 双相关变量分布分析
	McNemar' test 相关样本比例变化分析
	K Related Samples 相关变量分布分析
	Cocharn's Q test 二分变量均数检验
	Kendall's W 一致性判定
Time Series 时间序列	Exponential Smoothing 平衡序列的随机分量
	Curve Estimation 数据拟合
	Autoregression 一阶自回归误差线性方差检验
	ARIMA 综合自回归移动平均分析
	XII ARIMA 增倍和加性季节因子分析
	Seasonal Decomposition 对时间序列增倍和加性季节因子分析
Survival 生存分析	Life Tables 生命表分析
	Kaplan-Meier 双事件分布检验
	Cox Regression 事件与时间变量相互分析
	Cox w/Time Deep COV 时间函数 Cox 分析
Multiple Response 多重反应分析	Define Sets 多选变量分析
	Frequencies 频数分析
	Crosstabs 列联表分析
Missing Value Analysis 缺省值分析	（无子菜单）

二、描述统计分析

在 SPSS 主窗口,点击"Analyze",在其下拉菜单中,用鼠标指准"Descriptive Statistics",弹出右拉菜单→ 选择（点击）"Descriptives",弹出"Descriptives"对话框

(图 8-36)。利用 ▶ 图标,将某组变量(例如:人均 GDP)输入变量"Variable(s)"框,单击"OK",几秒钟后,弹出统计分析结果表(图 8-37)。此表给出该组变量的最大值、最小值、平均数和标准差。

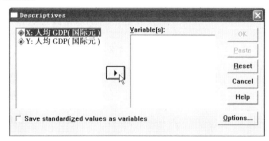

图 8-36

Descriptive Statistics

	N	Minimum	Maximum	Mean	Std. Deviation
X:人均 GDP(国际元)	37	1 740	34 320	12 340.00	9 218.507
Valid N(listwise)	37				

图 8-37

三、相关分析

现给定一已经录入数据的 SPSS 文件(图 8-38),我们来计算若干变量之间的相关系数。

	序列号	教育经费	人均图书	人均gdp	文盲比例	var	var
1	26	76981.00	2329.00	4559.00	32.50		
2	27	85250.90	224395.0	4549.00	7.29		
3	29	106626.5	12546.00	5087.00	18.03		
4	30	128222.1	19960.00	4839.00	13.40		
5	21	212244.1	52290.00	6894.00	6.98		
6	24	433565.9	101817.0	2662.00	13.89		
7	28	476792.9	105627.0	3838.00	14.34		
8	5	533015.7	81519.00	5872.00	9.12		
9	2	579702.8	106067.0	17993.00	4.93		
10	22	601278.1	140457.0	5157.00	6.95		
11	31	606396.7	91738.00	7470.00	5.56		
12	14	658618.3	201314.0	4851.00	5.16		
13	4	694615.7	166999.0	5137.00	4.18		
14	7	837866.3	140619.0	6847.00	4.57		
15	20	840142.7	226460.0	4319.00	3.79		

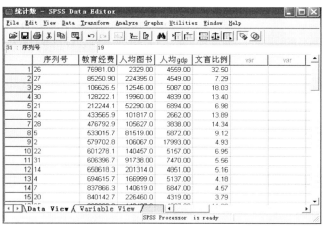

图 8-38

其步骤如下:

(1)点击"Analyze"菜单,在弹出的下拉菜单中,将鼠标对准"Correlate"→弹出右拉菜单,点击"Bivariate"(图 8-39)→弹出"Bivariate Correlations"对话框。

(2)在"Bivariate Correlations"(图 8-40)对话框中我们看到:"教育经费"、"人均图书"、"人均 GDP"、"文盲比例"这几个变量自动进入到了左侧的"待选变量"框中,而"序列号"因事先被定义为"字符型"变量,它与前述几个变量类型是格格不入的,所以

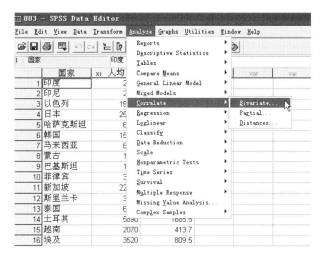

图 8-39

它不进入"待选变量"框。

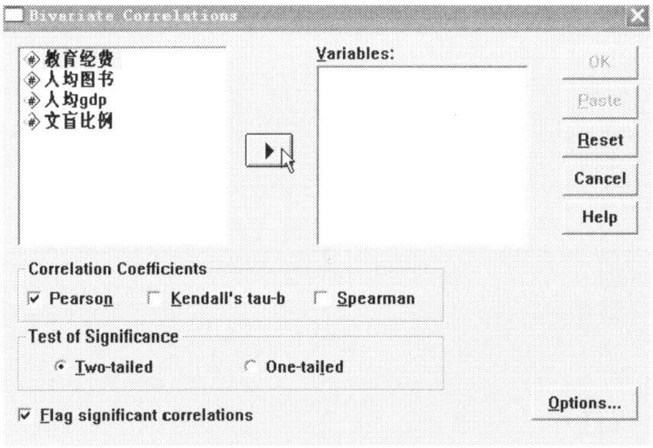

图 8-40

在"Bivariate Correlations"对话框的中下部位置,是"Correlations Coefficients"选项框,它有三种相关系数测量方法备用待选:皮尔逊(Pearson)、肯达尔 τ-b(Kendll's tau-b)、斯皮尔曼(Spearman)。

由于进入"待选变量"框的几组数据是连续数据,它们是定比变量,因此在相关分析方法选择中,点击皮尔逊(Pearson)前空格,使其显现✔,表明已经选定皮尔逊(Pearson)相关分析方法。

在显著性检验"Test of Significance"选项框中,可选择双尾检验"Two-tailed",在"Bivariate Correlations"对话框的最下部,是对于相关显著性是否需要标注的选择,在其前打勾,就是要 SPSS 对相关显著性作出标注(用星号 * 表示),否则,不标注。

在 SPSS 中,用单星号表示当用户指定的显著性水平为 0.05 时,统计检验的相伴概率值≤0.05,即有关变量对应总体之间不显著相关的可能性≤0.05;用双星号表示用单星号时当用户指定的显著性水平为0.01时,统计检验的相伴概率值≤0.01,即有关变量对应总体之间不显著相关的可能性≤0.01。显然,双星号对应的检验精度比单星号对应的检验精度更高。

(3)利用箭头符号,将需要检验相关性程度的变量——输入"Bivariate Correlations"对话框右侧的变量(Variables)框。本例将"教育经费"、"人均图书"、"人均GDP"、"文盲比例"几个变量逐一输入变量(Variables)框。→点击"OK",瞬间即弹出统计结果表(表8-2)。

表8-2 统计结果表

		教育经费	人均图书	人均GDP	文盲比例
教育经费	Pearson Correlation	1	.835**	.481**	-.485**
	Sig. (2-tailed)	.	.000	.006	.010
	N	31	31	31	31
人均图书	Pearson Correlation	.835**	1	.326	-.432**
	Sig. (2-tailed)	.000	.	.073	.015
	N	31	31	31	31
人均GDP	Pearson Correlation	.481**	.326	1	-.316
	Sig. (2-tailed)	.006	.073	.	.084
	N	31	31	31	31
文盲比例	Pearson Correlation	-.458**	-.432*	-.316	1
	Sig. (2-tailed)	.010	.015	.084	.
	N	31	31	31	31

*. Correlation is significant at the 0.05 level (2-tailed).

**. Correlation is significant at the 0.01 level (2-tailed).

统计结果表8-2解读:

表8-2是一个矩阵式列表,它反映了所输入的4个变量两两之间的相关情况。

(1)"教育经费"与"教育经费"之间的相关系数是1(当然,此类相关系数没有意义)。

(2)"教育经费"与"人均图书"(或"人均图书"与"教育经费")之间的相关系数是0.835,其数字右上角显示双星号(**,需仔细看),表明统计检验的相伴概率值≤0.01(显示的实际统计检验值是0.000),即"人均图书"与"教育经费"观察数据所对应总体之间不显著相关的可能性≤0.01。

(3)"教育经费"与"人均GDP"之间的相关系数是0.481,其数字右上角显示双星号,显示的实际统计检验相伴概率值是0.006。说明"人均GDP"与"教育经费"观察数据所对应总体之间不显著相关的可能性≤0.01。

(4)"教育经费"与"文盲比例",略。

(5)"人均图书"与"人均GDP"间的相关系数值是0.326,统计检验的相伴概率值是0.073,其值大于用户指定的显著性水平0.05,故否定这二个变量观察值对应总体的相关性。

(6)"人均图书"与"文盲比例"间的相关系数是-0.432,二者是负相关。其数字右上角显示单星号,表明统计检验的相伴概率值≤0.05,显示的统计检验实际相伴概率值是 0.015。

(7)"人均 GDP"与"文盲比例",略。

四、线性回归分析

给定已经录入数据的 SPSS 文件(图 8-41)。

图 8-41

现在我们来做回归分析。其步骤为:

1)在 SPSS 主窗口,点击"Analyze",在其下拉菜单中,用鼠标指准"Regression",弹出右拉菜单→ 选择(点击)"Linear",弹出"Linear Regression"对话框(图 8-42、图 8-43)。

图 8-42

2)多元回归分析中因变量只有一个,自变量有多个。根据研究目的,选定一个变量(例如"A 区 GDP")作为因变量,将其输入到因变量(Dependent)框;根据需要选择自变量,例如选择"自然科技人才"、"社会科技人才"作为自变量,将其输入到自变量 (Independent(s))框(图8-43)。

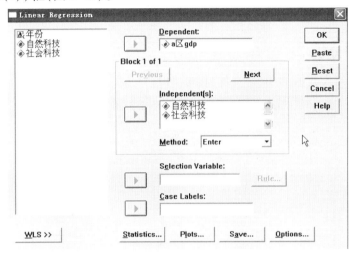

图 8-43

3)接下来,还有一些选框待我们勾选:

(1)"Method"框,用于多元回归分析过程的自变量筛选:

· Enter 是 SPSS 默认选项,表示所选自变量全部进入回归方程(一般情况接受该默认)

· Remove——剔除变量回归

· Stepwise——逐步筛选回归

· Backward——向后筛选回归

· Forward——向前筛选回归

(2)"Selection Variable"(变量选择)框,其功能是对样本数据做一定的条件设定:对样本进行筛选,对满足一定条件的样本作回归分析。通常不对此框作勾选。

(3)"Case Labels"(情景标签)框,表示作图时,用某个指定的变量作为各样本数据点的标志变量。可根据需要勾选或不勾选。

(4)"WLS"(异方差处理)框,当存在异方差时(异方差概念及对其检验、处理等涉及较复杂的统计知识。异方差概念的数学语言表达最为简练:$Var(\mu_i) = \sigma_i^2(i = 1,2,\cdots,n)$,$\sigma_i^2 \neq \sigma_j^2(i \neq j)$ 称为具有异方差性。异方差性带来的后果:①估计量仍具有线性性和无偏性。②估计量不具有最小方差性(有效性)。③t 检验、F 检验失效(由于不具有有效性)。④预测区间无效。(对异方差有兴趣的读者可参阅专门的统计学著作),可利用加权最小二乘法替代普通最小二乘法来估计回归模型:单击 WLS,可选定某个变量作为权重变量。

(5)"Statistics"(统计分析)框。这是重要的回归分析程序选择框。

单击"Statistics",弹出"Linear Regression:Statistics"对话子框(图8-44),在"Regression Coefficients"(信度回归)中勾选 Estimates(估计);

在 Residuals(残差分析)中勾选"Durbin-Watson"(道宾-沃森)统计量,"Casewise

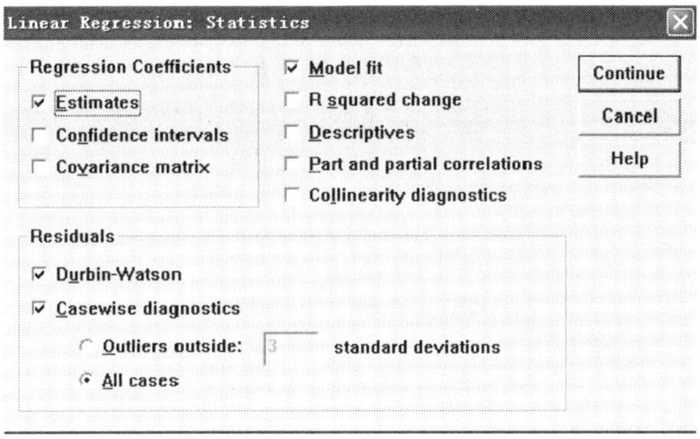

图 8-44

diagnostice"（案例诊断）、"All cases";

　　本对话框内其他选项都可根据用户的特定需要作选择性勾选。

　　在勾选完成后,点击该子框右上角的"Continue",表示该子框内的勾选完成,可进入另一对话框("Statistics"、"Plots"、"Save"、"Options"4 个对话框的勾选完成后,都须点击"Continue",表示完成本框的勾选,准备进入下一程序)。

　　(6)"Plots"（标图）框。对残差序列作图形分析。可根据需要,点击"Produce all partial plots",将输出回归因变量和每个自变量之间的关系点图。在勾选完成后,点击该子框右上角的"Continue",表示该子框内的勾选完成,可进入另一对话框。

　　(7)"Save"（保存）框。可将回归分析结果保存到 SPSS 数据编辑窗口中,或保存到某个 SPSS 数据文件中。在勾选完成后,点击该子框右上角的"Continue",表示该子框内的勾选完成,可进入另一对话框。

　　(8)"Options"（设定选择）,可作与自变量筛选有关的参数选择、对缺省值不同处理方法选择。我们点击"Options",弹出"Linear Regression:Options"对话框,建议勾选如图 8-45 所示,表示对回归分析过程中选择的置信度检验水平是 $\alpha = 0.05$。也可手动设置 α 值。在勾选完成后,点击该子框右上角的"Continue",表示该子框内的勾选完成,可进入下一程序。

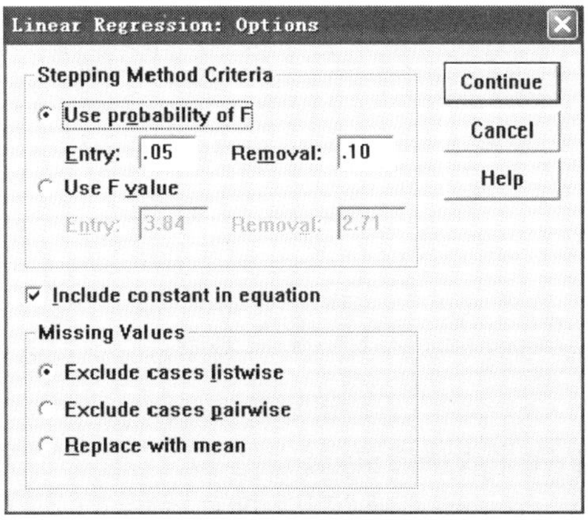

图 8-45

4)单击"OK",弹出 SPSS 多元回归分析结果展示窗"Output1—SPSS Viewer"(图8-46)。该结果展示窗用一系列表格给出回归分析的结果。

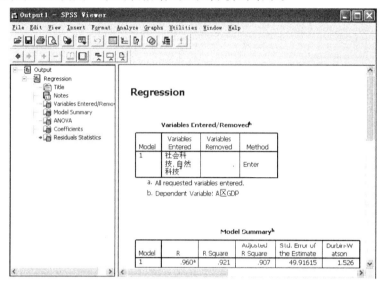

图 8-46

在本例的选择下,一共得到6个统计分析表格(表8-3～表8-9),由于勾选的内容不同,得到的回归分析结果的表格数量、各表格中显示的项目等会有一定差异。我们用鼠标围绕每个表格画一个圈,然后点击"Edit",再点击"Copy"(图8-47),就可将所选定表格复制到 Word 文档中,这些表格在 Word 文档中可进行 Word 编辑。

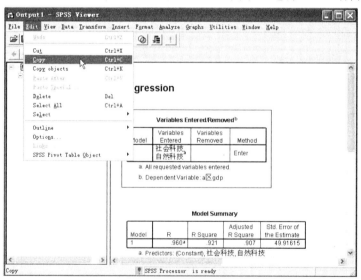

图 8-47

5)对 SPSS 回归分析结果表格的解读。

(1)我们先看表8-3。它表明对编号为1的模型进行回归分析采用的是全变量引入法(Enter)。

Variables Entered/Removed(b)

表 8-3

Model	Variables Entered	Variables Removed	Method
1	社会科技,自然科技(a)	.	Enter

a　All requested variables entered.

b　Dependent Variable：A 区 GDP.

（2）表 8-4 是回归模型的一个统计特征概要。内容有：

①相关系数为 0.978；判定系数为 0.956；调整的判定系数为 0.949（注：这几个系数与数值 1 非常接近，表明回归方程的拟合度优秀）。

②但回归估计的标准误差为 49.162 22（该误差较大）。

③D-W 统计量计算值 $d = 1.654$。（注：查 D-W 检验临界值表，变量长度 $n = 14$，自变量个数 $k = 2$，查得 $d_L = 0.905$，$d_U = 1.551$，于是有：$d_U < d < 4 - d_U$，变量无自相关，回归方程属于可以接受范围）

Model Summary(c,d)

表 8-4

Model	R	R Square(a)	Adjusted R Square	Std. Error of the Estimate	Durbin-Watson
1	.978(b)	.956	.949	49.162 22	1.654

a　For regression through the origin (the no-intercept model), R Square measures the proportion of the variability in the dependent variable about the origin explained by regression. This cannot be compared to R Square for models which include an intercept.

b　Predictors：社会科技, 自然科技.

c　Dependent Variable：A 区 GDP.

d　Linear Regression through the Origin.

（3）表 8-5 是多元方差分析的一些结果。

ANOVA(c,d)

表 8-5

Model		Sum of Squares	df	Mean Square	F	Sig.
1	Regression	630 447.179	2	315 223.590	130.423	.000(a)
	Residual	29 003.085	12	2 416.924		
	Total	659 450.264(b)	14			

a　Predictors：社会科技, 自然科技.

b　This total sum of squares is not corrected for the constant because the constant is zero for regression through the origin.

c　Dependent Variable：A 区 GDP.

d　Linear Regression through the Origin.

其主要内容有:

①回归平方和 $SS_R = 630\ 447.179$,其自由度是 2;

②回归误差(残差平方和)$SS_e = 29\ 003.085$,其自由度是 12(注:如果回归直线不过原点,这个自由度将是 11);

③回归总平方和 $SS_t = 659\ 450.264$,其自由度是 14(注:如果回归直线不过原点,这个自由度将是 13);

④回归方程的线性特性检验统计量 $F = 130.423$(注:查 $\alpha = 0.05$ 的 F 分布表,第一自由度 $k_1 = 1$,第二自由度 $k_2 = n - k - 1 = 14 - 2 - 1 = 11$,$F_{0.05}(1,9) = 4.84$,$F > F_{0.05}(1,9)$,肯定方程的线性特性);

⑤相伴概率 $P = 0.000 < 0.001$(注:即检验假设——"H_0:回归系数为零"发生的概率为零),进一步肯定方程的线性特性。

(4)表 8-6 是回归系数分析结果。

Coefficients(a,b)

表 8-6

Model		Unstandardized Coefficients		Standardized Coefficients	t	Sig.
		B	Std. Error	Beta		
1	自然科技	.149	.024	2.107	6.292	.000
	社会科技	−.073	.021	−1.172	−3.499	.004

a Dependent Variable:A 区 GDP.

b Linear Regression through the Origin.

本表提供的基本信息有:

①有关 t 检验值。

a. 对自然科技人才变量(可用 X_1 表示)系数检验的 t 统计量 $t_{自} = 6.292$(查 $\alpha = 0.05$,对应的 $t_{\frac{\alpha}{2}}(n - k - 1)$ 临界值,$t_{0.025}(11) = 2.201\ 0$,$t_{自} > t_{0.025}(11)$,X_1 的回归系数具有回归显著性)。相伴概率为0.000,即 X_1 的回归系数"等于零"的检验假设发生的概率是 0.000。自变量(X_1)与因变量(Y)之间的线性相关关系显著。

b. 对社会科技人才变量(可用 X_2 表示)系数检验的统计量 $t_{社} = -3.499$(因 $|t_{社}| > t_{0.025}(11)$,X_2 的回归系数具有回归显著性)。其相伴概率为0.004,即 X_2 的回归系数"等于零"的回归检验假设发生的概率是0.004。自变量(X_2)与因变量(Y)之间仍有较好的线性相关关系。

②回归直线通过坐标原点(常数项为零)。

附注:假如一个回归方程的常数项不为零(参见表 8-7),统计表中就会出现常数项(Constant)、常数项的 t 统计量等相应内容(例如:附表8-1,常数项的 t 统计量 $t_{常} = -8.000$,其绝对值大于 $t_{0.025}(11)$,常数项具有回归显著性)。但其相伴概率为 0.441,是一个不小的概率。结合到人才增长与地方 GDP 增长之间的具体实情,在回归方程中可保留该常数项。根据不同的趋势分析,也可在回归方程中去掉该常数项。

Coefficients(a)

表8-7

Model		Unstandardized Coefficients		Standardized Coefficients	t	Sig.
		B	Std. Error	Beta		
1	(Constant)	-30.797	38.489		-.800	.441
	自然科技	.134	.031	1.440	4.367	.001
	社会科技	-.052	.034	-.506	-1.534	.153

a　Dependent Variable: A 区 GDP.

③Standardized Coefficients 栏下对应的是标准化系数(注:在实际统计中,往往各个变量的量纲不同,因此,仅比较其回归系数并没有太大的意义。此时我们应采用各个变量的标准化回归系数。本例中,两个自变量的量纲相同,但它们与 GDP 的量纲不同)。

④Unstandardized Coefficients 栏下对应的是非标准化系数,是实际数据代入公式计算得到的回归系数。由于计算得到的回归方程的目的是要回到实际中去运用,因此,我们要采用此栏的回归系数构建回归方程。

B 栏下对应的系数:常数项 =0;自然科技人才变量系数(X_1) =0.134;

社会科技人才变量(X_2) = -0.052。

于是回归方程为:

$$Y = 0.134 \times X_1 - 0.052 \times X_2$$

⑤表8-8 给出的是预测值和残差分析结果。该表第 2 列给出标准化残差值、第 5 列给出残差值;中间两列,分别给出了实际数据(A 区 GDP)和回归方程对因变量 Y(A 区 GDP)的预测值(Predicted Value),供我们对比实际值与预测值之间的差异特点。可以看出,模型预测的残差值还是比较大的。

Casewise Diagnostics(b,c)

表8-8

Case Number	Std. Residual	A 区 GDP	Predicted Value	Residual	Status
1	-.369	8.51	26.6611	-18.1511	
2	-.680	10.79	44.2438	-33.4538	
3	-.243	20.46	32.3837	-11.9237	
4	-.106	31.34	36.5290	-5.1890	
5	.205	56.00	45.9394	10.0606	
6	.375	76.06	57.6058	18.4542	

续表

Case Number	Std. Residual	A 区 GDP	Predicted Value	Residual	Status
7	.198	85.97	76.214 5	9.755 5	
8	.627	101.45	70.600 9	30.849 1	
9	-.876	112.65	155.733 5	-43.083 5	
10	-.272	149.39	162.777 1	-13.387 1	
11	.381	203.32	184.586 8	18.733 2	
12	-1.966	244.74	341.378 9	-96.638 9	
13	-.659	423.19	455.569 3	-32.379 3	
14	2.330	562.07	447.514 6	114.555 4	
15	.	.	.	.	M(a)

a　Missing Case.

b　Dependent Variable：A 区 GDP.

c　Linear Regression through the Origin.

⑥表 8-9 是对回归模型的残差统计分析。给出了预测的最小值、最大值、平均值；残差的最小值、最大值、平均值；标准化预测值的最小值、最大值、平均值；标准化残差的最小值、最大值、平均值；标准差。

Residuals Statistics(a,b)

表 8-9

	Minimum	Maximum	Mean	Std. Deviation	N
Predicted Value	26.661 1	455.569 3	152.695 6	152.926 32	14
Residual	-96.638 9	114.555 4	-3.699 9	47.077 22	14
Std. Predicted Value	-.824	1.981	.000	1.000	14
Std. Residual	-1.966	2.330	-.075	.958	14

a　Dependent Variable：A 区 GDP.

b　Linear Regression through the Origin.

附　录

公共管理定量研究示例

附例 1-1　公共领域马斯洛现象与政府规模扩张分析

马斯洛定律在人文社会科学领域里无人不知。尤其在经济学、社会学、公共管理学等领域中,马斯洛定律有着很高的被引用率。本文将马斯洛定律所揭示的规律性推广、应用到政府规模变化的分析中。

一、关于政府规模扩张的若干理论回顾

对政府规模增长原因的探讨,一直吸引着众多的学者,从帕金森 1957 年的发现到现今,人们不断探讨政府规模增长的各种原因。下面分类叙述。

(一)对政府规模增长的现象分析

一些学者总结了政府规模增长的规律特性,如:"古今中外的政治发展历史表明,政府规模是随着人类文明的提高和经济社会的发展而不断扩大的"(张雅林,2001);"政府产生之后,由简单到复杂的过程,适应了国家发展的需要,也适应了人类社会生活逐步展开的需要,是一个不以人的主观意志为转移的客观历史过程"(谢庆奎,1991,p. 10);现代世界的一个持续性增长的产业似乎是国家机关产业(阿伯巴奇,1990,p. 2)。

(二)论证公共管理事务增量规律

如:德国经济学家瓦格纳(A. Wagner)的"财政支出不断增长法则"、英国经济学家皮考克(A. T. Peacock)和威斯曼(J. Wisemen)的"财政支出阶梯性渐进增长理论"、马斯格雷夫(R. A. Musgrave)与罗斯托(W. W. Rostow)的"财政支出增长的发展模型"。这些理论一方面包含了公共服务的价格会随着一般物价的增长而增长;另一方面,还包含了公共服务的范围、内容以及同一服务内容的服务深度和在不断增加等。瓦格纳还列出了政府规模合理性增长的三个原因:①随着社会发展,为了保证市场机制发挥作用所必须的"社会环境"、完善法律规章以及维护社会秩序的要求也将随同递增;②政府对生产领域的介入;③社会对公共物品的需求增加,但是他没有进一步从

理论上说明政府规模合理性增长的原因(张雅林,2001)。

瓦格纳认为:在社会进入工业化以后,经济生活中的公共部分在数量上和比例上都会随着经济及文化的发展,具有一种内在的"不断扩大的趋势"。而且,产生这种趋势的原因主要有:第一,随着工业化的迅速发展,要求社会环境、经济秩序和市场机制要由国家出面加以保护;第二,工业化的结果是使社会生产更加复杂化、专门化,这就需要由国家提供高效率的公共服务;第三,社会公共基础设施是自然垄断性行业,投资大,私人无力经营,但这些又是社会进步与社会稳定所必需的项目,所以只有政府有能力予以生产(哈罗德·德姆塞茨,1992)。

英国学者皮考克和维斯曼用英国 1890—1995 年公共支出的统计资料对瓦格纳的"法则"进行了验证,结论认为,瓦格纳的"法则"在现代经济条件下仍是有效的。

(三)官僚预算模型

美国学者尼斯坎南采用"新政治经济"分析途径,提出了以公共产品为自变量的官僚预算模型(尼斯坎南,2004):$TB = aQ - bQ$

尼斯坎南官僚政府模型,如附图 1-1 所示。

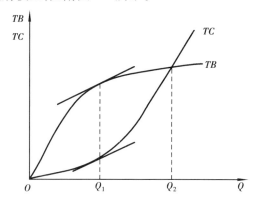

附图 1-1　尼斯坎南官僚政府模型

(四)公共选择理论

在众多理论体系中,公共选择理论另辟蹊径,独树一帜,提供了当代政府规模及其增长的一种解释:"公共选择理论关于政府规模增长的解释归纳起来主要有以下几点:①政府提供公共物品和消除外部性导致政府规模的增长;②政府作为社会再分配的调节者促使政府规模增长;③利益集团的压力促进政府规模的增长;④官僚与官僚体制;⑤财政幻觉。财政幻觉假说认为立法—行政机关可以就政府的真实规模欺骗公民。政府规模的财政幻觉解释是假定公民是通过他们的纳税规模来度量政府规模的"(庄垂生,黄大兴,2001)。但是作者未对上述①～⑤各条做详细的论证。而且,公共选择理论的代表者缪勒认为:"人们并不能够从个人收入的增长来说明政府规模的相对增长"(丹尼斯·C. 缪勒,1999)。

笔者认为,本节前述(一)和(二)中所概括的成果,属于对现象规律的揭示,(三)和(四)的成果是对政府规模扩张的内部因素探讨,其基本思路在本质上与当年的帕金森是相同的。

（五）其他研究

张康之（2000，pp. 7-13）教授对政府规模的非理性膨胀做了深入的定性分析。笔者认为对政府规模的讨论还可以从理性增长的角度做专门的分析。马俊清（1998）对政府的理性增长提出了见解：政府规模扩张的根本原因是社会需求拉动、社会对政府需求不断增长的结果。

上述研究从不同角度丰富了人们对于政府规模扩张的认识。但是，缪勒提出的问题（人们并不能够从个人收入的增长来说明政府规模的相对增长）却启迪一些后来者（包括笔者在内）从这个角度去思考问题——能否从政府外部，从社会个人收入增长、个人需求变化的视角去说明政府规模的扩张。而且，笔者认为，按照张康之教授概括的政府规模非理性增长概念的对称性概念，个人收入增长、个人需求变化引起的政府规模变化，应该属于"政府规模的理性增长"。毛寿龙等（2003）认为："目前有关政府规模的研究还是不够的，许多结论还为时过早。至少从实证角度去看是如此。"可见，我们有必要从理论与实证角度，对政府规模的理性增长问题做不懈的探讨。

公权力是建筑在私权力及私权利基础之上的，公共事务建筑在私人事务基础之上。"私权利是公权力的来源，是公权力的基础"，"任何国家权力无不是以民众的权力（权利）让渡与公众认可作为前提的"（卓泽渊，2001，p. 62）。基于这个认识基础，从"个人收入增长"的角度探讨"引起政府规模相对增长"，对认识政府增长具有逻辑递沿性。

二、马斯洛定律简要辨析

美国著名学者马斯洛（Abraham h. maslow，1908—1970）在 1943 年发表的《人类动机的理论》（A Theory of Human Motivation Psychological Review）一书中提出了需要层次论。在梅奥研究成果的基础上，马斯洛提出"需求层次论"，他认为人们普遍具有 5 种基本需求，依次为：第 1 层次，生理需求，包括维持生活所必需的各种物质的需要，如衣食住行等；第 2 层次，安全需求，如生活有保障、不会失业，没有威胁人身安全的因素等；第 3 层次，感情和归属上的需求，社交需求，如爱、交往和友谊等；第 4 层次，尊严需求，需要被尊敬、也需要自尊、地位和名誉等；第 5 层次，自我实现需求，即要尽量的发挥自己的能力，使自己生活有意义、有抱负。

马斯洛定律的两个要点：①定律中所揭示的"需求"，是建立在有支付能力基础上的需求，而不是建立在空想（想望）基础上的需求。②需求层次的递进包含性。随着人的有支付能力的增加，建立在这种有支付能力基础上的需求层次也不断进阶，从最基础的层次向较高级的层次迈进。我们不妨将这种需求层次由低到高分别命名为第 1 层次、第 2 层次、第 3 层次……第 N 层次。在需求变化的进程中，较高需求层次可以含较低需求层次的需求内容，或者说，较低需求层次可以被较高需求层次所包含。即较高需求层次往往是在较低需求层次的基础上增加近来的新的需求内容，而不是将较

低需求层次否定掉,改头换面成为全新的一个需求层次。用图表示如下:

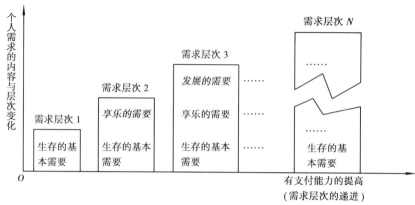

注:斜体字表示新增加的需求内容

附图 1-2　马斯洛定律的需求层次关系

需要说明:①附图 1-2 所表达的含义,具有一定的宏观意义,并不保证每个需求层次中的具体的、微观内容的不变性。例如,同样是对于食品的需求,在穷困阶段,人们对于生存基本需要的具体内容可能是一些粗糙的食物;而当社会进入到较高的需求层次阶段,人们对基本生存需要的具体内容可能将是营养更均衡、于健康、长寿、智力等更有益、味觉更好的食品。附图 1-2 所表达的含义,具有一定的普遍意义(马斯洛从大样本所概括出的统计规律,不排除某些个体与之不尽一致),但并不保证个别社会群体的个性化需求也符合所概括的规律性。②各种需要内涵方面的变化性。例如,在需求层次 1 和需求层次 2,同样有"生存的基本需要",但在需求层次 2 阶段,"生存的基本需要"的内涵一般与需求层次 1 阶段不同,有所提高;又如,在需求层次 2 和需求层次 3,同样有"享乐的需要",但在需求层次 3 阶段的享乐需要往往比在需求层次 2 阶段的享乐需要的内涵有所提高。

三、社会公共性需求的变化

笔者认为,与概括私人部门需求与消费规律的马斯洛定律相似,在公共部门也存在着相似的规律性。下面予以分述。

(一)私人部门马斯洛现象的汇集

为了下文表述的需要,我们不妨将前述马斯洛定律称为私人领域的马斯洛定律,其具体表现称为私人领域马斯洛现象;而将社会中出现的类似私人领域马斯洛现象的公共性需求与消费变化现象称为公共部门马斯洛现象(或社会马斯洛现象)。这种现象是私人领域马斯洛现象的汇集。

由于人的活动空间可分为私域空间与公共空间。而许多私人性的消费活动会走出私人空间,在公共空间汇集。就一个社会而言,我们随时都可以看到由私人领域马斯洛现象引致的公共部门马斯洛现象:人们对享乐用品、个人发展资料、私人住房、体育保健器材、私人汽车等的消费总会走出私人空间,来到公共性场所。笔者将这种由私人活动引致的公共性活动或公共性问题称为私人活动向公共活动的衍生。比如,众多私人购买食品,引起食品市场及相应法规的需要和相应公共管理的需要;众多私人电子网络活动的增加,引起公共性网络安全管理的需求;众多私人汽车需求,引起公共性汽车市场、公共性道路交通、公共性停车场所的需求和相应的公共管理需求。因此,每一项私人马斯洛现象的汇集,总会引起对公共领域的相应需求或相应的公共性管理活动需求的增加。

资料附例 1-1　"私人领域马斯洛现象向公共领域衍生"的数理证明

　　假定一个区域有 n 个具有独立个性的私人(即每个人的私人活动具有独立性,不受他人的支配),每个人的某项私人马斯洛需求现象引致衍生公共活动的概率为 p,由贝努利独立实验序列概型知,随机变量 ξ(是否引致衍生公共活动)的数学期望为 $n \times p$,方差为 $n \times p \times q, q = (1-p)$,根据拉普拉斯积分极限定理之二:当 n 较大时(一般相当于 $n \geq 120$ 时),于是共有 $a \sim b$ 人同时引致衍生公共活动的概率为:

$$p(a < \xi < b) \approx \Phi(b) - \Phi(a)$$
$$= \Phi_0\left(\frac{b - np}{\sqrt{npq}}\right) - \Phi_0\left(\frac{a - np}{\sqrt{npq}}\right)$$

式中　Φ——正态分布函数;
　　　Φ_0——标准正态分布函数。

　　不妨假定:$n = 1\,000, p = 0.1$(这是一个较小的概率);$(a, b) = (75, 150)$。计算得:$p(75 < \xi < 150) = 0.990\,097$。进一步有:$p(\xi > 75) \geq p(75 < \xi < 150) = 0.990\,097$(这是一个很大的概率,几乎等于必然事件)。

　　上述计算表明,私人马斯洛现象即使有很小的公共活动衍生概率,都会引致许多人(公众)必然的、同时发生的衍生公共活动。

另一方面,私人领域马斯洛现象与公共部门马斯洛现象具有一定的对应关系:社会马斯洛现象与私人领域马斯洛现象有较强的对应性:当许多私人领域马斯洛现象进入高级的、内容丰富的阶段,社会的马斯洛现象也必然处于高级的内容丰富的阶段。并且,每当(由私人领域)汇集的马斯洛现象进入到一个新的阶段,往往导致新的公共性需求出现。

(二)公共性的其他需求变化

随着社会有支付能力不断增强,还有一些公共性需求并非直接由私人领域的活动汇集而成,而是在社会中直接形成社会性(公共性)需求,即在社会有支付能力不断增强的过程中,必然伴随着相应的公共性需求的增加。例如:随着社会经济水平的不断提高,社会对生态与环境保护的意识不断增强,建立在社会有支付能力基础之上的生态、环境保护治理活动(工程)也不断增加;随着社会经济水平的不断提高,人们对社会安全系统、对公共性基础设施系统建设的投入增加,等等。

可见,随着社会经济的不断发展,建立在有支付能力基础上的公共部门需求也在不断丰富和发展(包括公共性需求内容的增加和原有需求内容在内涵方面的升级、提高)。

(三)社会平均平动动能的增加

利用热力学中的熵增原理,我们容易理解随着社会经济的不断发展,公共事务也在不断增加的规律特性。根据熵增理论,随着社会经济的发展,社会无序度——社会平均平动动能①会自动增加,其增加的具体表现形式:①人们的经济、社会互相交往增加;②人类使用的能量增加(社会发电量增加,消耗的石油增加);③飞机、汽车、火车等交通工具增加且速度加快,高速公路的数量增加等;④人们的平均出行频率和平均出行距离增加;⑤通讯技术革命,使社会信息交往数量和频度增加;⑥社会经济活动增加;⑦人们个性化不断发展,人们的异质性(职业、学习的专业、收入水平、业余爱好、志向、信仰、亚文化、利益群体性、政治观点、消费偏好、个性化思维等)更充分表现。

上述这些公共性需求的增长,是导致公共管理事务量随着社会经济发展而增加的重要原因之一,即有逻辑递进关系:私人马斯洛现象变化 →公共马斯洛现象变化 →公共管理需求变化 →公共管理事务及内容变化。

四、公共领域马斯洛现象与政府规模理性增长

下面,笔者拟从理论上进一步探讨随着社会经济的不断发展,公共领域事务量增长的原理,即对公共管理部门、政府规模的理性增长作以分析。

沿着历史发展的轨迹,以及沿着由贫穷社会到发达社会的考察,我们容易看出如下的规律性:

(1)纵观人类社会公共部门的发展,在远古阶段,当一个部落(或原始国家)刚刚成立时,他们所掌握的公共资源很少,因而公共性"有支付"的能力很低。这时,一方面,由许多贫穷个体的需求汇集而成社会的马斯洛现象也处于低级层次,社会的马斯洛需求的内容也处于低级阶段;另一方面,国家的公共性支付能力很低,它只能满足国家存在的最低生存需要——仅仅保留一支军队。其他方面的公共服务,都不能提供。

(2)当经济、社会稍微得到发展时,一方面,由许多个体的需求汇集而成社会的马斯洛现象开始上升到一个新的层次,社会的马斯洛现象的内容也上升到一个新的层次;另一方面,国家的公共性支付能力得到初步提高,它可能除了满足国家存在的最低生存需要——仅仅保留一支军队之外,还可以提供稍微多一些的公共服务。这时,国家开始维护社会治安、制定一些法律和法规。

---

① 分子的平均平动动能是物理学对温度本质的解释,随着分子平均平动动能增加,物体的温度增加,由于分子的布朗运动(随机的、杂乱无章的运动)特性,从而物体内部分子的无序度也增加。

（3）当经济、社会进一步发展时，一方面，由许多个体的需求汇集而成社会的马斯洛现象进一步上升到一个更新的层次，社会马斯洛需求的内容也随之进入到一个更新的层次；另一方面，国家的财政不断上升，公共性支付能力得到进一步提高，它可能除了满足国家存在的最低生存需要——仅仅保留一支军队、维护社会治安、制定一些法律和法规之外，还可以进一步提供更多公共服务。这时，国家可能开始为社会提供大家所需要的初级教育，修建交易市场、维护交易规则等。

（4）当社会经济再发展，社会马斯洛需求的内容也逐渐丰富多彩，国家的财政（有支付能力）也大大提高。这时，国家可能提供的公共服务也进入到一个新的丰富多彩的阶段：在除了提供以前所述的那些公共服务外，国家可能还向社会提供更长期的免费教育、更多更好的高等教育、社会医疗服务、社会保障、提供更好的人文发展环境、生活、生态环境、提供更多更好的公共性基础设施……

笔者认为，上述分析是对"从个人收入的增长来说明政府规模的相对增长"的阐释。

总之，社会马斯洛需求是公共服务发展的理论基础和动力，社会性的有支付能力（包括国家财政）是公共服务供给的现实基础。我们将上述认识概括成附图1-3所示。

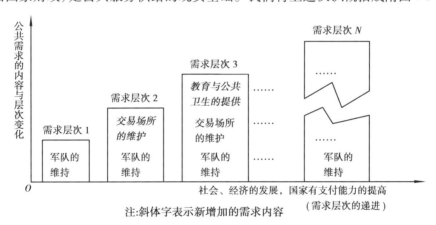

附图1-3　公共部门马斯洛定律的需求层次关系

需要说明的是：公共领域马斯洛定律同样具有两个基本的变化规律：①内容增量规律：高级阶段所提供的公共服务的内容往往包含了大多数低级阶段所提供的公共服务的内容，且有新的公共服务内容增加。②内涵提高规律：高级阶段所提供的公共服务的内容比低级阶段所提供的同样公共服务内容在内涵上有提高。例如，高级阶段所提供的公共教育与公共卫生、社会保障等比相对较低级阶段提供的公共教育与公共卫生、社会保障等在内涵质量方面有提高。

根据公共领域的马斯洛定律，公共管理的内容呈不断增长的趋势，反映在政府活动领域，可能表现为政府财政规模不断增长，也可能表现为政府人员规模增长，以及引起政府职能规模增长。但这三种规模的变化与若干实际情况的结合，具有一定的复杂组合性（参见附表1-2）。

附表 1-2   公共部门马斯洛定律所揭示的政府规模发展变化特征

项目　　类型	公共事务管理、公共职能	政府职能规模	政府财政规模	政府人员规模	备　注
组合一	不断增加、扩大	不扩大或一定程度减小	缓慢增长	逐步减小	大量公共管理事务外包
组合二	不断增加、扩大	有限扩大	稳步扩大	大致稳定	部分公共管理事务外包
组合三	不断增加、扩大	扩大	较快增长	逐步扩大	少量公共管理事务外包,或不外包

在上述几种组合中,如果没有公共管理模式的革新(如政府人员素质的提高、管理手段的现代化、部分管理活动转移给非政府部门等),政府人员规模将扩大;如果适时进行公共管理模式的革新,政府人员规模可能不扩大;如果适时进行公共管理模式的革新同时采取强有力的政府改革,政府人员规模还有可能减小。在历史时期内,多数情况下,政府人员规模呈螺旋式变化。

五、公共部门马斯洛定律与政府规模实证分析

在现实中,附表 1-3 所概括的几种组合情况,哪一种组合出现的几率较大? 我们可以通过实证分析来考察。对政府规模做实证分析,首先涉及政府规模的衡量指标。张雅林(2001)提出:对于政府规模的研究,通常使用三个可测量且有比较意义的数量指标:行政机构数量、政府公务人员与总人口及就业人口的比例、政府支出和消费占本地总产值(GDP)的比重。毛寿龙(2003)提出了衡量政府规模的规范指标为:政府的人员规模、政府机构的数量、政府的财政支出、政府的公务数量。结合具体分析的实际情况,本文选取了公共行政部门人员的相对规模指标(每万人口对应的公共行政人员数)、财政规模的相对指标(人均财政税赋)来做实证分析。

从理论上讲,公共部门马斯洛定律是导致整个公共管理部门(包括政府与非政府组织)理性扩张(包括人员扩张、职能扩张、公共性资源支出扩张等)的原因之一。笔者着重分析公共部门马斯洛现象与政府规模理性扩张之间的实证关系。由于较完整、系统的政府职能规模资料较难收集,我们在此收集了 2002 年部分国家的财政规模与公务员规模数据以及个例(AL 市)社会经济发展与政府规模数据的纵向资料。我们将这些数据资料按照不同国家(地区)社会经济发展水平分成两组,以此为基础,再分别将这些不同国家(地区)按公务员相对规模以及财政相对规模分别划分为两组,归纳为附表 1-4、附表 1-5。

(一)经济社会发展水平与政府人员规模的列联分析

对于附表 1-3 的资料的说明:众所周知,由于各国(地区)政府系统的结构不同,公务员的划分范围存有很大的差异。一般而言,各国(地区)对公务员范围的划分大致有小范围、中范围、大范围。不同国家(地区)公务员队伍统计范围存在较大差异,所以对公务员队伍规模的横向比较研究也相应增加了难度。此外,通常还会遇到如下困难:①不是所有的国家(地区)都在公开媒体上定期公布公务员的统计资料,许多国家(地区)都没有这样做;②不同国家(地区)对公务员的统计范围不同,而且其间的差异很大,要找到公务员统计范围大致相近的一些不同国家(地区)本身就是不容易的。

经笔者对不同国家(地区)公务员细分资料的分析发现,不同国家(地区)公布的有关公务员数量中,公共行政人员的统计范围相对(公务员统计范围而言)较一致,其统计范围为:在政府部门工作的固定人员(包括公务员、各级政府机关、公立学校、公营事业机构担任组织法规所定编制内职务人员合计,但不包括军职人员)、非固定人员(包括临时散位人员、政府非永久性雇员)。因此,笔者对政府人员规模的分析,采用不同国家(地区)公共行政人员人数而没有采用公务员人数。此外,考虑到各国公务员(公共行政人员)统计仍存在一定的偏差,所以,将收集、整理得到的各国公共行政人员资料采用类别化模糊处理,即将定比性质的数据资料转化为定类性质的数据资料然后进行相关分析(见附表1-4)。

对所收集到的资料,我们采用不同国家(地区、城市)的社会经济发展水平为自变量、这些国家(地区、城市)的政府规模(财政相对规模、公共行政人员相对规模)为因变量,然后进行列联表分析。其中,相关分析采用 λ 系数:

$$\lambda = \frac{\sum f_{oi} - F_{Yo}}{N - F_{Yo}}$$

式中　f_{oi}——X 的每一分类中沿 Y 分布的众数的频数;

　　　F_{Yo}——Y 边际分布中的众数频数;

　　　N——总体单位数。

λ 系数在 0 和 1 之间取值,λ 值越大,表示 X 和 Y 的相关程度越高。该公式具有削减误差比例的特性(卢淑华. 2001, pp. 320-321)。

附表 1-4　社会经济发展水平与公共行政人员相对规模的列联分析

公共行政人员相对规模(Y)	社会经济发展水平(X)		边际分布(Y)
	相对较高	相对较低	
较大	卢森堡城、英国、卢森堡、加拿大、法国、瑞典、德国、冰岛、新西兰、美国大西洋城、荷兰、意大利(12)	葡萄牙、马尔代夫、伊拉克(3)	15
较小	挪威、美国西雅图市、爱丁堡市、日本(4)	中国台湾地区(台北、高雄、台南、台中、新竹、基隆)韩国、伊朗、AL市、新加坡、中国香港、巴西、印度安得拉邦(13)	17
边际分布(X)	16	16	32

注:表中公共行政人员相对规模"较大"与"较小"的分界点为(直接公共行政人员)400 人/每万居民。

对附表1-4的数据计算,社会经济发展水平(Y)与公共行政人员相对规模(X)之间的λ相关系数为:$\lambda = 0.5333$。表明二者$(X \setminus Y)$有中等程度的相关性。

卡方检验:经计算,$\chi_0^2 = 11.34$,而$\chi_{(2-1)}^2 = \chi_{(1)}^2$

查表得$\chi_{0.001}^2(1) = 10.827$,$\chi_0^2 > \chi_{0.001}^2(1)$

即在0.001的水平上拒绝与$X \setminus Y$无关的假设,即是说,我们可以认为:社会经济发展水平(Y)与公共行政人员相对规模(X)之间有高显著水平的相关。并且根据上述公式的削减误差比例特性,用社会经济发展水平(Y)去预测公共行政人员相对规模(X)的变化,可以减少53.33%的误差。

(二)经济社会发展水平与财政规模的相关分析

本部分的分析中,经济社会发展水平采用人均国民生产总值,衡量的货币单位采用以购买力平价为基础的"国际元",财政规模用人均财政税赋指标(国际元)。分析工具采用皮尔逊相关系数法,自变量为人均国民生产总值(X:国际元),依变量为人均财政税赋指标(Y:国际元),利用SPSS统计软件,得到计算结果如下(参见附表1-5、附表1-6):

附表1-5　Descriptive Statistics

分析内容 指　标	Mean	Std. Deviation	N
X:人均GDP (国际元)©	12 340.00	9 218.507	37
Y:人均财政 (国际元)©	3 237.976	2 763.025 1	37

附表1-6　Correlations

分析内容 指　标		X:人均GDP (国际元)©	Y:人均财政 (国际元)©
X:人均GDP (国际元)©	Pearson Correlation Sig. (2-tailed) N	1 . 37	.904 ** .000 37
Y:人均财政 (国际元)©	Pearson Correlation Sig. (2-tailed) N	.904 ** .000 37	1 . 37

** Correlation is significant at the 0.01 level (2-tailed).

计算结果显示:社会经济发展水平与人均财政水平之间的皮尔逊相关系数高达0.904,该系数右上角的双星号表明,在显著性水平为0.01时的统计检验相伴概率小于0.01(表格中的显示为0.000),表明社会经济发展水平与人均财政水平之间显著正相关。

(三)对一个样本单位的纵向考查

通过对 AL 市 1990—2002 年社会经济发展与财政支出水平、公共行政人员规模的纵向变化考查可以看出:政府公共行政人员规模、公共开支及其占 GDP 的比重都是呈上升趋势。而且 AL 市 1999 年回归以来,政治、经济、社会秩序良好,获得了广泛的好评。

六、结 论

通过对上述理论分析和对实证资料的考查,我们认为:私人收入水平增长(区域社会经济发展水平)与政府规模(人员规模、财政支出规模)大小有一定程度的关联性。这在一定程度上说明了:私人收入水平增长(或社会经济的发展),会引起公共性需求的不断增加,引起公共管理部门的扩张——也就是本文公共领域马斯洛现象所包含的基本内容。

至此,我们的结论是:引致政府规模扩张的原因是多方面的,除了帕金森定律以及其他学者总结的原因(负面的、非理性的原因)外,在一定环境、条件下引致政府规模的扩张还有其正面的、理性的原因。因此,我们应以更加综合的、全面的视角去分析政府规模(或者公共部门的规模)发展、变化的各种原因和规律,这有着明显的理论与实践指导意义。

附例 1-2 公共部门绩效评估权重设计中 AHP 法之改进

一、绩效评估(如何科学确定评估指标的权重)

在政府绩效评估的实践中,一直存在着一个困境:评估指标的权重怎样摆脱领导主观确定? 怎样使绩效评估的权重确定真正具有科学性? 在一些公共部门绩效评估实践中,采用群体打分方法来确定绩效评估各指标的权重,这种采用"基数方法"聚合群体决策的做法在 1930 年以来一直受到主流经济学、政治学的批评。上述困境的存在是公共管理中绩效评估难以广泛推进的重要原因之一。

即使在美国目前所使用的一些重要的政府绩效评估方法中,仍然是采用主观定权重的方法:例如"项目等级评估工具实际上是一套问卷系统,共分为四个部分:即目的和设计、战略规划、管理、结果和责任,各部分权重依次是 20%、10%、20% 和 50%;四部分由 30 个问题构成,每组问题得分从 0 分到 100 分不等;把每组问题的得分与其权重相乘,就得出项目的综合得分;最后再把项目综合得分转换为相应等级即"有效"(85~100)、"中度有效"(70~84)、"勉强有效"(50~69)和"无效"(0~49)四个等级。"(朱立言,张强,2005)

我国许多政府绩效评估往往都是由个别人(领导或专家)主观确定评估指标的权重。这样主观确定权重的做法,既在理论上缺乏科学性;在实践上也往往会挫伤一些部门的积极性,甚至产生负激励效果①。

对于绩效评估指标的权重设计,学术界作了积极的、大量的探索。其中美国学者萨特(T. L. Saaty)于1970年代创建的层次分析法(AHP法),采用民主决策方法来确定绩效评估中各指标的权重,目前该方法在政府评估探讨中得到广泛的运用。笔者在中国学术期刊网上查阅到层次分析法的相关论文达到900多篇,而且大多数都是2006年以来发表的论文。在这些论文中,将层次分析法用于政府绩效评估的论文有30多篇(崔述强,等.2006;彭国甫,等.2007)。

笔者在运用层次分析法(AHP法)研究政府绩效评估过程中,发现该方法存在一个重要缺陷,本文将提出对这个缺陷的改进方法,这个改进方法已经用于对政府绩效评估的实践,取得较好的效果。下面介绍本文理论与实践相结合的探讨。

二、对绩效评估权重设计困境的分析

美国学者萨特(T. L. Saaty)于1970年代创建的层次分析法(AHP),尤其是该方法提出的一致性检验,使层次分析法的科学性得到极大的提升,受到学界广泛的认同,在政府绩效评估的权重设计中得到广泛的运用。萨特为什么没有采用对不同因素打分的方法? 显然他熟知公共决策(公共选择)中的人际效用比较理论。

(一)萨特层次分析法的构建背景

1. 人际效用比较的度量——基数论或序数论

公共选择理论对人际效用比较作了系统的研究,该理论的有关核心内容,是对社会福祉函数的研究。对社会福祉函数的研究在相当程度上吸取了(旧)福利经济学到新福利经济学人际效用比较的相关成果。

(旧)福利经济学的主要特点:以一定的价值判断为出发点,根据已确定的社会目标,建立理论体系;以边际效用基数论或边际效用序数论为基础,建立福利概念;以社会目标和福利理论为依据,制订经济政策方案。

边沁(Jeremy Bentham,1748—1832)提出的功利主义原则是旧福利经济学的哲学基础。边沁认为人生的目的都是为了使自己获得最大幸福,增加幸福总量。幸福总量可以计算,伦理就是对幸福总量的计算。

在价值衡量方法上,旧福利经济学体系的创立者英国著名经济学家庇古(Arthur Cecil Pigou,1877—1959)承袭了边沁的观点,认为福利是对享受或满足的心理反应,福利有社会福利和经济福利之分,社会福利中只有能够用货币衡量的部分才是经济福利。庇古认为在完全竞争条件下,效用是可以度量的、可加的、可比的并且满足边际效用递减规律。庇古关于效用可以度量的观点,被现代学者称为基数效用学派,这也是与后来的以序数效用论为基础的"新"福利经济学的主要区别点。

旧福利经济学有三个核心假设,第一,个人福利可以采用基数的形式进行衡量。

---

① 蔡立辉、袁政,2008年1月ZH市某部门绩效评估访谈记录、2007年GZ市HP区政府绩效评估访谈记录
*注:本文是笔者和蔡立辉教授承担地方政府绩效评估研究项目经验、理论的总结。

第二,不同人的福利可以加总,并得到社会总福利。第三,补偿检验。在通常情况下,大多数政策会使一些人的福利改善,另一些人的福利恶化。在这种情况下,如何判断这项政策的效果呢?英国经济学家卡尔多、希克斯等人提出的补偿检验认为,如果受益者在充分补偿受损者以后,还能够有所剩余,那么这种政策就是符合公共利益的。这实质上就是社会总福利的增加。

19世纪末至20世纪初,意大利经济学家,社会学家帕累托(Pareto, Vilfredo, 1848—1923)发表了一系列成果,提出用序数效用取代基数效用,即效用只能够进行排序,这种排序可以建立在显示偏好的基础上。1930年代以后,以莱昂纳尔·罗宾斯(Lionel C. Robbins, 1898—1984)的名著《经济科学的性质与意义》为标志,旧福利经济学的理论基础——基数效用和人际比较——受到了以罗宾斯、萨缪尔森、希克斯等为代表的新福利经济学家的激烈攻击,他们认为效用作为一种主观感受,无法用具体数值来衡量,更不能进行人际比较。罗宾斯认为,经济理论应当将价值判断排除在外,效用可衡量性和个人间效用可比较性不能成立,福利经济学的主张和要求没有科学根据。卡尔多(Nicholas Kaldor, 1908—1986)、希克斯(J. R. Hicks, 1904—1989)、勒纳(Lerner. A. P., 1903—1982)等人从帕累托的理论出发也对庇古的福利经济学进行了批判。1939年,卡尔多提出了福利标准或补偿原则的问题。同年,希克斯在《价值与资本》书中,深入发展了瓦尔拉斯的"一般均衡论"和帕累托的序数效用论,并加以动态分析,重新表述了价值理论。此后,希克斯、西托夫斯基等人对福利标准或补偿原则继续进行讨论。主张把福利经济学建立在边际效用序数论的基础之上,而不是建立在边际效用基数论的基础之上。这个观点成为现代公共选择理论的基本分析前提。迄今为止,希克斯的一般均衡价值论是西方经济学占支配地位的价值理论[①]。

2. 两两比较分析范式

在序数论基础上进行公共选择分析,一个经典的分析范式就是在备选方案列联表中,对各不同备选方案的重要性做两两比较(在绩效评估中,即是要对在同层级中不同指标确定各自的权重)。利用若干投票人对不同备选方案效用价值判断,进行两两比较的序数判断的经典方法,为18世纪孔多塞[①](Condorcet, 1743—1794)和现代公共选择理论创始人肯尼斯·阿罗(Kenneth J. Arrow, 1921—)、萨缪尔森(Paul Anthony Samnelson, 1915—)等学者所采用。孔多塞在1785年发表的论文《论数学分析应用于多数决策的几率问题》(Essai sur l'application de l'analyse a la probabilite des decisions rendues a la pluralite des voix),针对法国大革命时期盛行的民主投票的多数选择机制提出反驳,认为:候选人如果要在选举中公正地获胜,那么必须是与所有其他候选人在"捉对投票(binary voting; a sequence of pairwise choices)"[②]

萨缪尔森(1947)表示:"在本书中,我将重述伯格森教授在描述福利判断问题的形式时采用的术语:在相关的技术或资源的限制下,寻求使社会效用或社会福利达到

---

① 著名的孔多塞悖论的表述中就主要使用了两两比较方法。
② 即两两比较法中都能获胜的那个人。

最大……在用最大化来描述行为时,不需要假定社会福利是可以度量的;有关事情是满足公理 1 和公理 2 的社会序关系的存在性。前面说过,要定义这样的序关系必须知道任意两个备选对象间的相对排序"。

肯尼斯·阿罗(1986/2000)提议:"我们进一步假定,选择是这样进行的:面对前面提到的集合 S,选择者对所有可能的备选对象两两轮流比较,如 X 和 Y,对任意两个这样的选择对象,选择者必须从下面三种决策中选出一种(而且只能选择一种):X 优于 Y;X 与 Y 无差异;Y 优于 X。决策必须满足传递性,即如果 X 优于 Y,Y 优于 Z,那么 X 优于 Z;如果 X 与 Y 无差异,Y 与 Z 无差异,那么 X 与 Z 无差异。"

(二)层次分析法的构建思路及缺陷分析

在群体性决策或多目标决策中,为了对众多决策因素的重要性(对目标的权重)做分析判断,进一步得出测算结果。萨特首先放弃了对不同因素打分的做法,因为公共选择理论的主流观点指出:公共选择过程中对不同备选方案只能采用"序数效用"来比较不同因素的重要性。萨特正是沿用了公共选择的主流分析范式,构建了对不同因素重要性判断的"两两比较"判决的"成对比较"矩阵。接着,萨特构建了 1-9 标度法则:如果判断者认为 A 比 B 绝对地强,便赋值 9;如果 A 比 B 明显强,便赋值 7;如果 A 比 B 强,便赋值 5;如果 A 比 B 稍强,便赋值 3;如果 A 与 B 的效用相等,便赋值 1;而 2,4,6,8 则表明 A 与 B 的比较中出于各相邻等级之间。同理,不难定义上述各尺度倒数的意义。

萨特做出上述标度的定义,可以巧妙地运用一致性矩阵的重要代数性质:最大特征根等于矩阵的秩 N,进而可以将推断统计学中估计量对于总体被估量之间的一致性判断准则方法加以创造性的运用,构造出层次分析法中的一致性检验准则。

笔者认为,萨特提出的层次分析法,具有创造性、开拓性。但所采用的 1-9 标度(及 1/9-1/2 标度),成为这一方法的缺陷:这个标度方法,本质上未能回避"基数效用"规则。

对这类处理方法,肯尼斯·阿罗(1986 / 2000)曾提出过批评:"就我看来,只依赖于无差异图形对效用和的唯一方法是:由于对应于个人排序有无数的效用指标,因此可以建立一个对每一个无差异图形都能定义一个效用函数的规则;然后根据这个规则所选出的特殊的效用值的和就是个人排序的函数值,再用它对社会排序。显然,对于给定的情形,由于所选出的规则不同[①],按效用和会导致不同的决策。"(肯尼斯·阿罗,2000,p.48)即照这样进行公共选择,会陷入因标度随意性而导致的选择结果非唯一的困境。

"对最优的备选对象定义效用值为 1,最差的备选对象定义效用值为 0。这种定义可以使得个人效用具有可比性。但这种定义效用值的方法并不能令人满意。一般说来,对两个特殊的备选对象定义给定的效用值(如 0 和 1)是一种随意的行为,而这种

---

① 可理解为对标度值的规定不同。

随意性最终导致了所得到的社会福利函数不满足上面所列出的某一条件(笔者注:指阿罗列出的公共选择5个基本条件中的某一个"(肯尼斯·阿罗,2000,p.49)。就连赋值法的倡议人博达(Borda,1733—1799)也承认:记分法考虑到偏好强度,但并不能避免策略行为,即投票人可能不按自己的实际偏好顺序来打分,而将对自己的第一选择构成最大威胁的备选方案故意给最低分(Borda,1781)。

一些学者也提出类似的观点,用1-9标度、1-5标度、1-18标度、1/18-1标度或比例标度、分数标度、指数标度等会导致不同的决策结果。"通过计算,1~9标度下,4阶以上没有严格有序一致性等同范式;9/9~9/与10/10~18/2标度下,3阶以上没有严格有序一致性等同范式;而指数标度下可构造任意阶严格有序一致性等同范式"。

(三)在两两比较分析基础上的基数统计分析

公共选择理论的几位领军人物(如:肯尼斯·阿罗、丹尼斯·C.缪勒),在他们各自的代表著作中,都间接、直接地论述(叙述)、肯定了公共选择进行过程中在两两比较分析基础上对投票结果所做的统计分析方法。肯尼斯·阿罗(1986/2000)在《社会选择:个性与多准则》中数次以肯定语气讲到在两两比较分析基础上对投票结果所做的统计分析方法,例如:"第五章,社会福利函数的一般可能性定理,定义9:少数服从多数的决策方法是指这样的社会福利函数,xRy 成立的充要条件是认为 $xRiy$ 的人数大于等于认为 $yRix$ 的人数"(肯尼斯·阿罗,2000,p.65)。"为方便起见,令 $N(x,y)$ 表示认为 $xRiy$ 的总人数。于是:①xRy 成立的充要条件是 $N(x,y) \geq N(y,x)$;……⑦ 如果 $yR'ix$,那么 $yRix$。令 $N'(x,y)$ 是认为 $xR'iy$ 的人数;$N'(y,x)$ 是认为 $yR'iy$ 的人数。……,认为 $xRiy$ 的每个人都认为 $xR'iy$;因此 $N'(x,y) \geq N(x,y)$。"(肯尼斯·阿罗,2000,p.66-67.)

丹尼斯·C.缪勒(1989/1999)在《公共选择理论》一书也多次讲述到对序数效用基础上的基数统计分析。例如:"一个具体的集体决策……,横轴从0到N表示通过一个议案所需的人数,即委员会的规模。……最优多数是指这两个成本合在一起达到最小的委员会的百分比。……通过议案的最优多数是 K/N。""多数通过规则的方法要求至少有超过半数($N/2$)的人支持一个议案。"(缪勒,1999,p.66.)"对议案有单峰偏好的人,会认为有一个公共物品的最优量,一个议案偏离这个最优数量越多,情形就会越糟。"(缪勒,1999,p.83)

D.布莱克(Duncan Black)提出的单峰定理同样隐含了公共选择中的人际效用的统计结果,可以作为公共选择得以进行的基本信息。

此外,其他大量文献中普遍有类似的表述。在这些文献中,往往没有特别将"在序数表决基础上做统计"作为专门的议题,因为大家的潜意识中,"在序数表决基础上做统计"已经成为行内的"潜公理"。

至此,我们已经非常清楚:公共选择的表决过程不能依靠"基数信息",必须依靠"序数"信息;但公共选择在表决之后可以(甚至只能)利用"基数",来统计表决结果。

为了表达上的需要,本文将这样的认识概括为基数统计公理:公共选择的表决过程应该采用序数方法,而表决的结果可以(且应该)利用基数方法加以统计,这样得到的统计结果是确定公共选择最后结果的基本信息。

接下来,我们可以得到民主、科学方法设计权重的基本思路:①确定绩效评估指标(在实践中重点是先确定绩效评估的一级指标);②按照"序数法则",让群体(而非个人)对绩效评估各指标(重点是绩效评估的一级指标)的重要性,进行两两比较排序;③将群体对绩效评估各指标两两比较排序的结果做(基数)统计,利用该基数统计信息,建立萨特"成对比较矩阵"的 1-9 标度和 1/9-1/2 标度;④再回到层次分析法的后续分析、计算方法路径,得到权重设计的最后结果。

上述思路可进一步概括为:"序数表决、基数统计"。

三、新探讨的基本思路(突破口:用"序数效用"法则改造"成对比较"矩阵)

政府部门绩效评估指标权重设计的难点,是如何科学设计。在许多绩效评估中,权重的设计都是人为主观确定,这往往导致有些部门高兴、有些部门郁闷、有些部门的积极性受到伤害。本研究对绩效评估的指标权重,采用"群体决策"的思路,让各部门领导、中层干部、专家一起对绩效评估的权重进行科学的"价值判断"。

本研究确定各指标权重的基本思路如下:

(1)按照"序数效用"原则,排除人为打分法(基数方法)。将需要进行"价值判断"的指标放入绩效评估指标(通常只需一级指标)列联表中(参见附表 1-7),然后采用公共选择理论所认可的"两两"效用比较法,让参与选择的人独立地对不同指标按照其价值程度做两两比较判断(参见附表 1-8),即:由参与各指标重要性判断的决策群体每人独立地对各指标做序数判断。

(2)对每人判断结果(即每人对附表 1-8 的填答)收集汇总,再用基数统计,即统计每个指标所的到的"净优"(或"净劣")数占总(有效)填答表的百分比,然后建立这些百分比值与萨特 1-9 标度(包括 1/9-1/2 标度)的数值映射,重新回到 AHP 法中的"成对比较矩阵"。

(3)回到萨特层次分析法中"成对比较矩阵"以后的计算步骤。得到各指标的权重初始结果,再根据专家意见对这个初始结果作适当调整,得到最后各指标的权重结果。

完整的分析程序为:序数效用 → 结果(基数)统计 → 建立统计结果与 1-9 标度(包括 1/9-1/2 标度)的映射法则 → 回到层次分析法 → 确定权重。

四、实际案例

在某地方政府(G 市)绩效评估中,对"执法类部门"已经确定的 5 个一级评估指标为:执法成本、执法业绩、执法流程、学习与发展、公众满意度。

接下来,要用前面所介绍的方法(技术)科学确定各一级指标的权重。实施步骤为:

第一步,将事先分析研究所确定好的一级指标,排列在两两比较表中(参见附表

1-7),然后请各专家(实际部门的领导、人事主管、研究专家等)各自独立地就表一中纵、横排列的各因素,就其重要性进行两两比较(序数表决过程)。

附表 1-7　G 市政府执法部门绩效评估因子两两比较评价表*

B A	执法成本	执法业绩	执法流程	学习与发展	公众满意度
执法成本	M				
执法业绩					
执法流程					
学习与发展					
公众满意度					N

注:1.填答者对上述一级指标在绩效评估中的重要性排序。按"⇧"方向,如果你认为表中 A 列的某因素优于 B 行的某因素,请用符号"＋";如果 A 列的该因素劣于 B 行的对应因素,请用符号"－";如果 A 列的某因素与 B 行的某因素同等重要,请用符号"＝"。

2.根据对称性,直线 MN 穿过的格子及该直线下方的格子不用填(避免发生所填两个对称格子的内容不一致)。

3.选择者必须坚持传递性规则,即,即如果 X 因素优于 Y 因素,Y 因素优于 Z 因素,那么 X 因素优于 Z 因素;如果 X 因素与 Y 因素无差异,Y 因素与 Z 因素无差异,那么 X 因素与 Z 因素无差异。

第二步,将各专家所独立填写的两两比较评价表(附表 1-7)作统计汇总。大家判断结果的汇总见附表 1-8。

附表 1-8　5 个一级指标的两两比较汇总

B A	行政成本	行政服务	行政流程	学习与发展	公众满意度
行政成本	1				
行政服务	"－"18.60%	1			
行政流程	"－"30.23%	"＋"28.57%	1		
学习与发展	"－"65.12%	"－"20.93%	"－"18.60%	1	
公众满意度	"－"51.16%	"－"44.18%	"－"13.95%	"－"20.93%	1

在整理中,我们做传递性检查(这是阿罗(Kenneth J. Arrow)在公共选择方法中所强调的重要条件),发现有违传递性的填表,便将其作为"废卷"剔除。

第三步,调查数据的处理与分析。

比照萨特定义的 1-9、1/9-1/2 标度,按照如下规则作映射:

对指标 $A_i(i=1,2,3,4,5)$,当"好于"、"劣于"的票数相互抵消,或全部得票都是"等于"时(或"好于"、"劣于"净票数的百分比低于 10% 时),建立映射 $\rightarrow 1$;

"好于"的净票数的百分比在 11% ~ 20%,21% ~ 30%,31% ~ 40%,41% ~ 50%,51% ~ 60%,61% ~ 70%,71% ~ 80%,81% ~ 90% 或以上时,分别建立映射:2,3,4,5,6,7,8,9。

"劣于"净票数的百分比在 11% ~ 20%,21% ~ 30%,31% ~ 40%,41% ~ 50%,51% ~ 60%,61% ~ 70%,71% ~ 80%,81% ~ 90% 或以上时,分别建立映射:1/2,1/3,1/4,1/5,1/6,1/7,1/8,1/9。

需要说明的是,这个映射规则是"二步映射规则",即它由每个投票人独立地对每个备选对象(一级指标)作价值判断;群体价值判断总和的统计结果所(映射)决定,而不是由每个人根据两两比较的主观判断去直接定义 9,8,7…。经过这样的映射,1-9 标度(及其倒数标度)不再具有个人主观性,而是由群体选择结果的百分比来决定成对比较矩阵的标度,这样的方法可以避免权重设计中萨特标度方法的"阿罗困境"。

第四步,得到下面成对比较矩阵(见附表 1-9)。

附表 1-9 利用改进方法后得到的成对比较矩阵(按 A 到 B 的路径方向)

A ＼ B	行政成本	行政服务	行政流程	学习与发展	公众满意度
行政成本	1	2	3	7	6
行政服务	1/2	1	1/3	2	5
行政流程	1/3	3	1	2	2
学习与发展	1/7	1/2	1/2	1	2
公众满意度	1/6	1/5	1/2	1/2	1

第五步,回到萨特层次分析法,计算上面矩阵的最大特征值:① 列向量归一化。②计算矩阵特征值。③一致性检验:一致性比率:$CR = CI/RI$;$CI = (\lambda - N)/(N-1) = 0.09/4 = 0.0225$;查一致性检验表:$RI(5) = 1.12$;$CR = CI/RI = 0.0225/1.12 = 0.02 <$ 一致性比率的临界值(0.1),故通过一致性检验。④确定各因素的权重,由计算得到各因素的权重(见附表 1-10、附表 1-11)。

附表 1-10 计算值各因素权重

因　素	行政成本	行政服务	行政流程	学习与发展	公众满意度
权重(计算值)	0.406	0.261	0.133	0.151	0.049

经过进一步讨论、分析、研究,对各因素权重调整为:

附表 1-11　各因素权重确定值

因　　素	行政成本	行政服务	行政流程	学习与发展	公众满意度
权重(确定值)	0.35	0.25	0.15	0.15	0.10

需要说明的是:以上所得结果是由群体(各实际部门人员和研究专家)"集体投票(公共选择或民主决策)"(再加以讨论、分析、修订)决定的,各部门对这个"由大家自己参与确定"的权重都十分认同(过去所使用的绩效评估方法,由个别领导或个别专家确定权重,其结果,各部门都不服,绩效评估方案往往无法实际坚持下去)。

对于上述方法所进行的绩效评估的长期效果,笔者将进行持续的跟踪考察、分析、研究。

五、结　语

综上所述,我们可以得到如下认识:

(1)在资源约束条件下,实现对多种(或某种)公众性公共产品供给选择分析。假定我们有备选公共产品 $B_1, B_2, B_3, \cdots, B_n$ 的供给方案,在资源约束条件下,我们只能在其中选择 $k(k \leqslant n)$ 种公共产品供给社会,这就面临着在这些公共产品中作出供给选择。我们可以采用李雅普诺夫定理,对这些公共产品,将其按满足所有社会群体总和的满足程度进行排序。

(2)对于公众性公共产品供给分析中,李雅普诺夫模型分析方法具有如下特点:

①符合林达尔关于"公共产品价格并非取决于某些政治选择机制和强制性税收,恰恰相反,每个人都面临着根据自己意愿确定的价格,并均可按照这种价格购买公共产品总量"原则设想的初衷;符合社会充分化条件、民主政治背景中公共产品供给的设想。

②由于公共物品供给目标函数的设计是依据社会所有各群体对公共产品需求的意愿,其概念性假设的出发点是:社会群体分化、每一个单独社会群体的意愿对全社会公共产品的供给并不产生决定性的影响,它强调社会细分化背景下所有社会子群体共同决定公共产品的供给。避开了中间投票者定理中由"中间投票者"决定社会公共产品分配的困境。

③在保留阿罗不可能定理中主要条件的基础上,仅增加了社会分化(或投票人数较多)这一背景条件,利用所有独立、分散社会群体(或投票人)对公众性公共产品的需求期望,计算全体社会(或所有投票人)对公众性公共产品供给方案的聚合概率;为将独立、分散的各不同社会群体对公众性公共产品的需求(诉求)整合(聚合)成全社会性公共产品供给方案(目标)提供了新的探索途径。

④当"不同地位的社会群体缺乏利益表达的合法性机制,特别是那些弱势群体的社会权利被排斥于社会利益分配的权利表达制度之外"时,利用本方法可以探索"建立一套公正、合法的利益表达机制"的途径。

⑤在公众性公共产品供给分析过程中,按照这个方法,可以找到本文所定义的公众性公共产品优效供给方案。

附录2　数据表

附表 2-1　随机数表

10 09 73 25 33	76 52 01 35 86	34 67 35 48 76	80 95 90 91 17	39 28 27 49 45
37 54 20 48 05	64 89 47 42 96	24 80 52 40 37	20 03 61 04 02	00 82 29 16 65
03 42 26 89 53	19 64 50 93 03	23 20 90 25 60	15 95 33 47 64	35 08 03 36 06
99 01 90 25 29	09 37 67 07 15	38 31 13 11 65	88 67 67 43 97	04 43 62 76 59
12 80 79 99 70	80 15 73 61 47	64 03 23 66 53	98 95 11 68 77	12 17 17 68 33
66 06 57 47 17	34 07 27 68 50	36 69 73 61 70	65 81 33 98 85	11 19 92 91 70
31 06 01 08 05	45 57 18 24 06	35 30 34 26 14	86 79 90 74 39	23 40 30 97 32
85 26 97 76 02	02 05 16 56 92	68 66 57 48 18	73 05 38 52 47	18 62 38 35 79
63 57 33 21 35	05 32 54 70 48	90 55 35 75 48	28 46 82 87 09	83 49 12 56 24
73 79 64 57 53	03 52 96 47 78	35 80 83 42 82	60 93 52 03 04	35 27 38 84 35
98 52 01 77 67	14 90 56 86 07	22 10 94 05 58	60 97 09 34 33	50 50 07 39 93
11 80 50 54 31	39 80 82 77 32	50 72 56 82 48	29 40 52 42 01	52 77 56 78 51
83 45 29 96 34	06 28 89 80 83	13 74 67 00 78	18 47 54 06 10	68 71 17 78 17
88 68 54 02 00	86 50 75 84 01	36 76 66 79 51	90 36 47 64 93	29 60 91 10 62
99 59 46 73 48	87 51 76 49 69	91 82 60 89 28	93 78 56 13 68	23 47 83 41 13
65 48 11 76 74	17 46 85 09 50	58 04 77 69 74	73 03 95 71 86	40 21 81 65 44
80 12 43 56 35	17 72 70 80 15	45 31 82 23 74	21 11 57 82 53	14 38 55 37 63
74 35 09 98 17	77 40 27 72 14	43 23 60 02 10	45 52 16 42 37	96 28 60 26 55
69 91 62 68 03	66 25 22 91 48	36 93 68 72 03	76 62 11 39 90	94 40 05 64 40
09 89 32 05 05	14 22 56 85 14	46 42 75 67 88	96 29 77 88 22	54 38 21 45 98
91 49 91 45 23	68 47 92 76 86	46 16 28 35 54	94 75 08 99 23	37 08 92 00 48
80 33 69 45 98	26 94 03 68 58	70 29 73 41 35	53 14 03 33 40	42 05 08 23 41
44 10 48 19 49	85 15 74 79 54	32 97 92 65 75	57 60 04 08 81	22 22 20 64 13
12 55 07 37 42	11 10 00 20 40	12 86 07 46 97	96 64 48 94 39	28 70 72 58 15
63 60 64 93 29	16 50 53 44 84	40 21 95 25 63	43 65 17 70 82	07 20 73 17 90
61 19 68 04 46	26 45 74 77 74	51 92 43 37 29	65 39 45 95 93	42 58 26 05 27
15 47 44 52 66	95 27 07 99 53	59 36 78 38 48	82 39 61 01 18	33 21 15 94 66
94 55 72 85 73	67 89 75 43 87	54 62 24 44 31	91 19 04 25 92	92 92 74 59 73
42 48 11 62 13	97 34 40 87 21	16 86 82 87 67	03 07 11 20 59	25 70 14 66 70
23 52 37 83 17	73 20 88 98 37	68 93 59 14 16	26 25 22 96 63	05 52 28 25 62
04 49 35 24 94	75 24 63 38 24	45 86 25 10 25	61 96 27 93 35	65 33 71 24 72
00 54 99 76 54	64 05 18 81 59	96 11 96 38 96	54 69 28 23 91	23 28 72 95 29
35 96 31 53 07	26 89 80 93 54	33 35 13 54 62	77 97 45 00 24	90 10 33 93 33
59 80 80 83 91	45 42 72 68 42	83 60 94 97 00	13 02 12 48 92	78 56 52 01 06
46 05 88 52 36	01 39 09 22 86	77 28 14 40 77	93 91 08 36 47	70 61 74 29 41
32 17 90 05 97	87 37 92 52 41	05 56 70 70 07	86 74 31 71 57	85 39 41 18 38
69 23 46 14 06	20 11 74 52 04	15 95 66 00 00	18 74 39 24 23	97 11 89 63 38
19 56 54 14 30	01 75 87 53 79	40 41 92 15 85	66 67 43 68 06	84 96 28 52 07
45 15 51 49 38	19 47 60 72 46	43 66 79 45 43	59 04 79 00 33	20 82 66 95 41
94 86 43 19 94	36 16 81 08 51	34 88 88 15 53	01 54 03 54 56	05 01 45 11 76

98 08 62 48 26	45 24 02 84 04	44 99 90 88 96	39 09 47 34 07	35 44 13 18 80
33 18 51 62 32	41 94 15 09 49	89 43 54 85 81	88 69 54 19 94	37 54 87 30 43
80 95 10 04 06	96 38 27 07 74	20 15 12 33 87	25 01 62 52 98	94 62 46 11 71
79 75 24 91 40	71 96 12 82 96	69 86 10 25 91	74 85 22 05 39	00 38 75 95 79
18 63 33 25 37	98 14 50 65 71	31 01 02 46 74	05 45 56 14 27	77 93 89 19 36
74 02 94 39 02	77 55 73 22 70	97 79 01 71 19	52 52 75 80 21	80 81 45 17 48
54 17 84 56 11	80 99 33 71 43	05 33 51 29 69	56 12 71 92 55	36 04 09 03 24
11 66 44 98 83	52 07 98 48 27	59 38 17 15 39	09 97 33 34 40	88 46 12 33 56
48 32 47 79 28	31 24 96 47 10	02 29 53 68 70	32 30 75 75 46	15 20 00 99 94
69 07 49 41 38	87 63 79 19 76	35 58 40 44 01	10 52 82 16 15	01 84 87 69 38
09 18 82 00 97	32 82 53 95 27	04 22 08 63 04	83 38 98 73 74	64 27 85 80 44
90 04 58 54 97	51 98 15 06 54	94 93 88 19 97	91 87 07 61 50	68 47 66 46 59
73 18 95 02 07	47 67 72 52 69	62 29 06 44 64	27 12 46 70 18	41 36 18 27 60
75 76 87 64 90	20 97 18 17 49	90 42 91 22 72	95 37 50 58 71	93 82 34 31 78
54 01 64 40 56	66 28 13 10 03	00 68 22 72 98	20 71 45 32 95	07 70 61 78 13
08 35 86 99 10	78 54 24 27 85	13 66 15 88 73	04 61 89 75 53	31 22 30 84 20
28 30 60 32 64	81 33 31 05 91	40 51 00 78 93	32 60 46 04 75	94 11 90 18 40
53 84 08 62 33	81 59 41 36 28	51 21 59 02 90	28 46 66 87 95	77 76 22 07 91
91 75 75 37 41	61 61 36 22 69	50 26 39 02 12	55 73 17 65 14	83 48 34 70 55
89 41 59 26 94	00 39 75 83 91	12 60 71 76 46	48 94 97 23 06	94 54 13 74 08

附表 2-2　标准正态分布密度函数值表

$$\varphi_0(x) = \frac{1}{\sqrt{2\pi}} e^{-\frac{x^2}{2}} \qquad \varphi_0(u) = \frac{1}{\sqrt{2\pi}} e^{-\frac{u^2}{2}}$$

x(u)	0.00	0.01	0.02	0.03	0.04	0.05	0.06	0.07	0.08	0.09
0.0	0.3989	0.3989	0.3989	0.3988	0.3986	0.3984	0.3982	0.3980	0.3977	0.3973
0.1	0.3970	0.3965	0.3961	0.3956	0.3951	0.3945	0.3939	0.3932	0.3925	0.3918
0.2	0.3910	0.3902	0.3894	0.3885	0.3876	0.3867	0.3857	0.3847	0.3836	0.3825
0.3	0.3814	0.3802	0.3790	0.3778	0.3765	0.3752	0.3739	0.3725	0.3712	0.3697
0.4	0.3863	0.3668	0.3653	0.3637	0.3621	0.3605	0.3589	0.3572	0.3555	0.3538
0.5	0.3521	0.3503	0.3485	0.3467	0.3448	0.3429	0.3410	0.3391	0.3372	0.3352
0.6	0.3332	0.3312	0.3292	0.3271	0.3251	0.3230	0.3209	0.3187	0.3166	0.3144
0.7	0.3123	0.3101	0.3079	0.3056	0.3034	0.3011	0.2989	0.2966	0.2943	0.2920
0.8	0.2897	0.2874	0.2850	0.2827	0.2803	0.2780	0.2756	0.2732	0.2709	0.2685
0.9	0.2661	0.2637	0.2613	0.2589	0.2565	0.2541	0.2516	0.2492	0.2468	0.2444
1.0	0.2420	0.2396	0.2371	0.2347	0.2323	0.2299	0.2275	0.2251	0.2227	0.2203
1.1	0.2179	0.2155	0.2131	0.2107	0.2083	0.2056	0.2036	0.2012	0.1989	0.1965
1.2	0.1942	0.1919	0.1895	0.1872	0.1849	0.1826	0.1804	0.1781	0.1758	0.1736
1.3	0.1714	0.1691	0.1669	0.1647	0.1626	0.1604	0.1582	0.1561	0.1539	0.1518
1.4	0.1497	0.1476	0.1456	0.1435	0.1415	0.1394	0.1374	0.1354	0.1334	0.1315
1.5	0.1295	0.1276	0.1257	0.1238	0.1219	0.1200	0.1182	0.1163	0.1145	0.1127
1.6	0.1109	0.1092	0.1074	0.1057	0.1040	0.1023	0.1006	0.09893	0.09728	0.09566
1.7	0.0945	0.09246	0.09089	0.08933	0.08780	0.08628	0.08478	0.08329	0.08183	0.08038
1.8	0.17895	0.07754	0.07614	0.07477	0.07341	0.07206	0.07074	0.06945	0.06814	0.06687
1.9	0.06562	0.06433	0.06316	0.06195	0.06077	0.05959	0.05844	0.05730	0.05618	0.05508
2.0	0.05399	0.05292	0.05186	0.05082	0.04980	0.04879	0.04780	0.04682	0.04586	0.04491
2.1	0.04398	0.04307	0.04217	0.04128	0.04041	0.03959	0.03871	0.03788	0.03706	0.03626
2.2	0.03547	0.03470	0.03394	0.03319	0.03246	0.03174	0.03103	0.03034	0.02965	0.02898
2.3	0.02833	0.02768	0.02705	0.02643	0.02582	0.02522	0.02463	0.02406	0.02349	0.02294
2.4	0.02239	0.02186	0.02134	0.02083	0.02033	0.01984	0.01936	0.01888	0.01842	0.01797

x	0	1	2	3	4	5	6	7	8	9
2.5	0.01753	0.01709	0.01667	0.01625	0.01585	0.01545	0.01506	0.01468	0.01431	0.01394
2.6	0.01358	0.01323	0.01289	0.01256	0.01223	0.01191	0.01160	0.01130	0.01100	0.01071
2.7	0.01042	0.01014	$0.0^2 9871$	$0.0^2 9606$	$0.0^2 9347$	$0.0^2 9094$	$0.0^2 8846$	$0.0^2 8606$	$0.0^2 8370$	$0.0^2 8140$
2.8	$0.0^2 7915$	$0.0^2 7697$	$0.0^2 7483$	$0.0^2 7274$	$0.0^2 7071$	$0.0^2 6873$	$0.0^2 6680$	$0.0^2 6491$	$0.0^2 6307$	$0.0^2 6127$
2.9	$0.0^2 5953$	$0.0^2 5782$	$0.0^2 5610$	$0.0^2 5454$	$0.0^2 5296$	$0.0^2 5143$	$0.0^2 4993$	$0.0^2 4847$	$0.0^2 4705$	$0.0^2 4567$
3.0	$0.0^2 4432$	$0.0^2 4301$	$0.0^2 4173$	$0.0^2 4049$	$0.0^2 3928$	$0.0^2 3810$	$0.0^2 3695$	$0.0^2 3584$	$0.0^2 3475$	$0.0^2 3370$
3.1	$0.0^2 3267$	$0.0^2 3167$	$0.0^2 3070$	$0.0^2 2976$	$0.0^2 2884$	$0.0^2 2794$	$0.0^2 2708$	$0.0^2 2623$	$0.0^2 2541$	$0.0^2 2462$
3.2	$0.0^2 2384$	$0.0^2 2309$	$0.0^2 2236$	$0.0^2 2165$	$0.0^2 2096$	$0.0^2 2029$	$0.0^2 1964$	$0.0^2 1901$	$0.0^2 1840$	$0.0^2 1780$
3.3	$0.0^2 1723$	$0.0^2 1667$	$0.0^2 1612$	$0.0^2 1560$	$0.0^2 1508$	$0.0^2 1459$	$0.0^2 1411$	$0.0^2 1364$	$0.0^2 1319$	$0.0^2 1275$
3.4	$0.0^2 1232$	$0.0^2 1191$	$0.0^2 1151$	$0.0^2 1112$	$0.0^2 1075$	$0.0^2 1033$	$0.0^2 1003$	$0.0^3 9689$	$0.0^3 9358$	$0.0^3 9037$
3.5	$0.0^3 8727$	$0.0^3 8426$	$0.0^3 8135$	$0.0^3 7853$	$0.0^3 7581$	$0.0^3 7317$	$0.0^3 7061$	$0.0^3 6814$	$0.0^3 6575$	$0.0^3 6343$
3.6	$0.0^3 6119$	$0.0^3 5902$	$0.0^3 5693$	$0.0^3 5490$	$0.0^3 5294$	$0.0^3 5105$	$0.0^3 4921$	$0.0^3 4744$	$0.0^3 4573$	$0.0^3 4408$
3.7	$0.0^3 4248$	$0.0^3 4093$	$0.0^3 3944$	$0.0^3 3800$	$0.0^3 3661$	$0.0^3 3526$	$0.0^3 3396$	$0.0^3 3271$	$0.0^3 3149$	$0.0^3 3032$
3.8	$0.0^3 2919$	$0.0^3 2810$	$0.0^3 2705$	$0.0^3 2604$	$0.0^3 2506$	$0.0^3 2411$	$0.0^3 2320$	$0.0^3 2232$	$0.0^3 2147$	$0.0^3 2065$
3.9	$0.0^3 1987$	$0.0^3 1910$	$0.0^3 1837$	$0.0^3 1766$	$0.0^3 1693$	$0.0^3 1633$	$0.0^3 1569$	$0.0^3 1508$	$0.0^3 1449$	$0.0^3 1393$
4.0	$0.0^3 1333$	$0.0^3 1286$	$0.0^3 1235$	$0.0^3 1186$	$0.0^3 1140$	$0.0^3 1094$	$0.0^3 1051$	$0.0^3 1009$	$0.0^4 9687$	$0.0^4 9299$
4.1	$0.0^4 8926$	$0.0^4 8567$	$0.0^4 8222$	$0.0^4 7890$	$0.0^4 7570$	$0.0^4 7263$	$0.0^4 6967$	$0.0^4 6683$	$0.0^4 6470$	$0.0^4 6147$
4.2	$0.0^4 5894$	$0.0^4 5652$	$0.0^4 5418$	$0.0^4 5194$	$0.0^4 4979$	$0.0^4 4772$	$0.0^4 4573$	$0.0^4 4382$	$0.0^4 4199$	$0.0^4 4023$
4.3	$0.0^4 3854$	$0.0^4 3691$	$0.0^4 3584$	$0.0^4 3386$	$0.0^4 3242$	$0.0^4 3104$	$0.0^4 2972$	$0.0^4 2845$	$0.0^4 2723$	$0.0^4 2606$
4.4	$0.0^4 2496$	$0.0^4 2387$	$0.0^4 2284$	$0.0^4 2185$	$0.0^4 2090$	$0.0^4 1999$	$0.0^4 1912$	$0.0^4 1829$	$0.0^4 1749$	$0.0^4 1672$
4.5	$0.0^4 1593$	$0.0^4 1528$	$0.0^4 1461$	$0.0^4 1396$	$0.0^4 1334$	$0.0^4 1275$	$0.0^4 1218$	$0.0^4 1164$	$0.0^4 1112$	$0.0^4 1062$
4.6	$0.0^4 1014$	$0.0^5 9684$	$0.0^5 9248$	$0.0^5 8830$	$0.0^5 8430$	$0.0^5 8047$	$0.0^5 7681$	$0.0^5 7331$	$0.0^5 6996$	$0.0^5 6676$
4.7	$0.0^5 6370$	$0.0^5 6077$	$0.0^5 5797$	$0.0^5 5530$	$0.0^5 5274$	$0.0^5 5030$	$0.0^5 4791$	$0.0^5 4573$	$0.0^5 4360$	$0.0^5 4156$
4.8	$0.0^5 3961$	$0.0^5 3775$	$0.0^5 3593$	$0.0^5 3428$	$0.0^5 3267$	$0.0^5 3112$	$0.0^5 2965$	$0.0^5 2824$	$0.0^5 2690$	$0.0^5 2561$
4.9	$0.0^5 2439$	$0.0^5 2322$	$0.0^5 2211$	$0.0^5 2105$	$0.0^5 2003$	$0.0^5 1907$	$0.0^5 1814$	$0.0^5 1727$	$0.0^5 1643$	$0.0^5 1563$

附表 2-3 标准正态分布表

$$\Phi(u) = \frac{1}{\sqrt{2\pi}} \int_{-\infty}^{u} e^{-\frac{x^2}{2}} dx \quad (u \geqslant 0)$$

u	0.00	0.01	0.02	0.03	0.04	0.05	0.06	0.07	0.08	0.09
0.0	0.5000	0.5040	0.5080	0.5120	0.5160	0.5199	0.5239	0.5279	0.5319	0.5359
0.1	5398	5438	5478	5517	5557	5596	5636	5675	5714	5753
0.2	5793	5832	5871	5910	5948	5987	6026	6064	6103	6141
0.3	6179	6217	6255	6293	6331	6368	6406	6443	6480	6517
0.4	6554	6591	6628	6664	6700	6736	6772	6808	6844	6879
0.5	6915	6950	6985	7019	7054	7088	7123	7157	7190	7224
0.6	7257	7291	7324	7357	7389	7422	7454	7486	7517	7549
0.7	7580	7611	7642	7673	7703	7734	7764	7794	7823	7852
0.8	7881	7910	7938	7967	7995	8023	8051	8078	8106	8133
0.9	8159	8186	8212	8238	8264	8289	8315	8340	8365	8389
1.0	8413	8438	8461	8485	8508	8531	8554	8577	8599	8621
1.1	8643	8665	8686	8708	8729	8749	8770	8790	8810	8830
1.2	8849	8869	8888	8907	8925	8944	8962	8980	8997	90147
1.3	90320	90490	90658	90824	90988	91149	91309	91466	91621	91774
1.4	91924	92073	92220	92364	92507	92647	92785	92922	93056	93189
1.5	93319	93448	93574	93699	93822	93943	94062	94179	94295	94408
1.6	94520	94630	94738	94845	94950	95053	95154	95254	95352	95449
1.7	95543	95637	95728	95818	95907	95994	96080	96164	96246	96327
1.8	96409	96485	96562	96638	96712	96784	96856	96026	96995	97062
1.9	97128	97193	97257	97320	97381	97411	97500	97558	97615	97670

z										
2.0	0.97725	0.97778	0.97831	0.97882	0.97932	0.97982	0.98030	0.98077	0.98124	0.98169
2.1	98214	98257	98300	98341	98382	98422	98461	98500	98537	98574
2.2	98610	98645	98679	98713	98745	98778	98809	98840	98870	98899
2.3	98928	98965	98983	$9^2$0097	$9^2$0358	$9^2$0613	$9^2$0863	$9^2$1106	$9^2$1344	$9^2$1576
2.4	$9^2$1802	$9^2$2024	$9^2$2240	$9^2$2451	$9^2$2656	$9^2$2857	$9^2$3053	$9^2$3244	$9^2$3431	$9^2$3613
2.5	$9^2$3790	$9^2$3963	$9^2$4132	$9^2$4297	$9^2$4457	$9^2$4614	$9^2$4766	$9^2$4915	$9^2$5060	$9^2$5201
2.6	$9^2$5339	$9^2$5473	$9^2$5604	$9^2$5731	$9^2$5855	$9^2$5975	$9^2$6093	$9^2$6207	$9^2$6319	$9^2$6427
2.7	$9^2$6533	$9^2$6636	$9^2$6736	$9^2$6833	$9^2$6928	$9^2$7020	$9^2$7110	$9^2$7197	$9^2$7282	$9^2$7365
2.8	$9^2$7445	$9^2$7523	$9^2$7599	$9^2$7673	$9^2$7744	$9^2$7814	$9^2$7882	$9^2$7948	$9^2$8012	$9^2$8074
2.9	$9^2$8134	$9^2$8193	$9^2$8250	$9^2$8305	$9^2$8359	$9^2$8411	$9^2$8462	$9^2$8511	$9^2$8559	$9^2$8605
3.0	$9^2$8650	$9^2$8694	$9^2$8736	$9^2$8777	$9^2$8817	$9^2$8856	$9^2$8893	$9^2$8930	$9^2$8965	$9^2$8999
3.1	$9^3$0324	$9^3$0646	$9^3$0957	$9^3$1260	$9^3$1553	$9^3$1836	$9^3$2112	$9^3$2378	$9^3$2636	$9^3$2886
3.2	$9^3$3129	$9^3$3363	$9^3$3590	$9^3$3810	$9^3$4024	$9^3$4230	$9^3$4429	$9^3$4623	$9^3$4810	$9^3$4991
3.3	$9^3$5166	$9^3$5335	$9^3$5499	$9^3$5658	$9^3$5811	$9^3$5959	$9^3$6103	$9^3$6242	$9^3$6376	$9^3$6505
3.4	$9^3$6631	$9^3$6752	$9^3$6869	$9^3$6982	$9^3$7091	$9^3$7197	$9^3$7299	$9^3$7398	$9^3$7493	$9^3$7585
3.5	$9^3$7674	$9^3$7759	$9^3$7842	$9^3$7922	$9^3$7999	$9^3$8074	$9^3$8146	$9^3$8215	$9^3$8282	$9^3$8347
3.6	$9^3$8409	$9^3$8469	$9^3$8529	$9^3$8583	$9^3$8637	$9^3$8689	$9^3$8739	$9^3$8787	$9^3$8834	$9^3$8879
3.7	$9^3$8922	$9^3$8964	$9^4$0039	$9^4$0426	$9^4$0799	$9^4$1158	$9^4$1504	$9^4$1838	$9^4$2159	$9^4$2468
3.8	$9^4$2765	$9^4$3052	$9^4$3327	$9^4$3593	$9^4$3848	$9^4$4094	$9^4$4331	$9^4$4558	$9^4$4777	$9^4$4988
3.9	$9^4$5190	$9^4$5385	$9^4$5573	$9^4$5753	$9^4$5926	$9^4$6092	$9^4$6253	$9^4$6406	$9^4$6554	$9^4$6696
4.0	$9^4$6833	$9^4$6964	$9^4$7090	$9^4$7211	$9^4$7327	$9^4$7439	$9^4$7546	$9^4$7649	$9^4$7748	$9^4$7843
4.1	$9^4$7934	$9^4$8022	$9^4$8106	$9^4$8186	$9^4$8263	$9^4$8338	$9^4$8409	$9^4$8477	$9^4$8542	$9^4$8605
4.2	$9^4$8665	$9^4$8723	$9^4$8778	$9^4$8832	$9^4$8882	$9^4$8931	$9^4$8978	$9^5$0226	$9^5$0655	$9^5$1066
4.3	$9^5$1460	$9^5$1837	$9^5$2199	$9^5$2545	$9^5$2876	$9^5$3193	$9^5$3497	$9^5$3788	$9^5$4066	$9^5$4332
4.4	$9^5$4587	$9^5$4831	$9^5$5065	$9^5$5288	$9^5$5502	$9^5$5706	$9^5$5902	$9^5$6089	$9^5$6268	$9^5$6439
4.5	$9^5$6602	$9^5$6759	$9^5$6908	$9^5$7051	$9^5$7187	$9^5$7318	$9^5$7442	$9^5$7561	$9^5$7675	$9^5$7784
4.6	$9^5$7888	$9^5$7987	$9^5$8081	$9^5$8172	$9^5$8258	$9^5$8340	$9^5$8419	$9^5$8494	$9^5$8566	$9^5$8634
4.7	$9^5$8699	$9^5$8761	$9^5$8821	$9^5$8877	$9^5$8931	$9^5$8983	$9^6$0320	$9^6$0789	$9^6$1235	$9^6$1661
4.8	$9^6$2067	$9^6$2453	$9^6$2822	$9^6$3173	$9^6$3508	$9^6$3827	$9^6$4131	$9^6$4420	$9^6$4696	$9^6$4958
4.9	$9^6$5208	$9^6$5446	$9^6$5673	$9^6$5889	$9^6$6094	$9^6$6289	$9^6$6475	$9^6$6652	$9^6$6821	$9^6$6981

附表 2-4 t 分布表

$$P(t > t_\alpha) = \alpha$$

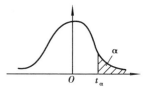

α n	0.25	0.10	0.05	0.025	0.01	0.005
1	1.000	3.078	6.314	12.706	31.821	63.657
2	0.817	1.886	2.920	4.303	6.965	9.925
3	0.765	1.638	3.353	3.182	4.541	5.841
4	0.741	1.533	2.132	2.776	3.747	4.032
5	0.727	1.476	2.015	2.571	3.365	4.032
6	0.718	1.440	1.943	2.447	3.143	3.707
7	0.711	1.415	1.895	2.365	2.998	3.499
8	0.706	1.397	1.860	2.306	2.896	3.355
9	0.703	1.383	1.833	2.262	2.821	3.250
10	0.700	1.372	1.812	2.228	2.764	3.169
11	0.697	1.363	1.796	2.201	2.718	3.106
12	0.695	1.356	1.782	2.179	2.681	3.055
13	0.694	1.350	1.771	2.160	2.650	3.012
14	0.692	1.345	1.761	2.145	2.624	2.977
15	0.691	1.341	1.753	2.131	2.602	2.947
16	0.690	1.337	1.746	2.120	2.583	2.921
17	0.689	1.333	1.740	2.110	2.567	2.898
18	0.688	1.330	1.734	2.101	2.552	2.878
19	0.688	1.328	1.729	2.093	2.539	2.861
20	0.687	1.325	1.725	2.086	2.528	2.845
21	0.686	1.323	1.721	2.080	2.518	2.831
22	0.686	1.321	1.717	2.074	2.508	2.819
23	0.685	1.319	1.714	2.069	2.500	2.807
24	0.685	1.317	1.711	2.064	2.492	2.797
25	0.684	1.316	1.708	2.060	2.485	2.787
26	0.684	1.315	1.706	2.056	2.479	2.779
27	0.684	1.314	1.703	2.052	2.473	2.771
28	0.683	1.313	1.701	2.048	2.467	2.763
29	0.683	1.313	1.699	2.045	2.462	2.756
30	0.683	1.310	1.697	2.042	2.457	2.750
31	0.682	1.309	1.695	2.039	2.453	2.744
32	0.682	1.309	1.694	2.037	2.449	2.738
33	0.682	1.308	1.692	2.034	2.445	2.733
34	0.682	1.307	1.691	2.032	2.441	2.728
35	0.682	1.306	1.690	2.030	2.438	2.724
36	0.681	1.306	1.688	2.028	2.434	2.719
37	0.681	1.305	1.687	2.026	2.431	2.715
38	0.681	1.304	1.686	2.024	2.429	2.712
39	0.681	1.304	1.685	2.023	2.426	2.708
40	0.681	1.303	1.684	2.021	2.423	2.704
41	0.680	1.303	1.683	2.019	2.421	2.701
42	0.680	1.302	1.682	2.018	2.418	2.698
43	0.680	1.302	1.681	2.017	2.416	2.695
44	0.680	1.301	1.680	2.015	2.414	2.692
45	0.680	1.301	1.679	2.014	2.412	2.690
60	0.679	1.286	1.671	2.000	2.390	2.660
120	0.677	1.289	1.658	1.980	2.358	2.617
∞	0.675	1.282	1.645	1.960	2.326	2.576

附表 2-5　F 分布表

$$P(F > F_\alpha) = \alpha$$

$$\alpha = 0.10$$

k_2 \ k_1	1	2	3	4	5	6	7	8	9	10	12	15	20	24	30	40	60	120	∞
1	39.86	49.50	53.59	55.83	57.24	58.20	58.91	59.44	59.85	60.19	60.71	61.22	61.74	62.00	62.26	62.53	62.79	63.06	63.33
2	8.53	9.00	9.16	9.24	9.29	9.33	9.35	9.37	9.38	9.39	9.41	9.42	9.44	9.45	9.46	9.47	9.47	9.48	9.49
3	5.54	5.46	5.39	5.34	5.31	5.28	5.27	5.25	5.24	5.23	5.22	5.20	5.18	5.18	5.17	5.16	5.15	5.14	5.13
4	4.54	4.32	4.19	4.11	4.05	4.01	3.98	3.95	3.94	3.92	3.90	3.87	3.84	3.83	3.82	3.80	3.79	3.78	3.76
5	4.06	3.78	3.62	3.52	3.45	3.40	3.37	3.34	3.32	3.30	3.27	3.24	3.21	3.19	3.17	3.16	3.14	3.12	3.10
6	3.78	3.46	3.29	3.18	3.11	3.05	3.01	2.98	2.96	2.94	2.90	2.87	2.84	2.82	2.80	2.78	2.76	2.74	2.72
7	3.59	3.26	3.07	2.96	2.88	2.83	2.78	2.75	2.72	2.70	2.67	2.63	2.59	2.58	2.56	2.54	2.51	2.49	2.47
8	3.46	3.11	2.92	2.81	2.73	2.67	2.62	2.59	2.56	2.54	2.50	2.46	2.42	2.40	2.38	2.36	2.34	2.32	2.29
9	3.36	3.01	2.81	2.69	2.61	2.55	2.51	2.47	2.44	2.42	2.38	2.34	2.30	2.28	2.25	2.23	2.21	2.18	2.16
10	3.29	2.92	2.73	2.61	2.52	2.46	2.41	2.38	2.35	2.32	2.28	2.24	2.20	2.18	2.16	2.13	2.11	2.08	2.06
11	3.23	2.86	2.66	2.54	2.45	2.39	2.34	2.30	2.27	2.25	2.21	2.17	2.12	2.10	2.08	2.05	2.03	2.00	1.97
12	3.18	2.81	2.61	2.48	2.39	2.33	2.28	2.24	2.21	2.19	2.15	2.10	2.06	2.04	2.01	1.99	1.96	1.93	1.90
13	3.14	2.76	2.56	2.43	2.35	2.28	2.23	2.20	2.16	2.14	2.10	2.05	2.01	1.98	1.96	1.93	1.90	1.88	1.85
14	3.10	2.73	2.52	2.39	2.31	2.24	2.19	2.15	2.12	2.10	2.05	2.01	1.96	1.94	1.91	1.89	1.86	1.83	1.80
15	3.07	2.70	2.49	2.36	2.27	2.21	2.16	2.12	2.09	2.06	2.02	1.97	1.92	1.90	1.87	1.85	1.82	1.79	1.76
16	3.05	2.67	2.46	2.33	2.24	2.18	2.13	2.09	2.06	2.03	1.99	1.94	1.89	1.87	1.84	1.81	1.78	1.75	1.72
17	3.03	2.64	2.44	2.31	2.22	2.15	2.10	2.06	2.03	2.00	1.96	1.91	1.86	1.84	1.81	1.78	1.75	1.72	1.69
18	3.01	2.62	2.42	2.29	2.20	2.13	2.08	2.04	2.00	1.98	1.93	1.89	1.84	1.81	1.78	1.75	1.72	1.69	1.66
19	2.99	2.61	2.40	2.27	2.18	2.11	2.06	2.02	1.98	1.96	1.91	1.86	1.81	1.79	1.76	1.73	1.70	1.67	1.63
20	2.97	2.59	2.38	2.25	2.16	2.09	2.04	2.00	1.96	1.94	1.89	1.84	1.79	1.77	1.74	1.71	1.68	1.64	1.61
21	2.96	2.57	2.36	2.23	2.14	2.08	2.02	1.98	1.95	1.92	1.87	1.83	1.78	1.75	1.72	1.69	1.66	1.62	1.59
22	2.95	2.56	2.35	2.22	2.13	2.06	2.01	1.97	1.93	1.90	1.86	1.81	1.76	1.73	1.70	1.67	1.64	1.60	1.57
23	2.94	2.54	2.34	2.21	2.11	2.05	1.99	1.95	1.92	1.89	1.84	1.80	1.74	1.72	1.69	1.66	1.62	1.59	1.55
24	2.93	2.54	2.33	2.19	2.10	2.04	1.98	1.94	1.91	1.88	1.83	1.78	1.73	1.70	1.67	1.64	1.61	1.57	1.53

续表

α = 0.10

k_2＼k_1	1	2	3	4	5	6	7	8	9	10	12	15	20	24	30	40	60	120	∞
25	2.92	2.53	2.33	2.18	2.09	2.02	1.97	1.93	1.89	1.87	1.82	1.77	1.72	1.69	1.66	1.63	1.59	1.56	1.52
26	2.91	2.52	2.31	2.17	2.08	2.01	1.96	1.92	1.88	1.86	1.81	1.76	1.71	1.68	1.65	1.61	1.58	1.54	1.50
27	2.90	2.51	2.30	2.17	2.07	2.00	1.95	1.91	1.87	1.85	1.80	1.75	1.70	1.67	1.64	1.60	1.57	1.53	1.49
28	2.89	2.50	2.29	2.16	2.06	2.00	1.94	1.90	1.87	1.84	1.79	1.74	1.69	1.66	1.63	1.59	1.56	1.52	1.48
29	2.89	2.50	2.28	2.15	2.06	1.99	1.93	1.89	1.86	1.83	1.78	1.73	1.68	1.65	1.62	1.58	1.55	1.51	1.47
30	2.88	2.49	2.28	2.14	2.05	1.98	1.93	1.88	1.85	1.82	1.77	1.72	1.67	1.64	1.61	1.57	1.54	1.50	1.46
40	2.84	2.44	2.23	2.09	2.00	1.93	1.87	1.83	1.79	1.76	1.71	1.66	1.61	1.57	1.54	1.51	1.47	1.42	1.38
60	2.79	2.39	2.18	2.04	1.95	1.87	1.82	1.77	1.74	1.71	1.66	1.60	1.54	1.51	1.48	1.44	1.40	1.35	1.29
120	2.75	2.35	2.13	1.99	1.90	1.82	1.77	1.72	1.68	1.65	1.60	1.55	1.48	1.45	1.41	1.37	1.32	1.26	1.19
∞	2.71	2.30	2.08	1.94	1.85	1.77	1.72	1.67	1.63	1.60	1.55	1.49	1.42	1.38	1.34	1.30	1.24	1.17	1.00

α = 0.05

k_2＼k_1	1	2	3	4	5	6	7	8	9	10	12	15	20	24	30	40	60	120	∞
1	161.4	199.5	215.7	224.6	230.2	234.0	236.8	238.9	240.5	241.9	243.9	245.9	248.0	249.1	250.1	251.1	252.2	253.3	254.3
2	18.51	19.00	19.16	19.25	19.30	19.33	19.35	19.37	19.38	19.40	19.41	19.43	19.45	19.45	19.46	19.47	19.48	19.49	19.50
3	10.13	9.55	9.28	9.12	9.01	8.94	8.89	8.85	8.81	8.79	8.74	8.70	8.66	8.64	8.62	8.59	8.57	8.55	8.53
4	7.71	6.94	6.59	6.39	6.26	6.16	6.09	6.04	6.00	5.96	5.91	5.86	5.80	5.77	5.75	5.72	5.69	5.66	5.63
5	6.61	5.79	5.41	5.19	5.05	4.95	4.88	4.82	4.77	4.74	4.68	4.62	4.56	4.53	4.50	4.46	4.43	4.40	4.36
6	5.99	5.14	4.76	4.53	4.39	4.28	4.21	4.15	4.10	4.06	4.00	3.94	3.87	3.84	3.81	3.77	3.74	3.70	3.67
7	5.59	4.74	4.35	4.12	3.97	3.87	3.79	3.73	3.68	3.64	3.57	3.51	3.44	3.41	3.38	3.34	3.30	3.27	3.23
8	5.32	4.46	4.07	3.84	3.69	3.58	3.50	3.44	3.39	3.35	3.28	3.22	3.15	3.12	3.08	3.04	3.01	2.97	2.93
9	5.12	4.26	3.86	3.63	3.48	3.37	3.29	3.23	3.18	3.14	3.07	3.01	2.94	2.90	2.86	2.83	2.79	2.75	2.71
10	4.96	4.10	3.71	3.48	3.33	3.22	3.14	3.07	3.02	2.98	2.91	2.85	2.77	2.74	2.70	2.66	2.62	2.58	2.54
11	4.84	3.98	3.59	3.36	3.20	3.09	3.01	2.95	2.90	2.85	2.79	2.72	2.65	2.61	2.57	2.53	2.49	2.45	2.40
12	4.75	3.89	3.49	3.26	3.11	3.00	2.91	2.85	2.80	2.75	2.69	2.62	2.54	2.51	2.47	2.43	2.38	2.34	2.30
13	4.67	3.81	3.41	3.18	3.03	2.92	2.83	2.77	2.71	2.67	2.60	2.53	2.46	2.42	2.38	2.34	2.30	2.25	2.21
14	4.60	3.74	3.34	3.11	2.96	2.85	2.76	2.70	2.65	2.60	2.53	2.46	2.39	2.35	2.31	2.27	2.22	2.18	2.13

2.07	2.11	2.16	2.20	2.25	2.29	2.33	2.40	2.48	2.54	2.59	2.64	2.71	2.79	2.90	3.06	3.29	3.68	4.54	15
2.01	2.06	2.11	2.15	2.19	2.24	2.28	2.35	2.42	2.49	2.54	2.59	2.66	2.74	2.85	3.01	3.24	3.63	4.49	16
1.96	2.01	2.06	2.10	2.15	2.19	2.23	2.31	2.38	2.45	2.49	2.55	2.61	2.70	2.81	2.96	3.20	3.59	4.45	17
1.92	1.97	2.02	2.06	2.11	2.15	2.19	2.27	2.34	2.41	2.46	2.51	2.58	2.66	2.77	2.93	3.16	3.55	4.41	18
1.88	1.93	1.98	2.03	2.07	2.11	2.16	2.23	2.31	2.38	2.42	2.48	2.54	2.63	2.74	2.90	3.13	3.52	4.38	19
1.84	1.90	1.95	1.99	2.04	2.08	2.12	2.20	2.28	2.35	2.39	2.45	2.51	2.60	2.71	2.87	3.10	3.49	4.35	20
1.81	1.87	1.92	1.96	2.01	2.05	2.10	2.18	2.25	2.32	2.37	2.42	2.49	2.57	2.68	2.84	3.07	3.47	4.32	21
1.78	1.84	1.89	1.94	1.98	2.03	2.07	2.15	2.23	2.30	2.34	2.40	2.46	2.55	2.66	2.82	3.05	3.44	4.30	22
1.76	1.81	1.86	1.91	1.96	2.01	2.05	2.13	2.20	2.27	2.32	2.37	2.44	2.53	2.64	2.80	3.03	3.42	4.28	23
1.73	1.79	1.83	1.89	1.94	1.98	2.03	2.11	2.18	2.25	2.30	2.36	2.42	2.51	2.62	2.78	3.01	3.40	4.26	24
1.71	1.77	1.82	1.87	1.92	1.96	2.01	2.09	2.16	2.24	2.28	2.34	2.40	2.47	2.60	2.76	2.99	3.39	4.24	25
1.69	1.75	1.80	1.85	1.90	1.95	1.99	2.07	2.15	2.22	2.27	2.32	2.39	2.47	2.59	2.74	2.98	3.37	4.23	26
1.67	1.73	1.79	1.84	1.88	1.93	1.97	2.06	2.13	2.20	2.25	2.31	2.37	2.46	2.57	2.73	2.96	3.35	4.21	27
1.65	1.71	1.77	1.82	1.87	1.91	1.96	2.04	2.12	2.19	2.24	2.29	2.36	2.45	2.56	2.71	2.95	3.34	4.20	28
1.64	1.70	1.75	1.81	1.85	1.90	1.94	2.03	2.10	2.18	2.22	2.28	2.35	2.43	2.55	2.70	2.93	3.33	4.18	29
1.62	1.68	1.74	1.79	1.84	1.89	1.93	2.01	2.09	2.16	2.21	2.27	2.33	2.42	2.53	2.69	2.92	3.32	4.17	30
1.51	1.58	1.64	1.69	1.74	1.79	1.84	1.92	2.00	2.08	2.12	2.18	2.25	2.34	2.45	2.61	2.84	3.32	4.08	40
1.39	1.47	1.53	1.59	1.65	1.70	1.75	1.84	1.92	1.99	2.04	2.10	2.17	2.25	2.37	2.53	2.76	3.15	4.00	60
1.25	1.35	1.43	1.50	1.55	1.61	1.66	1.75	1.83	1.91	1.96	2.02	2.09	2.17	2.29	2.45	2.68	3.07	3.92	120
1.00	1.22	1.32	1.39	1.46	1.52	1.57	1.67	1.75	1.83	1.88	1.94	2.01	2.10	2.21	2.37	2.60	3.00	3.84	∞

$\alpha = 0.025$

1018	1014	1010	1006	1001	997.2	993.1	984.9	976.7	968.6	963.3	956.7	948.2	937.1	921.8	899.6	864.2	799.5	647.8	1
39.50	39.49	39.48	39.47	39.46	39.46	39.45	39.43	39.41	39.40	39.39	39.37	39.36	39.33	39.30	36.25	39.17	39.00	38.51	2
13.90	13.95	13.99	14.04	14.08	14.12	14.17	14.25	14.34	14.42	14.47	14.54	14.62	14.73	14.88	15.10	15.44	16.04	17.44	3
8.26	8.31	8.36	8.41	8.46	8.51	8.56	8.66	8.75	8.84	8.90	8.98	9.07	9.20	9.36	9.60	9.98	10.65	12.22	4
6.02	6.07	6.12	6.18	6.23	6.28	6.33	6.43	6.52	6.62	6.68	6.76	6.85	6.98	7.15	7.39	7.76	8.43	10.01	5
4.85	4.90	4.96	5.01	5.07	5.12	5.17	5.27	5.37	5.46	5.52	5.60	5.70	5.82	5.99	6.23	6.60	7.26	8.81	6
4.14	4.20	4.25	4.31	4.36	4.42	4.47	4.57	4.67	4.76	4.82	4.90	4.99	5.12	5.29	5.52	5.89	6.54	8.07	7
3.67	3.73	3.78	3.84	3.89	3.95	4.00	4.10	4.20	4.30	4.36	4.43	4.53	4.65	4.82	5.05	5.42	6.06	7.57	8
3.33	3.39	3.45	3.51	3.56	3.61	3.67	3.77	3.87	3.96	4.08	4.10	4.20	4.32	4.48	4.72	5.08	5.71	7.21	9

续表

α = 0.05

k₁\k₂	∞	120	60	40	30	24	20	15	12	10	9	8	7	6	5	4	3	2	1
10	3.08	3.14	3.20	3.26	3.31	3.37	3.42	3.52	3.62	3.72	3.78	3.85	3.95	4.07	4.24	4.47	4.83	5.46	6.94
11	2.88	2.94	3.00	3.06	3.12	3.17	3.23	3.33	3.43	3.53	3.59	3.66	3.76	3.88	4.04	4.28	4.63	5.26	6.72
12	2.72	2.79	2.85	2.91	2.96	3.02	3.07	3.18	3.28	3.37	3.44	3.51	3.61	3.73	3.89	4.12	4.47	5.10	6.55
13	2.60	2.66	2.72	2.78	2.81	2.89	2.95	3.05	3.15	3.25	3.31	3.39	3.48	3.60	3.77	4.00	4.35	4.97	6.41
14	2.49	2.55	2.61	2.67	2.73	2.79	2.84	2.95	3.05	3.15	3.21	3.29	3.38	3.50	3.66	3.89	4.24	4.86	6.30
15	2.40	2.46	2.52	2.59	2.64	2.70	2.76	2.86	2.96	3.06	3.12	3.20	3.29	3.41	3.58	3.80	4.15	4.77	6.20
16	2.32	2.38	2.45	2.51	2.57	2.63	2.68	2.79	2.89	2.99	3.05	3.12	3.22	3.34	3.50	3.73	4.08	4.69	6.12
17	2.25	2.32	2.38	2.44	2.50	2.56	2.62	2.72	2.82	2.92	2.98	3.06	3.16	3.28	3.44	3.66	4.01	4.62	6.04
18	2.19	2.26	2.32	2.38	2.44	2.50	2.56	2.67	2.77	2.87	2.93	3.01	3.10	3.22	3.38	3.61	3.95	4.56	5.98
19	2.13	2.20	2.27	2.33	2.39	2.45	2.51	2.62	2.72	2.82	2.88	2.96	3.05	3.17	3.33	3.56	3.90	4.51	5.92
20	2.09	2.16	2.22	2.29	2.35	2.41	2.46	2.57	2.68	2.77	2.84	2.91	3.01	3.13	3.29	3.51	3.86	4.46	5.87
21	2.04	2.11	2.18	2.25	2.31	2.37	2.42	2.53	2.64	2.73	2.80	2.87	2.97	3.09	3.25	3.48	3.82	4.42	5.83
22	2.00	2.08	2.14	2.21	2.27	2.33	2.39	2.50	2.60	2.70	2.76	2.84	2.93	3.05	3.22	3.44	3.78	4.38	5.79
23	1.97	2.04	2.11	2.18	2.24	2.30	2.36	2.47	2.57	2.67	2.73	2.81	2.90	3.02	3.18	3.41	3.75	4.35	5.75
24	1.94	2.01	2.08	2.15	2.21	2.27	2.33	2.44	2.54	2.64	2.70	2.78	2.87	2.99	3.15	3.38	3.72	4.32	5.72
25	1.91	1.98	2.05	2.12	2.18	2.24	2.30	2.41	2.51	2.61	2.68	2.75	2.85	2.97	3.13	3.35	3.69	4.29	5.69
26	1.88	1.95	2.03	2.09	2.16	2.22	2.28	2.39	2.49	2.59	2.65	2.73	2.82	2.94	3.10	3.33	3.67	4.27	5.66
27	1.85	1.93	2.00	2.07	2.13	2.19	2.25	2.36	2.47	2.57	2.63	2.71	2.80	2.92	3.08	3.31	3.65	4.24	5.63
28	1.83	1.91	1.98	2.05	2.11	2.17	2.23	2.34	2.45	2.55	2.61	2.69	2.78	2.90	3.06	3.29	3.63	4.22	5.61
29	1.81	1.89	1.96	2.03	2.09	2.15	2.21	2.32	2.43	2.53	2.59	2.67	2.76	2.88	3.04	3.27	3.61	4.20	5.59
30	1.79	1.87	1.94	2.01	2.07	2.14	2.20	2.31	2.41	2.51	2.57	2.65	2.75	2.87	3.03	3.25	3.59	4.18	5.57
40	1.64	1.72	1.80	1.88	1.94	2.01	2.07	2.18	2.29	2.39	2.45	2.53	2.62	2.74	2.90	3.13	3.46	4.05	5.42
60	1.48	1.58	1.67	1.74	1.82	1.88	1.94	2.06	2.17	2.27	2.33	2.41	2.51	2.63	2.79	3.01	3.34	3.93	5.29
120	1.31	1.43	1.53	1.61	1.69	1.76	1.82	1.94	2.05	2.16	2.22	2.30	2.39	2.52	2.67	2.89	3.23	3.80	5.15
∞	1.00	1.27	1.39	1.48	1.57	1.64	1.71	1.83	1.94	2.05	2.11	2.19	2.29	2.41	2.57	2.79	3.12	3.69	5.02

1	4052	4999	5403	5625	5764	5851	5928	5981	6022	6056	6106	6157	6209	6235	6261	6287	6313	6339	6366
2	98.50	99.00	99.17	99.25	99.30	99.33	99.36	99.37	99.39	99.40	99.42	99.43	99.45	99.46	99.47	99.47	99.48	99.49	99.50
3	34.12	30.82	29.46	28.71	28.24	27.91	27.67	27.49	27.35	27.23	27.05	26.87	26.69	26.60	26.50	26.41	26.32	26.22	26.13
4	21.20	18.00	16.69	15.98	15.52	15.21	14.98	14.80	14.66	14.55	14.37	14.20	14.02	13.93	13.84	13.75	13.65	13.56	13.46
5	16.26	13.27	12.06	11.69	10.97	10.67	10.46	10.29	10.16	10.05	9.89	9.72	9.55	9.47	9.38	9.29	9.20	9.11	9.02
6	13.75	10.92	9.78	9.15	8.75	8.47	8.26	8.10	7.98	7.87	7.72	7.56	7.40	7.31	7.23	7.14	7.06	6.97	6.88
7	12.25	9.55	8.45	7.85	7.46	7.19	6.99	6.84	6.72	6.62	6.47	6.31	6.16	6.07	5.99	5.91	5.82	5.74	5.65
8	11.26	8.65	7.59	7.01	6.63	6.37	6.18	6.03	5.91	5.81	5.67	5.52	5.36	5.28	5.20	5.12	5.03	4.95	4.86
9	10.56	8.02	6.99	6.42	6.06	5.80	5.61	5.47	5.35	5.26	5.11	4.96	4.81	4.73	4.65	4.57	4.48	4.40	4.31
10	10.04	7.56	6.55	5.99	5.64	5.39	5.20	5.06	4.94	4.85	4.71	4.56	4.41	4.33	4.25	4.17	4.08	4.00	3.91
11	9.65	7.21	6.22	5.67	5.32	5.07	4.89	4.74	4.63	4.54	4.40	4.25	4.10	4.02	3.94	3.86	3.78	3.69	3.60
12	9.33	6.93	5.95	5.41	5.06	4.82	4.64	4.50	4.39	4.30	4.16	4.01	3.86	3.78	3.70	3.62	3.54	3.45	3.36
13	9.07	6.70	5.74	5.21	4.86	4.62	4.44	4.30	4.19	4.10	3.96	3.82	3.66	3.59	3.51	3.43	3.34	3.25	3.17
14	8.86	6.51	5.56	5.04	4.69	4.46	4.28	4.14	4.03	3.94	3.80	3.66	3.51	3.43	3.35	3.27	3.18	3.09	3.00
15	8.68	6.36	5.42	4.89	4.56	4.32	4.14	4.00	3.89	3.80	3.67	3.52	3.37	3.29	3.21	3.13	3.05	2.96	2.87
16	8.53	6.23	5.29	4.77	4.44	4.20	4.03	3.89	3.78	3.69	3.55	3.41	3.26	3.18	3.10	3.02	2.93	2.84	2.75
17	8.40	6.11	5.18	4.67	4.34	4.10	3.93	3.79	3.68	3.59	3.46	3.31	3.16	3.08	3.00	2.92	2.83	2.75	2.65
18	8.29	6.01	5.09	4.58	4.25	4.01	3.84	3.71	3.60	3.51	3.37	3.23	3.08	3.00	2.92	2.84	2.75	2.66	2.57
19	8.18	5.93	5.01	4.50	4.17	3.94	3.77	3.63	3.52	3.43	3.30	3.15	3.00	2.92	2.84	2.76	2.67	2.58	2.49
20	8.10	5.85	4.94	4.43	4.10	3.87	3.70	3.56	3.46	3.37	3.23	3.09	2.94	2.86	2.78	2.69	2.61	2.52	2.42
21	8.02	5.78	4.87	4.37	4.04	3.81	3.64	3.51	3.40	3.31	3.17	3.03	2.88	2.80	2.72	2.64	2.55	2.46	2.36
22	7.95	5.72	4.82	4.31	3.99	3.76	3.59	3.45	3.35	3.26	3.12	2.98	2.83	2.75	2.67	2.58	2.50	2.40	2.31
23	7.88	5.66	4.76	4.26	3.94	3.71	3.54	3.41	3.30	3.21	3.07	2.93	2.78	2.70	2.62	2.54	2.45	2.35	2.26
24	7.82	5.61	4.72	4.22	3.90	3.67	3.50	3.36	3.26	3.17	3.03	2.89	2.74	2.66	2.58	2.49	2.40	2.31	2.21
25	7.77	5.57	4.68	4.18	3.85	3.63	3.46	3.32	3.22	3.13	2.99	2.85	2.70	2.62	2.54	2.45	2.36	2.27	2.17
26	7.72	5.53	4.64	4.14	3.82	3.59	3.42	3.29	3.18	3.09	2.96	2.81	2.66	2.58	2.50	2.42	2.33	2.23	2.13
27	7.68	5.49	4.60	4.11	3.78	3.56	3.39	3.26	3.15	3.06	2.93	2.78	2.63	2.55	2.47	2.38	2.29	2.20	2.10
28	7.64	5.45	4.57	4.07	3.75	3.53	3.36	3.23	3.12	3.03	2.90	2.75	2.60	2.52	2.44	2.35	2.26	2.17	2.06
29	7.60	5.42	4.54	4.04	3.73	3.50	3.33	3.20	3.09	3.00	2.87	2.73	2.57	2.49	2.41	2.33	2.23	2.14	2.03
30	7.56	5.39	4.51	4.02	3.70	3.47	3.30	3.17	3.07	2.98	2.84	2.70	2.55	2.47	2.39	2.30	2.21	2.11	2.01
40	7.31	5.18	4.31	3.83	3.51	3.29	3.12	2.99	2.89	2.80	2.66	2.52	2.37	2.29	2.20	2.11	2.02	1.92	1.80
60	7.08	4.98	4.13	3.65	3.34	3.12	2.95	2.82	2.72	2.63	2.50	2.35	2.20	2.12	2.03	1.94	1.84	1.73	1.60
120	6.85	4.79	3.95	3.48	3.17	2.96	2.79	2.66	2.56	2.47	2.34	2.19	2.03	1.95	1.86	1.76	1.66	1.53	1.38
∞	6.63	4.61	3.78	3.32	3.02	2.80	2.64	2.51	2.41	2.32	2.18	2.04	1.88	1.79	1.70	1.59	1.47	1.32	1.00

8

附表 2-6 D-W 统计量检验边界

概率 $= 0.05$

n	$k=1$ d_L	d_U	$k=2$ d_L	d_U	$k=3$ d_L	d_U	$k=4$ d_L	d_U	$k=5$ d_L	d_U	$k=6$ d_L	d_U
6	0.610	1.400	—	—	—	—	—	—	—	—	—	—
7	0.700	1.356	0.467	1.896	—	—	—	—	—	—	—	—
8	0.763	1.332	0.559	1.777	0.368	2.287	—	—	—	—	—	—
9	0.824	1.320	0.629	1.699	0.455	2.128	0.296	2.588	—	—	—	—
10	0.879	1.320	0.697	1.641	0.525	2.016	0.376	2.414	0.243	2.822	—	—
11	0.927	1.324	0.758	1.604	0.595	1.928	0.444	2.283	0.316	2.645	0.203	3.005
12	0.971	1.331	0.812	1.579	0.658	1.864	0.512	2.177	0.379	2.506	0.268	2.832
13	1.010	1.340	0.861	1.562	0.715	1.816	0.574	2.094	0.445	2.390	0.328	2.692
14	1.045	1.350	0.905	1.551	0.767	1.779	0.632	2.030	0.505	2.296	0.389	2.572
15	1.077	1.361	0.946	1.543	0.814	1.750	0.685	1.977	0.562	2.220	0.447	2.472
16	1.106	1.371	0.982	1.539	0.857	1.728	0.734	1.935	0.615	2.157	0.502	2.388
17	1.133	1.381	1.015	1.536	0.897	1.710	0.779	1.900	0.664	2.104	0.554	2.318
18	1.158	1.391	1.046	1.535	0.933	1.696	0.820	1.872	0.710	2.060	0.603	2.257
19	1.180	1.401	1.074	1.536	0.967	1.685	0.859	1.848	0.752	2.023	0.649	2.206
20	1.201	1.411	1.100	1.537	0.998	1.676	0.894	1.828	0.792	1.991	0.692	2.162
21	1.221	1.420	1.125	1.538	1.026	1.669	0.927	1.812	0.829	1.964	0.732	2.124
22	1.239	1.429	1.147	1.541	1.053	1.664	0.958	1.797	0.863	1.940	0.769	2.090
23	1.257	1.437	1.168	1.543	1.078	1.660	0.986	1.785	0.895	1.920	0.804	2.061
24	1.273	1.446	1.188	1.546	1.101	1.656	1.013	1.775	0.925	1.902	0.837	2.035
25	1.288	1.454	1.206	1.550	1.123	1.654	1.038	1.767	0.953	1.886	0.868	2.012
26	1.302	1.461	1.224	1.553	1.143	1.652	1.062	1.759	0.979	1.873	0.897	1.992
27	1.316	1.469	1.240	1.556	1.162	1.651	1.084	1.753	1.004	1.861	0.925	1.974
28	1.328	1.476	1.255	1.560	1.181	1.650	1.104	1.747	1.028	1.850	0.951	1.958
29	1.341	1.483	1.270	1.563	1.198	1.650	1.124	1.743	1.050	1.841	0.975	1.944
30	1.352	1.489	1.284	1.567	1.214	1.650	1.143	1.739	1.071	1.833	0.998	1.931
31	1.363	1.496	1.297	1.570	1.229	1.650	1.160	1.735	1.090	1.825	1.020	1.920
32	1.373	1.502	1.309	1.574	1.244	1.650	1.177	1.732	1.109	1.819	1.041	1.909
33	1.383	1.508	1.321	1.577	1.258	1.651	1.193	1.730	1.127	1.813	1.061	1.900
34	1.393	1.514	1.333	1.580	1.271	1.652	1.208	1.728	1.144	1.808	1.080	1.891
35	1.402	1.519	1.343	1.584	1.283	1.653	1.222	1.726	1.160	1.803	1.097	1.884
36	1.411	1.525	1.354	1.587	1.295	1.654	1.236	1.724	1.175	1.799	1.114	1.877
37	1.419	1.530	1.364	1.590	1.307	1.655	1.249	1.723	1.190	1.795	1.131	1.870
38	1.427	1.535	1.373	1.594	1.318	1.656	1.261	1.722	1.204	1.792	1.146	1.864
39	1.435	1.540	1.382	1.597	1.328	1.658	1.273	1.722	1.218	1.789	1.161	1.859
40	1.442	1.544	1.391	1.600	1.338	1.659	1.285	1.721	1.230	1.786	1.175	1.854
45	1.475	1.566	1.430	1.615	1.383	1.666	1.336	1.720	1.287	1.776	1.238	1.835
50	1.503	1.585	1.462	1.628	1.421	1.674	1.378	1.721	1.335	1.771	1.291	1.822
55	1.528	1.601	1.490	1.641	1.452	1.681	1.414	1.724	1.374	1.768	1.334	1.814
60	1.549	1.616	1.514	1.652	1.480	1.689	1.444	1.727	1.408	1.767	1.372	1.808
65	1.567	1.629	1.536	1.662	1.503	1.696	1.471	1.731	1.438	1.767	1.404	1.805
70	1.583	1.641	1.554	1.672	1.525	1.703	1.494	1.735	1.464	1.768	1.433	1.802
75	1.598	1.652	1.571	1.680	1.543	1.709	1.515	1.739	1.487	1.770	1.458	1.801
80	1.611	1.662	1.586	1.688	1.560	1.715	1.534	1.743	1.507	1.772	1.480	1.801
85	1.624	1.671	1.600	1.696	1.575	1.721	1.550	1.747	1.525	1.774	1.500	1.801
90	1.635	1.679	1.612	1.703	1.589	1.726	1.566	1.751	1.542	1.776	1.518	1.801
95	1.645	1.687	1.623	1.709	1.602	1.732	1.579	1.755	1.557	1.778	1.535	1.802
100	1.654	1.694	1.634	1.715	1.613	1.736	1.592	1.758	1.571	1.780	1.550	1.803
150	1.720	1.746	1.706	1.760	1.693	1.774	1.679	1.788	1.665	1.802	1.651	1.817
200	1.758	1.778	1.748	1.789	1.738	1.799	1.728	1.810	1.718	1.820	1.707	1.831

附表 2-7　t 分布的临界值表

单侧	$\alpha=0.10$	0.05	0.025	0.01	0.005
双侧	$\alpha=0.20$	0.10	0.05	0.02	0.01
df = 1	3.078	6.314	12.706	31.821	63.657
2	1.886	2.920	4.303	6.965	9.925
3	1.638	2.353	3.182	4.451	5.841
4	1.533	2.132	2.776	3.747	4.604
5	1.476	2.015	2.257	3.365	4.032
6	1.440	1.943	2.447	3.143	3.707
7	1.415	1.895	2.365	2.998	3.499
8	1.397	1.860	2.306	2.896	3.355
9	1.383	1.833	2.262	2.821	3.250
10	1.372	1.812	2.228	2.764	3.169
11	1.363	1.796	2.201	2.718	3.106
12	1.356	1.782	2.179	2.681	3.055
13	1.350	1.771	2.160	2.650	3.012
14	1.345	1.761	2.145	2.624	2.977
15	1.341	1.753	2.131	2.602	2.947
16	1.337	1.746	2.120	2.583	2.921
17	1.333	1.740	2.110	2.567	2.898
18	1.330	1.734	2.101	2.552	2.878
19	1.328	1.729	2.093	2.539	2.861
20	1.325	1.725	2.086	2.528	2.845
21	1.323	1.721	2.080	2.518	2.831
22	1.321	1.717	2.074	2.508	2.819
23	1.319	1.714	2.069	2.500	2.807
24	1.318	1.711	2.064	2.492	2.797
25	1.316	1.708	2.060	2.485	2.787
26	1.315	1.706	2.056	2.479	2.779
27	1.314	1.703	2.052	2.473	2.771
28	1.313	1.701	2.048	2.467	2.763
29	1.311	1.699	2.045	2.462	2.756
30	1.310	1.697	2.042	2.457	2.750
40	1.303	1.684	2.021	2.423	2.704
50	1.299	1.676	2.009	2.403	2.678
60	1.296	1.671	2.000	2.390	2.660
70	1.294	1.667	1.994	2.381	2.648
80	1.292	1.664	1.990	2.374	2.639
90	1.291	1.662	1.987	2.368	2.632
100	1.290	1.660	1.984	2.364	2.626
125	1.288	1.657	1.979	2.357	2.616
150	1.287	1.655	1.976	2.351	2.609
200	1.286	1.653	1.972	2.345	2.601
∞	1.282	1.645	1.960	2.326	2.576

附表 2-8   相关系数临界值表

自由度 (n - m)	α = 0.05				α = 0.01			
	约束条件数(m)				约束条件数(m)			
	2	3	4	5	2	3	4	5
1	0.997	0.999	0.999	0.999	1.000	1.000	1.000	1.000
2	0.950	0.975	0.983	0.987	0.990	0.995	0.997	0.998
3	0.878	0.930	0.950	0.961	0.959	0.976	0.983	0.987
4	0.811	0.881	0.912	0.930	0.917	0.949	0.962	0.970
5	0.754	0.836	0.874	0.898	0.874	0.917	0.937	0.949
6	0.707	0.795	0.839	0.867	0.834	0.886	0.911	0.927
7	0.666	0.758	0.807	0.838	0.798	0.855	0.885	0.904
8	0.632	0.762	0.777	0.811	0.765	0.827	0.860	0.882
9	0.602	0.697	0.750	0.786	0.735	0.800	0.836	0.861
10	0.576	0.671	0.726	0.763	0.708	0.776	0.814	0.840
11	0.550	0.648	0.703	0.741	0.684	0.753	0.793	0.821
12	0.532	0.627	0.683	0.722	0.661	0.732	0.773	0.802
13	0.514	0.608	0.664	0.703	0.641	0.712	0.755	0.785
14	0.497	0.590	0.646	0.686	0.623	0.694	0.737	0.768
15	0.482	0.574	0.630	0.670	0.606	0.677	0.721	0.752
16	0.468	0.559	0.615	0.655	0.590	0.662	0.706	0.738
17	0.456	0.545	0.601	0.641	0.575	0.647	0.691	0.724
18	0.444	0.532	0.587	0.628	0.561	0.633	0.678	0.710
19	0.433	0.520	0.575	0.615	0.549	0.620	0.665	0.698
20	0.423	0.509	0.563	0.604	0.537	0.608	0.652	0.685
21	0.413	0.498	0.552	0.592	0.526	0.596	0.641	0.674
22	0.404	0.488	0.542	0.582	0.515	0.585	0.630	0.663
23	0.396	0.479	0.532	0.572	0.505	0.574	0.619	0.652
24	0.388	0.470	0.523	0.562	0.496	0.565	0.609	0.642
25	0.381	0.462	0.514	0.553	0.487	0.555	0.600	0.633
26	0.374	0.454	0.506	0.546	0.478	0.546	0.530	0.624
27	0.367	0.446	0.498	0.536	0.470	0.538	0.582	0.615
28	0.361	0.439	0.490	0.529	0.463	0.530	0.573	0.606
29	0.355	0.432	0.482	0.521	0.456	0.522	0.565	0.598
30	0.349	0.426	0.476	0.514	0.449	0.514	0.558	0.591
35	0.325	0.397	0.445	0.482	0.418	0.481	0.523	0.556
40	0.304	0.373	0.419	0.455	0.393	0.454	0.494	0.526
45	0.288	0.353	0.397	0.432	0.372	0.430	0.470	0.501
50	0.273	0.336	0.379	0.428	0.354	0.410	0.449	0.479
60	0.250	0.308	0.348	0.380	0.325	0.377	0.414	0.442
70	0.232	0.286	0.324	0.354	0.302	0.351	0.386	0.413
80	0.217	0.269	0.308	0.332	0.283	0.330	0.362	0.389
90	0.205	0.254	0.288	0.315	0.267	0.312	0.343	0.368
100	0.195	0.241	0.274	0.300	0.254	0.297	0.327	0.351
125	0.174	0.216	0.246	0.269	0.228	0.266	0.294	0.316
150	0.159	0.198	0.225	0.247	0.208	0.244	0.270	0.290
200	0.138	0.172	0.196	0.215	0.181	0.212	0.234	0.253
300	0.113	0.141	0.160	0.176	0.148	0.174	0.192	0.208
400	0.098	0.122	0.139	0.153	0.128	0.151	0.167	0.180
500	0.088	0.109	0.124	0.137	0.115	0.135	0.150	0.162
1 000	0.062	0.077	0.088	0.097	0.081	0.096	0.106	0.115

参考文献

阿伯巴奇,等. 两种人:官僚与政客[M]. 北京:求实出版社,1990.

艾尔·巴比. 社会研究方法[M]. 北京:华夏出版社,2005:25,52,87.

Borda(1781), Memoire surles elections au scrutin. Histoine de l' Academie Royale de sciences Paris.

陈振明. 公共管理(MPA)专题15讲[M]. 北京:中国人民大学出版社,2004.

陈向明. 质的研究方法与社会科学研究[M]. 北京:教育科学出版社,2000:67.

丹尼斯·C.缪勒. 公共选择理论[M]. 北京:中国社会科学出版社,1999.

傅明贤. 行政组织学[M]. 北京:高等教育出版社,1991.

郭小聪. 政府经济职能与宏观经济管理[M]. 广州:中山大学出版社,1999.

黄淑娉,龚佩华. 文化人类学理论方法研究[M]. 广州:广东高等教育出版社,1998.

哈罗德·德姆塞茨. 竞争的经济、法律和政治维度[M]. 上海:三联书店,1992.

肯尼斯·阿罗. 社会选择:个性与多准则[M]. 钱晓敏,孟岳良,译. 北京:首都经济贸易大学出版社,2000:24,48,49,65-67.

刘豪兴. 社会学概论[M]. 北京:高等教育出版社,1991.

李业. 预测学[M]. 广州:华南理工大学出版社,1998.

刘君德. 中国行政区划的理论与实践[M]. 上海:华东师范大学出版社,1996.

卢淑华. 社会统计学[M]. 北京:北京大学出版社,2001.

罗杰·E.巴克豪斯. 西方经济学史[M]. 海口:海南出版社,2007(04):106-118.

刘颖芬,占济舟. 比例标度一致性比较的新方法[J]. 统计与决策,2007(08).

缪勒. 公共选择理论[M]. 杨春学,等,译. 北京:中国社会科学出版社,1999:66,69,83.

摩尔根. 古代社会[M]. 杨东莼,等,译. 北京:商务印书馆,1997.

毛寿龙,李梅. 有限政府的经济分析[M]. 上海:上海三联书店出版,2000.

马俊清. 政府规模扩张的经济分析[J]. 经济纵横,1998(08).

孟德斯鸠. 论法的精神(上册)[M]. 北京:商务印书馆,1982.

P. A. Samuelson. Foundations of Economic Analysis[M]. Cambridge. Massachusetls:Harvard University Press,1947:219-252.

彭国甫,李树丞,盛明科. AHP法在城市政府管理评估指标体系中的应用[J]. 电子科技大学学报,2007(01).

钱佳燮. 西南地区省级行政区划改革探讨[J]. 中国方域,1997(06).

史际春,陈岳琴.论市民社会和经济法[J].首都师范大学学报,2001(5).

王东生.数字化时代不能只讲数字[N].中国青年报,2003-10-19.

王洋.从另一种视角看行政学的发展历程[N].行政论坛,2000(03).

王恩涌.人文地理学[M].北京:高等教育出版社,2000.

王嘉顺.迁移专业技术人员特征及对区域经济发展的影响[J].南方人员,2006(4).

谢巧玲,夏洪胜.组织的熵设计[J].企业经济,2003(03).

余广华,刘宗时.中国经济管理概论[M].北京:中国人民大学出版社,1998.

谢庆奎.当代中国政府[M].沈阳:辽宁人民出版社,1991.

杨开忠.我国行政区划改革思路的再探讨[J].中国方域,1998(02).

袁方.社会研究方法教程[M].北京:北京大学出版社,1997:73,79,117.

周镇宏,何翔舟.政府成本论[M].北京:人民出版社,2001.

竺乾威.西文行政学说史[M].北京:高等教育出版社,2001.

张三慧,沈慧君.热学[M].北京:清华大学出版社,1991.

张康之,限制政府规模的理论[N].行政论坛,2000(4).

中华人民共和国人事部国际交流与合作司.国外公务员制度(2)[M].北京:中国人事出版社,1996.

周定国,纪京慧.世界行政区划图册[M].北京:中国地图出版社出版,1999.

周伟林.中国地方政府经济行为分析[M].上海:复旦大学出版社,1997.

张雅林.适度政府规模与我国行政机构改革选择[J].经济社会体制比较,2001(03).

庄垂生,黄大兴.论政府规模及其增长——来自公共选择的启示[J].求实,2001(01).

卓泽渊.法治国家论[M].北京:中国方正出版社,2001.

张彦.社会统计学——原理与方法[M].南京:南京大学出版社,2000.

朱立言,张强.当代美国联邦政府绩效评估的方法和技术[J].国家行政学院学报,2005(06).

崔述强,王红,崔萍,等.中国地方政府绩效评估指标体系探讨[J].统计研究,2006(03).

万卷方法总书目

万卷方法是我国第一套系统介绍社会科学研究方法的大型丛书,来自中国社科院、北京大学等研究机构和高校的近两百余名学者参与了丛书的写作和翻译工作。至今已出版图书51个品种,其中绝大多数是2007年以来出版的新书。

23 质化方法在教育研究中的应用(第2版)
麦瑞尔姆著 于泽元译 定价:33
书号:978-7-5624-4349-0

24 爱上统计学(第2版)
萨尔金德著 史玲玲译 定价:45
书号:978-7-5624-4196-0

25 复杂调查设计与分析的实用方法(第2版)
雷同能著 王天夫译 定价:45
书号:978-7-5624-4290-5

26 美国心理协会写作手册(APA 格式)(第5版)
美国心理协会著 定价:49
书号:978-7-5624-4130-4

2007 年版

27 做自然主义研究:方法指南
欧兰德森著 李涤非译 定价:32
书号:978-7-5624-4259-2

28 多层次模型分析导论(第2版)
Ita kreft 著 郭志刚译 定价:35
书号:978-7-5624-4060-4

29 评估:方法与技术(第7版)
罗希著 邱泽奇译 定价:49
书号:978-7-5624-3994-3

30 焦点团体:应用研究实践指南(第3版)
克鲁杰著 林小英译 定价:29
书号:978-7-5624-3990-5

31 质的研究的设计:一种互动的取向(第2版)
马克斯威尔著 朱光明译,陈向明校 定价:25
书号:978-7-5624-3971-4

32 组织诊断:方法、模型和过程(第3版)
哈里森著 张小山译 定价:25
书号:978-7-5624-3055-1

33 民族志:步步深入(第2版)
费特曼著 龚建华译 定价:25
书号:978-7-5624-3996-7

34 分组比较的统计分析(第2版)
廖福挺著 高勇译 沈崇麟校 定价:35
书号:978-7-5624-3942-4

35 抽样调查设计导论(第2版)
扎加,布莱尔著 沈崇麟译 定价:39
书号:978-7-5624-3943-1

36 定性研究(第1卷):方法论基础(第2版)
邓津等主编 风笑天等译 定价:58
书号:978-7-5624-3851-9

37 定性研究(第2卷):策略与艺术(第2版)
邓津等主编 风笑天等译 定价:48
书号:978-7-5624-3286-9

38 定性研究(第4卷):解释、评估与描述的艺术及定性研究的未来(第2版)
邓津等主编 风笑天等译 定价:38
书号:978-7-5624-3948-6

39 定性研究(第3卷):经验资料收集与分析的方法(第2版)
邓津等主编 风笑天等译 定价:45
书号:978-7-5624-3944-8

40 研究设计与写作指导:定性、定量与混合研究的路径(第2版)
克雷斯威尔著 崔延强译 定价:29
书号:978-7-5624-3644-7

41 社会网络分析法(第2版)
约翰·斯科特著 刘军译 定价:28
书号:978-7-5624-2147-4

42 公共政策内容分析方法:理论与应用
李钢著 定价:25
书号:978-7-5624-3850-2

2007 年以前版

43 论教育科学:基于文化哲学的批判与建构
申仁洪著 定价:25
书号:978-7-5624-3641-6

44 复杂性科学的方法论研究
黄欣荣著 定价:25
书号:978-7-5624-3825-0

45 社会科学研究:方法评论
陈向明著 定价:25
书号:978-7-5624-3689-4

46 电话调查方法:抽样、筛选与监控(第2版)
拉弗拉卡斯著 沈崇麟译 定价:15
书号:7-5624-3441-7

47 科学决策方法:从社会科学研究到政策分析
沃恩著 沈崇麟译 定价:15
书号:7-5624-3669-X

48 研究设计与社会测量导引(第6版)
米勒著 风笑天译 定价:68
书号:978-7-5624-3295-1

49 量表编制:理论与应用(第2版)
德维利斯著 李红等译 定价:15
书号:7-5624-3280-5

50 案例研究:设计与方法(第3版)
殷著 周海涛译 定价:15
书号:978-7-5624-3266-1

51 解释性交往行动主义(第2版)
邓金著 周勇译 定价:15
书号:7-5624-3185-X